張立忠 著

紫微判決書

一看就學會紫微斗數解盤

木

水 火

剋

金 土

序

　　筆者學習斗數機緣，要追溯到民國六十六年國中畢業後，投筆從戎遠赴鳳山讀軍事學校，在此之前我是不相信算命這毫無科學根據的事情。而斗術學習算是機緣巧合，在官校一年級時得李水養老師啓蒙，當時李老師是一般軍事學科部教官，因兩節中國近代史代課而結緣，替我算了斗數，直言當時個人家中父母狀況分毫無差，他不是我們隊職幹部，絕不知敝人家中私事，從此讓我因好奇斗數而開始鑽研。約莫一年期間，我利用一次為期不到一個月的暑假，經人介紹到一位經營算命業老師處所學習，收假返校想大顯身手時，正好當時我有上百位同學，每天讓我免費替同學們運算。有如臨床醫學般研究，再對比他們過去所發生之事（含他們父母手足）讓我得到了用錢也買不到的活盤驗證，所謂盡信書不如無書，這是最寶貴的經驗，也奠定了今天以斗數為人運算的基礎。

　　紫微斗數是門易學難精之算命數術，目前坊間有關斗數各類書籍，沒有千款也有近百樣，各家老師均有獨到之論述，但筆者認為較沒系統整理，對於有興趣的初學者易造成學習上障礙。其實並沒那麼困難，目前所看到的編輯方式，大多以斗數自命宮起始順行到兄弟宮共有十二宮位，各宮又有不同星象座落，每查完宮內星象又要頭尾翻來覆去，再查下一宮星象釋意，實在費時耗力不夠精簡，我用研究斗數已超過

三十年的經驗，加上生活中實際的驗證，蒐集各類星性特質心得來編輯此書，希望能對後起之秀有些許幫助。本書依斗數命理系統編排成一百四十四個命盤結構，因地支子午、丑未、寅申、卯酉、辰戌、巳亥相對應，故可濃縮成七十二個命盤，將斗數十四主星置入在這七十二命盤中，再加上六吉、祿、馬六煞星曜、生年四化星及部份常用甲乙級星，配合十天干融入組合產生之命盤上之變化，不管男女任何生辰均在這七十二個命盤之內，且每個盤都將人的一生斗數的十二宮位，全部在一個章節銓釋，讓讀者一次就能輕鬆將命盤解讀完，也就是說有了此書，您也是小諸葛可為人解惑。

　　本書所載僅是斗數一小部分，讀完之後只是對基本命盤的單星、複星、六吉、六煞曜混合配置基本十二宮了解，這是命為體；仍須再配合各宮十年運限，流年運貫穿命盤，這就是運為用。筆者在往後歲月如有閒暇之餘，再從事運為用的創作以供大家不吝指教。

【目錄】

第一部份

如何使用本書

1. 斗數自子至亥宮共十二宮以紫微星為主，在十二宮均會出現一次，而人的命宮，自子宮到亥宮共十二宮位，也會出現十二次，故十二乘十二共產生一百四十四個命盤，筆者在序已提及因地支相對應的關係，故可精簡至七十二命盤。

2. 首先將自己的命盤排出，可用手演算或電腦排出正確命盤。

3. 由命盤中先找紫微這顆星所在宮位，再找出命宮所在宮位。例 1. 紫微在子宮而命宮也在子宮（參考圖一），就可由本書目錄查出紫微在子宮是第一章，而命宮在子宮是第一節，即查第一章第一節，其命盤全在此章節論述。例 2. 紫微在午宮而命宮在子宮貪狼坐守，即查第二章第一節，其命盤全在此章節論述。

圖一

太陰 巳	貪狼 午	天同 巨門 未	武曲 天相 申
廉貞 天府 辰	紫微在子		太陽 天梁 酉
  卯			七殺 戌
破軍 寅	 丑	紫微 命宮 子	天機 亥

命盤造法

　　根據你的出生年月日及時辰 (農、陰曆) 而造成，反映出你降臨此世之瞬間星辰運行，與地球的能量演變等等。

一.

（一）出生時辰表介紹

巳	辰	卯	寅	丑	晚子	早子
09:00-11:00	07:00-09:00	05:00-07:00	03:00 05:00-	01:00-03:00	23:00--00:00 00:00--01:00	
亥	戌	酉	申	未	午	
21:00-23:00	19:00-21:00	17:00-19:00	15:00-17:00	13:00-15:00	11:00-13:00	

（二）台灣日光節約時間

出生在日光節約時間須將出生時間往前提一小時

年代	名稱	起迄時間
民國三十四年至四十年	夏令時間	五月一日至九月三十日
民國四十一年	日光節約時間	三月一日至十月三十一日
民國四十二年至四十三年	日光節約時間	四月一日至十月三十一日
民國四十四年至四十五年	日光節約時間	四月一日至九月三十日
民國四十六年至四十八年	夏令時間	四月一日至九月三十日
民國四十九年至五十年	夏令時間	六月一日至九月三十日
民國五十一年至六十二年	停止夏令	節約時間
民國六十三年至六十四年	日光節約時間	四月一日至九月三十日
民國六十五年至六十七年	停止日光	節約時間
民國六十八年	日光節約時間	七月一日至九月三十日
民國六十九年至七十一年	停止日光	節約時間

二．

（一）十二地支圖

巳	午	未	申
辰	首先繪出此圖表		酉
卯			戌
寅	丑	子	亥

（二）各星辰宮內位置圖

甲乙級星	六煞星	六吉星	十四主星
			四化星
			戊級星
丙丁級星	命宮		子

（三）各星辰十二宮亮度表

地劫	地空	陀羅	擎羊	鈴星	火星	天鉞	天魁	文曲	文昌	天馬	破軍	七殺	天梁	天相	巨門	貪狼	太陰	天府	廉貞	天同	武曲	太陽	天機	紫微	星名宮位
陷	平		陷	陷	平		旺	廟	旺		廟	旺	廟	廟	旺	旺	廟	廟	平	旺	旺	陷	廟	平	子
陷	陷	廟	廟	陷	旺		旺	廟	廟		旺	廟	旺	廟	旺	廟	旺	陷	廟	陷	陷	廟	平	廟	丑
平	陷	陷		廟	廟	旺		平	陷	旺	陷	廟	廟	廟	平	陷	廟	廟	陷	陷	旺	旺	廟	廟	寅
平	平		陷		平		廟	旺	平		旺	陷	廟	廟	廟	平	陷	平	陷	廟	陷	廟	旺	旺	卯
陷	陷	廟	廟	旺	陷		廟	旺		旺	旺	旺	平	廟	廟	旺	平	廟	廟	平	廟	陷	旺	旺	辰
陷	廟	陷		旺	旺	旺		廟	廟	平	陷	平	陷	平	陷	平	陷	廟	平	旺	平	旺	平	旺	巳
廟	廟		平	廟	廟		廟	陷	陷		廟	旺	廟	平	陷	廟	陷	旺	平	陷	旺	廟	廟	廟	午
平	平	廟	廟	平	陷	旺		旺	平		廟	旺	旺	陷	陷	廟	平	廟	廟	陷	廟	平	陷	廟	未
廟	廟		旺	陷	廟		平	旺	旺		陷	廟	廟	廟	平	平	平	廟	旺	平	陷	平	旺	旺	申
平	廟		陷	陷	陷	廟		廟	廟		陷	陷	平	廟	廟	平	平	旺	陷	平	平	陷	旺	平	酉
平	陷	廟	廟	廟	廟			陷	陷		旺	廟	旺	廟	廟	廟	旺	廟	旺	平	廟	陷	廟	陷	戌
旺	陷	陷		廟	平		旺	旺	旺	平	平	陷	廟	旺	陷	廟	平	旺	陷	廟	平	陷	平	旺	亥

三. 安十二宮位天干表

宮支宮干	寅	卯	辰	巳	午	未	申	酉	戌	亥	子	丑
甲/己	丙	丁	戊	己	庚	辛	壬	癸	甲	乙	丙	丁
乙/庚	戊	己	庚	辛	壬	癸	甲	乙	丙	丁	戊	己
丙/辛	庚	辛	壬	癸	甲	乙	丙	丁	戊	己	庚	辛
丁/壬	壬	癸	甲	乙	丙	丁	戊	己	庚	辛	壬	癸
戊/癸	甲	乙	丙	丁	戊	己	庚	辛	壬	癸	甲	乙

例：甲己年生的人，在十二地支表的寅宮，定丙寅順時鐘順數丁卯、戊辰……到最末丑宮為丁丑。

四.安命身宮表

定出命宮後，以順時針方向將父母、福德、田宅、事業、交友、遷移、疾厄、財帛、子女、夫妻、兄弟、依此順序填入各宮內。

十二月	十一月	十月	九月	八月	七月	六月	五月	四月	三月	二月	正月		生月／生時
丑	子	亥	戌	酉	申	未	午	巳	辰	卯	寅	命身	子
子	亥	戌	酉	申	未	午	巳	辰	卯	寅	丑	命	丑
寅	丑	子	亥	戌	酉	申	未	午	巳	辰	卯	身	
亥	戌	酉	申	未	午	巳	辰	卯	寅	丑	子	命	寅
卯	寅	丑	子	亥	戌	酉	申	未	午	巳	辰	身	
戌	酉	申	未	午	巳	辰	卯	寅	丑	子	亥	命	卯
辰	卯	寅	丑	子	亥	戌	酉	申	未	午	巳	身	
酉	申	未	午	巳	辰	卯	寅	丑	子	亥	戌	命	辰
巳	辰	卯	寅	丑	子	亥	戌	酉	申	未	午	身	
申	未	午	巳	辰	卯	寅	丑	子	亥	戌	酉	命	巳
午	巳	辰	卯	寅	丑	子	亥	戌	酉	申	未	身	
未	午	巳	辰	卯	寅	丑	子	亥	戌	酉	申	命身	午
午	巳	辰	卯	寅	丑	子	亥	戌	酉	申	未	命	未
申	未	午	巳	辰	卯	寅	丑	子	亥	戌	酉	身	
巳	辰	卯	寅	丑	子	亥	戌	酉	申	未	午	命	申
酉	申	未	午	巳	辰	卯	寅	丑	子	亥	戌	身	
辰	卯	寅	丑	子	亥	戌	酉	申	未	午	巳	命	酉
戌	酉	申	未	午	巳	辰	卯	寅	丑	子	亥	身	
卯	寅	丑	子	亥	戌	酉	申	未	午	巳	辰	命	戌
亥	戌	酉	申	未	午	巳	辰	卯	寅	丑	子	身	
寅	丑	子	亥	戌	酉	申	未	午	巳	辰	卯	命	亥
子	亥	戌	酉	申	未	午	巳	辰	卯	寅	丑	身	

五.定五行局表

戊癸	丁壬	丙辛	乙庚	甲己	生年干＼命宮
金四局	木三局	土五局	火六局	水二局	子丑
水二局	金四局	木三局	土五局	火六局	寅卯
土五局	火六局	水二局	金四局	木三局	辰巳
火六局	水二局	金四局	木三局	土五局	午未
木三局	土五局	火六局	水二局	金四局	申酉
水二局	金四局	木三局	土五局	火六局	戌亥

六.起大限表

首先必須先定陰陽，如出生年為奇數年之男女，均為陽男陽女。例一〇五年出生者皆是陽男女。

出生年若為偶數年之男女，均為陰男陰女。例一〇四年出生者皆為陰男女。

父母宮	福德宮	田宅宮	事業宮	交友宮	遷移宮	疾厄宮	財帛宮	子女宮	夫妻宮	兄弟宮	命宮	宮位/大限	五行局
12-21	22-31	32-41	42-51	52-61	62-71	72-81	82-91	92-101	102-111	112-121	2-11	陽男陰女	水二局
112-121	102-111	92-101	82-91	72-81	62-71	52-61	42-51	32-41	22-31	12-21	2-11	陰男陽女	
13-22	23-32	33-42	43-52	53-62	63-72	73-82	83-92	93-102	103-112	113-122	3-12	陽男陰女	木三局
113-122	103-112	93-102	83-92	73-82	63-72	53-62	43-52	33-42	23-32	13-22	3-12	陰男陽女	
14-23	24-33	34-43	44-53	54-63	64-73	74-83	84-93	94-103	104-113	114-123	4-13	陽男陰女	金四局
114-123	104-113	94-103	84-93	74-83	64-73	54-63	44-53	34-43	24-33	14-23	4-13	陰男陽女	
15-14	25-34	35-44	45-54	55-64	65-74	75-84	85-94	95-104	105-114	115-124	5-14	陽男陰女	土五局
115-124	105-114	95-104	85-94	75-84	65-74	55-64	45-54	35-44	25-34	15-24	5-14	陰男陽女	
16-25	26-35	36-45	46-55	56-65	66-75	76-85	86-95	96-105	106-115	116-125	6-15	陽男陰女	火六局
116-125	106-115	96-105	86-95	76-85	66-75	56-65	46-55	36-45	26-35	16-25	6-15	陰男陽女	

七.起小限表

12	11	10	9	8	7	6	5	4	3	2	1	小限	宮位
12	11	10	9	8	7	6	5	4	3	2	1		
24	23	22	21	20	19	18	17	16	15	14	13		
36	35	34	33	32	31	30	29	28	27	26	25		
48	47	46	45	44	43	42	41	40	39	38	37		
60	59	58	57	56	55	54	53	52	51	50	49		
72	71	70	69	68	67	66	65	64	63	62	61		
84	83	82	81	80	79	78	77	76	75	74	73		
96	95	94	93	92	91	90	89	88	87	86	85		
108	107	106	105	104	103	102	101	100	99	98	97		
120	119	118	117	116	115	114	113	112	111	110	109		本年支
卯巳	寅午	丑未	子申	亥酉	戌戌	酉亥	申子	未丑	午寅	巳卯	辰辰	男女	寅午戌
酉亥	申子	未丑	午寅	巳卯	辰辰	卯巳	寅午	丑未	子申	亥酉	戌戌	男女	申子辰
午申	巳酉	辰戌	卯亥	寅子	丑丑	子寅	亥卯	戌辰	酉巳	申午	未未	男女	巳酉丑
子寅	亥卯	戌辰	酉巳	申午	未未	午申	巳酉	辰戌	卯亥	寅子	丑丑	男女	亥卯未

八. 安紫微星系表（一）

生日 \ 五行局	水二局	木三局	金四局	土五局	火六局
1	丑	辰	亥	午	酉
2	寅	丑	辰	亥	午
3	寅	寅	丑	辰	亥
4	卯	巳	寅	丑	辰
5	卯	寅	子	寅	丑
6	辰	卯	巳	未	寅
7	辰	午	寅	子	戌
8	巳	卯	卯	巳	未
9	巳	辰	丑	寅	子
10	午	未	午	卯	巳
11	午	辰	卯	申	寅
12	未	巳	辰	丑	卯
13	未	申	寅	午	亥
14	申	巳	未	卯	申
15	申	午	辰	辰	丑
16	酉	酉	巳	酉	午
17	酉	午	卯	寅	卯
18	戌	未	申	未	辰
19	戌	戌	巳	辰	子
20	亥	未	午	巳	酉
21	亥	申	辰	戌	寅
22	子	亥	酉	卯	未
23	子	申	午	申	辰
24	丑	酉	未	巳	巳
25	丑	子	巳	午	丑
26	寅	酉	戌	亥	戌
27	寅	戌	未	辰	卯
28	卯	丑	申	酉	申
29	卯	戌	午	午	巳
30	辰	亥	亥	未	午

八．安十四主星表（二）

其他星 紫微星	天機	太陽	武曲	天同	廉貞	天府	太陰	貪狼	巨門	天相	天梁	七殺	破軍
子	亥	酉	申	未	辰	辰	巳	午	未	申	酉	戌	寅
丑	子	戌	酉	申	巳	卯	辰	巳	午	未	申	酉	丑
寅	丑	亥	戌	酉	午	寅	卯	辰	巳	午	未	申	子
卯	寅	子	亥	戌	未	丑	寅	卯	辰	巳	午	未	亥
辰	卯	丑	子	亥	申	子	丑	寅	卯	辰	巳	午	戌
巳	辰	寅	丑	子	酉	亥	子	丑	寅	卯	辰	巳	酉
午	巳	卯	寅	丑	戌	戌	亥	子	丑	寅	卯	辰	申
未	午	辰	卯	寅	亥	酉	戌	亥	子	丑	寅	卯	未
申	未	巳	辰	卯	子	申	酉	戌	亥	子	丑	寅	午
酉	申	午	巳	辰	丑	未	申	酉	戌	亥	子	丑	巳
戌	酉	未	午	巳	寅	午	未	申	酉	戌	亥	子	辰
亥	戌	申	未	午	卯	巳	午	未	申	酉	戌	亥	卯

九．安干系諸星表

依出生年年干排入

丙		乙			甲		甲			星級 / 宮位
空亡	截路	天廚	天福	天官	天鉞	天魁	陀羅	擎羊	祿存	年干
酉	申	巳	酉	未	未	丑	丑	卯	寅	甲
未	午	午	申	辰	申	子	寅	辰	卯	乙
巳	辰	子	子	巳	酉	亥	辰	午	巳	丙
卯	寅	巳	亥	寅	酉	亥	巳	未	午	丁
丑	子	午	卯	卯	未	丑	辰	午	巳	戊
酉	申	申	寅	酉	申	子	巳	未	午	己
未	午	寅	午	亥	未	丑	未	酉	申	庚
巳	辰	午	巳	酉	午	寅	申	戌	酉	辛
卯	寅	酉	午	戌	巳	卯	戌	子	亥	壬
丑	子	亥	巳	午	巳	卯	亥	丑	子	癸

十、安支系諸星表

依出生年年支排入

乙級星																	甲	星級＼宮位
天壽	天才	月德	天德	咸池	華蓋	破碎	蜚廉	寡宿	孤辰	天喜	紅鸞	鳳閣	龍池	天虛	天哭	天空	天馬	年支
由身宮起子，順行，數至本年生年支，即安天壽星。	命宮	巳	酉	酉	辰	巳	申	戌	寅	酉	卯	戌	辰	午	午	丑	寅	子
	父母	午	戌	午	丑	丑	酉	戌	寅	申	寅	酉	巳	未	巳	寅	亥	丑
	福德	未	亥	卯	戌	酉	戌	丑	巳	未	丑	申	午	申	辰	卯	申	寅
	田宅	申	子	子	未	巳	巳	丑	巳	午	子	未	未	酉	卯	辰	巳	卯
	事業	酉	丑	酉	辰	丑	午	丑	巳	巳	亥	午	申	戌	寅	巳	寅	辰
	交友	戌	寅	午	丑	酉	未	辰	申	辰	戌	巳	酉	亥	丑	午	亥	巳
	遷移	亥	卯	卯	戌	巳	寅	辰	申	卯	酉	辰	戌	子	子	未	申	午
	疾厄	子	辰	子	未	丑	卯	辰	申	寅	申	卯	亥	丑	亥	申	巳	未
	財帛	丑	巳	酉	辰	酉	辰	未	亥	丑	未	寅	子	寅	戌	酉	寅	申
	子女	寅	午	午	丑	巳	亥	未	亥	子	午	丑	丑	卯	酉	戌	亥	酉
	夫妻	卯	未	卯	戌	丑	子	未	亥	亥	巳	子	寅	辰	申	亥	申	戌
	兄弟	辰	申	子	未	酉	丑	戌	寅	戌	辰	亥	卯	巳	未	子	巳	亥

十一. 安月系諸星表

依出生農曆月分排入，如遇閏月十五號以前以當月算，十六號以後視為翌月。

乙						甲		星級 諸星
陰煞	天月	天巫	解神	天姚	天刑	右弼	左輔	生月
寅	戌	巳	申	丑	酉	戌	辰	正月
子	巳	申	申	寅	戌	酉	巳	二月
戌	辰	寅	戌	卯	亥	申	午	三月
申	寅	亥	戌	辰	子	未	未	四月
午	未	巳	子	巳	丑	午	申	五月
辰	卯	申	子	午	寅	巳	酉	六月
寅	亥	寅	寅	未	卯	辰	戌	七月
子	未	亥	寅	申	辰	卯	亥	八月
戌	寅	巳	辰	酉	巳	寅	子	九月
申	午	申	辰	戌	午	丑	丑	十月
午	戌	寅	午	亥	未	子	寅	十一月
辰	寅	亥	午	子	申	亥	卯	十二月

十二．安日系諸星表

乙		乙		星級
天貴	恩光	八座	三台	諸星
由文曲所坐的宮位起初一，再退後一宮順行，數到本命生日	由文昌所坐的宮位起初一，再退後一宮順行，數到本命生日	由右弼所坐的宮位起初一，逆行，數到本生日，一宮數一日	由左輔所坐的宮位起初一，順行，數到本生日，一宮數一日	安星方法

十三．安時系諸星表（一）

甲						諸星 生時
封誥	台輔	地空	地劫	文曲	文昌	
寅	午	亥	亥	辰	戌	子
卯	未	戌	子	巳	酉	丑
辰	申	酉	丑	午	申	寅
巳	酉	申	寅	未	未	卯
午	戌	未	卯	申	午	辰
未	亥	午	辰	酉	巳	巳
申	子	巳	巳	戌	辰	午
酉	丑	辰	午	亥	卯	未
戌	寅	卯	未	子	寅	申
亥	卯	寅	申	丑	丑	酉
子	辰	丑	酉	寅	子	戌
丑	巳	子	戌	卯	亥	亥

十三 . 安時系諸星表（二）

| 亥卯未 | | 巳酉丑 | | 申子辰 | | 寅午戌 | | 出生年支 |
鈴星	火星	鈴星	火星	鈴星	火星	鈴星	火星	諸星 ／ 生時
戌	酉	戌	卯	戌	寅	卯	丑	子
亥	戌	亥	辰	亥	卯	辰	寅	丑
子	亥	子	巳	子	辰	巳	卯	寅
丑	子	丑	午	丑	巳	午	辰	卯
寅	丑	寅	未	寅	午	未	巳	辰
卯	寅	卯	申	卯	未	申	午	巳
辰	卯	辰	酉	辰	申	酉	未	午
巳	辰	巳	戌	巳	酉	戌	申	未
午	巳	午	亥	午	戌	亥	酉	申
未	午	未	子	未	亥	子	戌	酉
申	未	申	丑	申	子	丑	亥	戌
酉	申	酉	寅	酉	丑	寅	子	亥

十四.安長生十二神表

丙												星級	
												十二神	五行局
養	胎	絕	墓	死	病	衰	帝旺	臨官	冠帶	沐浴	長生	陰陽男女	
未	午	巳	辰	卯	寅	丑	子	亥	戌	酉	申	陽男陰女	水二局
酉	戌	亥	子	丑	寅	卯	辰	巳	午	未	申	陰男陽女	
戌	酉	申	未	午	巳	辰	卯	寅	丑	子	亥	陽男陰女	木三局
子	丑	寅	卯	辰	巳	午	未	申	酉	戌	亥	陰男陽女	
辰	卯	寅	丑	子	亥	戌	酉	申	未	午	巳	陽男陰女	金四局
午	未	申	酉	戌	亥	子	丑	寅	卯	辰	巳	陰男陽女	
未	午	巳	辰	卯	寅	丑	子	亥	戌	酉	申	陽男陰女	土五局
酉	戌	亥	子	丑	寅	卯	辰	巳	午	未	申	陰男陽女	
丑	子	亥	戌	酉	申	未	午	巳	辰	卯	寅	陽男陰女	火六局
卯	辰	巳	午	未	申	酉	戌	亥	子	丑	寅	陰男陽女	

十五.安生年博士十二星

首先找到祿存星所在之宮位，順序起十二星，陽男陰女順行，陰男陽女逆行，順序如下：博士、力士、青龍、小耗、將軍、奏書、飛廉、喜神、病符、大耗、伏兵、官府等十二星皆為丙級星。

十六.安天傷、天使星

不論男女天傷必在交友宮，天使在疾厄宮皆為丙級星。

十七.安流年歲前諸星表

戊	丁	戊	丁	戊							丁	星級　星名
病符	弔客	天德	白虎	龍德	大耗	小耗	官符	貫索	喪門	晦氣	歲建	歲支
亥	戌	酉	申	未	午	巳	辰	卯	寅	丑	子	子
子	亥	戌	酉	申	未	午	巳	辰	卯	寅	丑	丑
丑	子	亥	戌	酉	申	未	午	巳	辰	卯	寅	寅
寅	丑	子	亥	戌	酉	申	未	午	巳	辰	卯	卯
卯	寅	丑	子	亥	戌	酉	申	未	午	巳	辰	辰
辰	卯	寅	丑	子	亥	戌	酉	申	未	午	巳	巳
巳	辰	卯	寅	丑	子	亥	戌	酉	申	未	午	午
午	巳	辰	卯	寅	丑	子	亥	戌	酉	申	未	未
未	午	巳	辰	卯	寅	丑	子	亥	戌	酉	申	申
申	未	午	巳	辰	卯	寅	丑	子	亥	戌	酉	酉
酉	申	未	午	巳	辰	卯	寅	丑	子	亥	戌	戌
戌	酉	申	未	午	巳	辰	卯	寅	丑	子	亥	亥

十八 . 安流年將前諸星表

戊								丁				星級　星名
亡神	月煞	咸池	指背	天煞	災煞	刼煞	息神	華蓋	歲驛	攀鞍	將星	流年年支
巳	辰	卯	寅	丑	子	亥	酉	戌	申	未	午	戌午寅
亥	戌	酉	申	未	午	巳	卯	辰	寅	丑	子	辰子申
申	未	午	巳	辰	卯	寅	子	丑	亥	戌	酉	丑酉巳
寅	丑	子	亥	戌	酉	申	午	未	巳	辰	卯	未卯亥

十九 . 安旬中、空亡星表

生年支						生年干
寅	辰	午	申	戌	子	甲
卯	巳	未	酉	亥	丑	乙
辰	午	申	戌	子	寅	丙
巳	未	酉	亥	丑	卯	丁
午	申	戌	子	寅	辰	戊
未	酉	亥	丑	卯	巳	己
申	戌	子	寅	辰	午	庚
酉	亥	丑	卯	巳	未	辛
戌	子	寅	辰	午	申	壬
亥	丑	卯	巳	未	酉	癸
子	寅	辰	午	申	戌	旬中
丑	卯	巳	未	酉	亥	空亡

二十．安四化星表

本表採用欽天四化

甲				星級
化忌	化科	化權	化祿	年干
太陽	武曲	破軍	廉貞	甲
太陰	紫微	天梁	天機	乙
廉貞	文昌	天機	天同	丙
巨門	天機	天同	太陰	丁
天機	右弼	太陰	貪狼	戊
文曲	天梁	貪狼	武曲	己
天同	太陰	武曲	太陽	庚
文昌	文曲	太陽	巨門	辛
武曲	左輔	紫微	天梁	壬
貪狼	太陰	巨門	破軍	癸

第二部份

斗數十四主星介紹

紫微：五行屬陰土，斗分為北，化為尊貴之星，為官祿主，有解厄延壽制化之功。帝王之星是英明主子，或是殘暴昏君，全受吉煞曜影響，除此在陷宮心性孤寂暴躁奸巧，廟旺宮有遠見易溝通能擇善固執。坐命身形貌厚重，腰肩兩處肉豐，為人忠厚老成，自尊心高，有自負傾向，雖具領導才華，有統治欲望，若無輔弼，則為孤君，辛苦不堪，其人心性耳根軟，遇事恐翻臉無情，多善變多疑心，虛榮心強，喜被人吹捧，通才不專，興趣廣泛。遇三吉化一生有不期而遇之好運；遇輔弼友眾多有助力，且有逢凶化吉之力；遇魁鉞一生得貴人機遇做事可成；遇昌曲喜文藝增添情感豐富。遇火、鈴、空、劫，情緒不穩，人生悲觀，多與宗教有緣；遇羊、陀、忌，遭受打擊或遇困難而導致受傷或財傷，人際關係不和諧。

趨吉顏色：紫、黃色。

天機：五行屬陰木，斗分為南，化為善星，為兄弟主此星坐命與手足緣份較淺，不論是身體或是腦袋須多動，動則福，靜則虛，為人多計謀，善策劃，可為幕僚人才，但性格急進，人慈心軟，異性緣佳．也較神經質，好宗教哲學，學術研究，好動、好勤、好學但博而不精。故多操心操勞，但遇事多有條理，天機在命智商不輸人，如加上生年科祿權，更有表現。但如天機化忌在命宮，則易鑽牛角尖疑神疑鬼，

須注意神經衰弱顏面神經失調，及手足神經系統傷害或四肢
受傷。

趨吉顏色：青、綠色

太陽：五行屬陽火，斗分為中天，化氣為貴，為官祿主，
在男命中作為父星及子星，在女命中可做為父、夫及子星。
宜日生人，不宜夜生人。此星坐命宮形貌堂堂，在午宮身軀
高大，若逢落陷，中矮身型，若逢化忌，多為瘦高，不論男
女早年與父有刑剋，中年刑剋兒子（女命刑剋夫），晚年刑
剋自己，以不住同一屋簷下為佳。此星心慈好施濟，異性緣
佳，心直口快，雖偶有小脾氣，但做事積極不偏袒，喜外交
活動，善交際，女命有男子態。若太陽化忌，更有四煞，眼
睛恐有不對稱現象。

趨吉顏色：紅色

武曲：五行屬陰金斗分為北，化氣為財，為財帛主，此
星坐命聲音洪亮，毛髮粗硬，性情剛烈果斷，不諳心計，重
義氣，不服輸，執行力強富有開創精神，家務事常是煩惱的
主因。逢化忌星則事業恐有成敗，對金錢運用焦頭爛額，再
會煞星不堪收拾，可從事金屬利器生財，如屠夫、軍警、保
安、工業實業，不宜從事財務、經濟、金融投資事業，逢化
祿星則財源滾滾，威名震遠，逢化科星可於財經界任職長官。
此星宜男不宜女，因帶寡宿特性女子雖有大丈夫作風氣概，
唯婚姻感情恐有損。

趨吉顏色：紅、白色

天同：五行屬陽水，斗分為南，化氣為福，為福德主。此星坐命圓胖肥滿重面子注重外表，且有幽默感人緣好，不喜與人計較，但較不積極，有懶散之嫌。此星又叫小孩之星，故多孩童性格，學習能力佳，但多學不精無法持久。若於華蓋同宮，相貌更是福相，為人樂觀，但進取心不夠晚年有福。逢化忌星性格軟弱較無主張，恐難獨立，常有情緒脫序白目的行為。並在人生婚姻感情過程中感情的傷害影響甚大。如命在午宮無正曜只有擎羊獨守，對宮有天同化祿及太陰同度，此為馬頭帶箭之正格，可為國效勞掌兵符大權，亦可在工業實業中闖出局面。如命在午宮天同化祿及太陰擎羊同度此為偏格。

趨吉顏色：青、褐色

廉貞：五行屬陰火，斗分為北，化氣為囚，也是次桃花星，為官祿主。此星坐命身材都高大健美，眉粗厚眼光銳利有神，個性強硬有冒險精神，好逞強賭性重，為人也較風流。女命氣質佳，或端莊清秀，或冷艷冰山美人型。此星具煞氣有武職和血光性質，逢化祿星與七殺同度未宮，為雄宿乾元格，縱不見吉星也有事業上的大氣魄，也是（清白上格），不會將時間浪費在男女感情之樂。逢化忌會六煞耗、刑若不見祿存及化祿，恐有客死他鄉之象，如廉貞會天月於遷移宮更見四煞，若不見祿則染病他鄉。本身已是次桃花星，不喜

見紅鸞、天喜、咸池、大耗、天姚、沐浴，主好淫色。此星吉凶變化很大，人生起落落差最大，吉者成就大事業，富貴雙全，不吉則好色放縱潦倒坎坷。

　　趨吉顏色：紅、黃色

　　天府：五行屬陽土，斗分為南，化氣為庫，為財帛的庫府，亦為貴的表徵。此星坐命，面方圓體胖中高身材，見輔弼性情忠厚，見昌、曲、化科聰明有毅力，見魁、鉞善為人排解糾紛，行事小心，適應環境能力佳。因保守性格其財富積儲得來。女命高雅清秀，理智重於感情，好布置家居，審美觀強重視穿著。如見四煞，更見文昌化忌、文曲化忌、天姚、陰煞、天虛反倒是偽君子，如會空劫則為空庫。主孤獨、無財，女命恐六親緣薄。

　　趨吉顏色：灰色

　　太陰：五行屬陰水，斗分為中天，化氣為富，為田宅主。在男命作母星、妻星、女兒星，在女命作母星，自己及女兒星喜夜生人；於農曆初一至十五為上弦月生人，月亮由缺轉圓故有光輝主吉利；而十六到月底為下弦月生人，月亮由圓轉缺光輝漸失較為不吉。此星坐命面圓長略帶方型，性情內向，見昌曲、化科、天才、天機主聰明，見天同主俊秀，逢化忌、天機化忌或見文昌化忌、文曲化忌、陰煞、天姚，善工心計多思慮行巧詐，太陰入廟更有昌曲、紅鸞、天喜主俊男美女，如有一顆煞曜同度更是動人，如會輔弼魁鉞，更增

加命造溫和耿直端莊明重，會龍池、鳳閣、天才對藝術及手工藝有專業技能。見紅鸞、天喜、咸池男女以調情為樂多異性密友。太陰落陷於命宮多不利女親，且見煞曜忌刑便有（隨娘過繼、離祖外出），若身宮在遷移宮也有此情況。若見六煞曜、刑耗、咸池、天姚等星主性格不良易誤入岐途，女人易墮落風塵。太陰化忌坐男命早年刑剋母親，中年刑剋妻子，晚年刑剋女兒，坐女命早年刑剋母親，中年刑剋女兒晚年刑剋自己，以不住同一屋簷下為佳。

趨吉顏色：白、黃色

貪狼：五行屬陽木，斗分為北斗星，又屬水，化氣為桃花，是排災解難的星曜。此星在人的命宮人際圓滑八面玲瓏善交際多才藝，但性格衝動多變，體態多偏肥胖，心多計較，有時為達目的不擇手段。貪狼坐命宮之人喜歡自抬身價，不論富貴貧賤最怕被人瞧不起，因感情靈敏為性情中人，可謂是受人點滴湧泉以報，但如遭朋友背叛有仇必報，喜過夜生活愛熱鬧。此星若化忌或空劫同度反佳，會削減桃花的不良習性，女命貪狼若身材玲瓏腰身瘦細，恐感情空虛不定，不愛家事，無論男女有藝術、語言或好玄學五術的天分。貪狼化祿或見昌、曲、魁、鉞，好動圓滑，適公關主管；見羊陀好酒食菸賭；見空、劫、華蓋主好玄學五術。在午宮貪狼化祿和擎羊同度為（馬頭帶箭）之偏格主掌軍權。若得火鈴同度為火貪格或鈴貪格主橫發；但以不見化忌及空劫否則橫破，見羊陀主浮蕩好漁色及不良習性。如在亥宮及子宮為（泛水

桃花）格，在寅宮與陀羅同度（風流綵杖）格因色遭災。

趨吉顏色：咖啡色、青色、紅色

巨門：五行屬陰土，又屬陰金，因土靜金埋，故化氣為暗，斗分為北，主口舌是非明爭暗鬥。此星與太陽在寅申宮同度，坐命身材高肥胖否則短瘦小。此星佳命宮面目清秀為人敦厚，善口才記憶佳眼光銳利，做事多優柔寡斷進退疑惑，猜忌心重個性較孤寡。女命巨門若太陽拱照，四肢體毛較長。此星坐命一生多是非，常與人爭執，最好從事老師、業務、公關、政治人物、演藝界、律師、演講或專業學術研究等工作才能趨吉避凶，此星化忌者與母緣分恐弱，女命多三姑六婆，不合群猜忌心重，婚姻感情多風浪。若入廟得吉化可相夫教子為賢妻，更有天福及天壽則健康且長壽。若逢化權與天刑同度利於法律。與空、劫、火、鈴、龍池、鳳閣相會宜機械。與擎羊、天刑、天月、昌、曲、化科相會宜醫學。若會昌曲化忌更有天巫宜命理工作。

趨吉顏色：淡紅色、褐色

天相：五行屬陽水，斗分為南，化氣為印，為官祿主。此星沒有自己的本質故化為印星，其善惡由執印之人善惡而定，因此與什麼正曜同度或拱照對天相影響甚鉅，逢凶則凶逢吉則吉，此星坐命者中等身材亦有肥胖者，性情忠厚態度大方，穩重有正義感富同情心常助人，對錦衣玉食有偏好，注重外表，好打扮，並有宗教信仰喜修行。在天相格局中，

最著名的格局有一吉一凶；吉者為（財蔭夾印）格，凡天相受化祿和天梁相左右臨宮相夾者是，最正宗的是，巨門化祿因天梁必在天相的前一宮，而巨門在後一宮，另外天機化祿和天梁化權相夾亦為大吉，在任何宮位均吉，不限定在命宮。凶者為（刑忌夾印）刑指擎羊，如巨門化忌和擎羊夾宮是為正宗，其他如天機化忌、太陽化忌、天同化忌、文昌化忌、文曲化忌都合乎此局，不同的星性性質有所分別。刑忌夾印格局如再有火、鈴、空、劫、天刑、大耗、主牢獄之災，在命宮最為嚴重，大限流年遇之不可不慎。

　　趨吉顏色：米黃色、白色

　　天梁：五行屬陽土，斗分為南，化為蔭，為父母主有遇難呈祥之效。此星坐命性格溫和、耿直磊落、老成持重，有老大的架勢，多能受人敬重。並且長方面型、山根挺直、天庭飽滿、容貌清秀。此星坐命、身或福德宮和空、劫、天空、華蓋、天巫相會都能有較深的宗教信仰，更有化科昌曲、天才有可能為宗教傳道人或導師。天梁星守命若會六吉星、化權、化科等，則能有原則有決斷、果敢的作風是專業執法或司法人才。此星是壽星居命及福德宮常主有壽，遇天壽天福更主長壽，或許人生可能會遇生死劫難而幸運活過來，但見諸煞曜化忌，則有帶病延年的性質反是痛苦的人生，此星亦為蔭星有庇蔭他人的性質而成為他人的貴人，故喜會魁、鉞、太陽可嘉惠他人，此星有遇難呈祥之效，在大限流年遇之都能逢凶化吉。但若在老年於福德宮會諸煞，刑、忌、耗則可

能為死限。天梁化祿在命或財帛宮較不適合擔任公職人員，容易因財務糾紛涉及貪污瀆職不得不防，也不宜經商，但若是經商見吉曜吉化必為誠實商人，天梁在子宮坐命因才華太露有損人緣，謙厚一點較有福澤。在巳、亥宮天梁獨坐更有天馬同度或拱照主漂蕩，往往單身到老或離異而孤單，見孤辰寡宿尤是。如見天馬又遇文昌，文曲化科等，主遠遊各地或在外求學；如見祿存化祿天馬宜到海外謀生，或流動生財如船員機師。在申、巳、亥宮更有天馬同度或拱照，更見紅鸞、天喜、咸池、大耗、天姚、沐浴等桃花雜曜則喜悠閒享受，不想工作易沉淪肉慾情海中，女命容易淪落風塵即使離婚再婚也不吉。

趨吉顏色：棕色、黃色

七殺：五行屬陰金，斗分南斗，化氣為權，為斗數中大將星曜性質剛烈強硬。此星坐命之人面型長方，中型身材，不怒有威嚴，氣宇軒昂，為人好勝富責任感，非常有個性及個人魅力，有冒險犯難之精神，人生較孤剋，六親緣分較不足，但在事業上多有表現，唯一生中在事業或在財富恐有一次大破敗，故成敗難論，若見化祿及祿存則可跌倒之後東山再起。經商者須見祿，忌從事投機賭博之行業。七殺在寅申二宮為七殺朝、仰斗格，主貴人提攜，不見煞曜更有輔、弼、魁、鉞、祿、馬宜往實業工廠方面發展，若不見祿馬卻有煞曜，則有掌兵權為軍警領導人。此星坐命六煞曜天刑化忌相會尤其武曲、廉貞化忌，常主殘疾或嚴重傷害，此星見祿存

化祿利經商作生意，見輔弼奴僕眾多，事業局面大，更見化權利於人事管理，統領千軍萬馬，和昌曲化科相會，利於工業科技發展，見魁鉞主貴人事業多幫忙。若會諸煞曜刑忌，除自身殘傷或死於惡鬥意外，且性格剛愎自用，為人手段激烈人緣差，多行惡業災害臨頭，人生最好習得一技之長。女命七殺見諸吉曜吉化，可以和現在的男人一樣成就大事業，甚至在軍警方面擔任高層管理工作，但最忌夫妻官多煞曜兇星，則情路坎坷心靈空虛。

趨吉顏色：黑色、青色、白色

破軍：五行屬陰水 陰金，斗分南斗，化氣為耗，呈褐色，奴僕主，又司為夫妻主，為暗桃花之一。此星坐命五短之身，背寬厚，說話音高量大，個性剛毅獨斷，易逞兇鬥狠，不受約束，與人相交我行我素，外緣稍差，坐命或財帛宮一生最少一次大破敗之克應，喜化祿可減輕剛剋之氣，如自身不化祿以見祿存為佳，福德宮祿曜也吉。破軍守命只要見煞星化忌，可能體型矮小，嚴重有傷殘之虞或早產及在外型上有一定的缺陷，遇事較無恆心但喜刺激及新鮮事物，破軍為戰場將軍，對國家是有貢獻的，但其貢獻是先破壞再建設，這是破軍星特質。在丑未宮坐命人生較孤但好面子，在卯酉宮桃花強且狂妄，在巳亥宮除較孤寂外，有衝勁以不見哭虛為確，在子午宮為英星入廟格，喜遇魁鉞是優良工程師或富研究精神的發明者，不論為官、經營事業均有佳績。此星不喜遇昌曲，反進退不一，猶豫不決，人生多積怨，女命不喜與空劫

同宮，易落風塵，最好有宗教信仰。

　　趨吉顏色：褐色

六吉星介紹

　　文昌：又為文桂星，屬金，斗分為南，司科甲，文魁之星，此星入命優雅聰明，反應快，聞一知十，好學不倦，文學才華很好，利考試。女命不宜坐寅午戌宮位，恐多淫較不重視貞節，對婚姻感情多傷害，宜多修身養性。此星坐命若會文曲及天才，其智力過人，又見奏書、博士無考不利；見龍池鳳閣必有巧藝隨身，在卯酉宮與太陽天梁祿存同宮為（陽梁昌祿）格。

　　文曲：又為文華星，屬水，斗分為北，主科甲，其性質與文昌星相同。此星代表口才佳，在命身宮有滾浪桃花，外緣好。此星單守坐命身宮，會煞曜則社會地位較低，雖然口才佳，但身分地位不高。女命不宜坐寅午戌宮位，恐多淫較不重視貞節，對婚姻感情多傷害，宜多修身養性。

　　左輔：屬土，南北斗，居十二宮皆吉，左輔在命清秀端正，為人厚道，胸有大度，穩健謹慎，好助人，樂布施，講信用，一生多貴人相助，尤其異性為最應驗。

　　右弼：屬陰水，性溫富同情心，好施濟精通文墨，做事有為有守，此星單守易離祖打拚或因父母無法照顧而託付別人帶大，女命逢之主有男人志，加吉星主賢良為旺夫益子之

命，此星之貴人屬同輩，男女皆有。

　　天魁：又為天乙貴人，屬火，南斗助星，其星性代表長輩的貴人，此星坐命聰明有謀略，樂助人好管閒事，偶有小迷糊一生貴人相助，在十二宮皆吉，好勤好學更得諸吉星同宮或三合守照，利考試，年少必登科及第。

　　天鉞：又為玉堂貴人，屬陰火，南斗助星，主科名，一生貴人多為女性，夜生人有福，但行運至五十以後反增困擾阻礙。此星又名桃花星其三合會照天姚、咸池在感情上較有風波，若於紅鸞同宮對感情較無自制力，易在不知覺中發生情感而增加困擾，男性此星坐命會較有女性化。

六煞星介紹

　　火星：屬火，南斗浮星，主權霸，遇事急躁沒耐性，欠缺深謀遠慮，冥頑不靈，自以為是。在十二宮皆不為美論。此星坐命毛髮有異常人色澤為紅粽色，唇齒四肢有傷或麻面或有疤痕，居疾厄宮入廟則少病，但注意皮膚疾病。女命性格剛強，個性外向，說話易得罪人。此星若入陷宮六親緣薄，易招官非橫禍，且健康不佳。

　　鈴星：屬火，南斗浮星，遇事急躁沒耐性，欠缺深謀遠慮，冥頑不靈。但其優點聰明伶俐，缺點個性陰沈多疑善妒，鈴星入命外貌稍差，聲音低沈多沙啞，凡事不看情面。居疾厄宮入廟則少病，但注意皮膚疾病，女命性格剛強，個性外向，說話易得罪人。此星若入陷宮六親緣薄，易招官非橫禍，且健康不佳。

　　擎羊：又名夭壽星，屬金，北斗浮星，化氣為刑。守命身宮高傲好勝，機謀狡詐，視親為疏，翻恩為怨。如入廟性剛果決，主權貴，如落陷作禍興殃，刑剋極重。此星坐命，身材高大，頭面四肢帶傷，落陷則破相嚴重，對眼不利或面有麻面斑痘，小心一生中恐有犯罪趨向。女命入廟加吉權貴，仍有美中不足，落陷傷夫剋子破相下淫。擎羊對感情方面很敏感，恩怨分明，記恨心強，易走極端常有自殘想法。此星

居命身，一生中常有開刀手術或意外傷害。

陀羅：又為天公星，屬金，北斗浮星，化氣為忌。為人狂傲，飄泊固執心性不一，性情難捉摸。此星坐命精神上長期會受折磨，其事業、婚姻、財運如同陀螺原地打轉，須耗時費力才見成果，須離開出生地發展為佳。坐命身於寅申巳亥，一生中會在求學、工作、婚姻方面有錯誤的選擇，而造成千古恨。

地空：屬陰火，故名做事虛空，多成敗，好幻想，其想法不易為人所理解，反傳統、反潮流，其行為不易人所理解，其星代表精神多受打擊。此星坐命固執孤僻，標新立意，喜怒無常，多是非，一生多漂泊勞碌。喜見武曲七殺貪狼居旺宮，或破軍化祿，則可將空想付諸行動。

地劫：化氣為耗敗，有得而復失或未得先失之特性，較不重視金錢，無法理性面對財務作妥善規劃，常憑直覺做事，想做就做遇挫敗即收，故屢戰屢敗，又屢敗屢戰，此星為耗財星，在人的一生中金錢起伏很大。空劫二星守命，一生中常有怵目驚心之事，難以忘記。

祿存介紹

　　屬土，斗分為北，主人貴爵，掌人壽基。在十二宮皆為吉福。此星坐命容貌親和，忠厚耿直，處事穩重，心地善良，祿存星雖是吉星也主富，但唯不利人事常有孤獨感，生性節儉不喜浪費，一生財運頗佳，但也可能過分小氣有損人緣。男主多才藝，女主有大丈夫之志。

天馬介紹

　　屬火，在數主賓士，謂之驛馬。主人性格活躍好動，一生多奔波與遷動。在命身宮常出外旅行或國外工作、搬家、轉職，在遷移宮亦然。喜逢祿星為祿馬交馳，動則有財，不喜靜。女命坐守有先上車後補票之可能，加陀羅或桃花星曜更應驗。

四化星介紹

　　化權星：掌生殺之神，主權勢有支配欲，入命宮重視道德紀律，也可能剛毅固執，處理事情能按部就班有條理，能得長官長輩提攜。遇空、劫、忌削弱化權力量，喜魁鉞增力量高權位，在事業宮強化領導統御之能力。

　　化科星：為聲名之神，主考試、功名、名譽。入命宮可在文學、語文、藝術、專業技能領域得到成功，喜再遇六吉曜，與魁鉞同宮或夾宮宜於公教職，遇輔弼做事有成效，遇昌曲宜進修深造定為文人顯耀。不喜遇化忌、截路、空亡或居四墓庫，多無法遇伯樂。

　　化祿星：為福德之神，主財祿，入命宮為人大方好施濟，性格爽朗，對錦衣玉食多有偏好，外緣也佳。此星喜遇財星、天馬增強財富享受，遇輔弼有左右逢源之財，魁鉞有貴人之財。如居四墓庫再有空、劫、忌則無財，但僅遇空、劫、忌則力道損一半。

　　化忌星：為災厄之神 ，主災禍。入命宮是非多災，疑心重，天生多製造麻煩，人生多運途不濟，如能戒掉忌妒心可增幅澤。入命身、福德宮，人品有瑕疵，思想多異類，而導致命運多舛。與財星遇或財官宮遇之定傷財，也為財一生困擾。在人事宮遇之，定主與人交際出問題，在疾厄宮要注意身體保健。

甲乙級星介紹

1、天刑星：與法律醫藥或與司法相關事務有關聯，在命宮或大小限流年遇之不再遇煞曜忌為佳，否則恐有官司。

2、天巫：利升遷考試，與有力之主星同宮較有效。如坐父母宮位主自己可繼承父母產業或金錢，另子女宮則子女可繼承自己的產業及金錢。

3、天福星：有福祿與天壽星同坐命宮大吉，與天同星同坐福德宮亦吉。

4、紅鸞、天喜星：此二星主婚姻喜慶，在命盤中永遠對照，坐命宮男女皆外貌俊秀，流年遇之搭配有力主星有成婚可能，若在子女宮則主添人口，或有小財運或友人贈物，老人遇之小心血災。

5、孤辰、寡宿星：一孤一寡皆主孤剋，不宜在命、夫妻、福德宮，除非有六吉星幫忙，只是精神孤寂，僅在大限流年發生效用。

6、天姚星：所在宮位主星為廟旺代表戀愛風流韻事，若落陷更有兇曜，可能因異性而造成醜事及傷害。

7、天月星：健康出狀況易疲勞患疾病。

8、陰煞星：遭受小人侵害且是在暗地裡桶刀，有吉曜不足懼，反之遇煞曜該流年人際關係不佳或有爭執。

9、將星：權利地位象徵，具有鎮壓凶星使兇的力量消失。

10、攀鞍：可帶來好名聲，學者藝術家吉利。

11、歲驛：流年天馬星，旅遊、外出、變動或搬遷。

12、歲建：遭遇麻煩事。

13、龍德：壓制凶星。

14、天德：此星很有力有趨吉避凶之作用。

15、息神：意志力消沉頹廢。

16、劫煞：遺失物品或被盜偷。

17、災煞：發生無法預期之事而困惑。

18、天煞：男性會與朋友或父親衝突，女性會與戀人或丈夫口角。

19、指背：遭人中傷或毀謗，少參與人事可避凶。

20、咸池：男女桃花風流事，較屬不正常戀愛。

21、月煞：男性會與異性或妻子口角。

22、亡神：金錢耗盡無餘款。

23、晦氣：在丑未宮無作用，做事易招損有困擾，也可能遇災難。

24、喪門：親友或自身健康出狀況。（子、午宮無凶象）

25、貫索：與人衝突對立及可能發生法律問題。（寅、申宮無凶象）

26、官府：與人口角或衝突，公務人員更須注意。（丑、未宮無凶象）

27、小耗：金錢損失。（子、午寅、申辰、戌無凶象）

28、大耗：期盼失望及金錢耗損。（子、午寅、申辰、戌無凶象）

29、白虎：遇突發狀況而導致工作遇阻，身體受傷，金錢損失。（卯、酉無凶象）

30、弔客：凶事發生在親人身上。（辰、戌宮無凶象）

31、病符：容易患病要提防。

專用術語介紹

（一）十二宮位分為三種類型

　　1、四敗之地：也叫桃花地，分別為子、午、卯、酉宮位，此四宮安命無論男女活潑外向，較多桃花人緣佳，情緒較明顯，事業橫成橫敗，及時享樂型也為錢奔波勞碌。

　　2、四生之地：也叫四馬地，分別為寅、申、巳、亥宮位，好動不靜守，要財就需動，屬奔波型，但勿心眼過高，只做大財大事業而忽略小錢財。

　　3、四墓之地：也叫墓庫之地，分別為辰、戌、丑、未宮位，有庫藏之蓄，為人認命肯打拼，屬腳踏實地型，也較死板無風趣，觀念裡只有工作再工作。

（二）宮位斷論方式

　　1、三方四正：如論命宮吉凶時，看任何宮位吉凶時，不可單論此宮之星曜會失準，須參看其它三方宮位之星曜配置，例如看命宮時須參看對宮遷移宮影響最大，次看其事業及財帛宮兩宮之星曜，所以遷移、事業、財帛為命宮之三方宮位，再加上命宮就是四正。所以對任何宮位論斷時，除本宮外，須加看對宮，及以本宮順時針數第五宮位，及逆時針數第五宮位，例如論父母宮時須看疾厄宮、交友宮、子女宮依此類推。

　　2、夾宮：在論本宮位時其左右相鄰兩宮位即為夾宮，如論命宮在子宮，其亥、丑宮就是夾宮。筆者認為對夾宮論命

判斷非常重要，因我們論命只專注在三方四正之星曜配置，但夾的力量常忽略，常見有紫府夾（貴氣）、日月夾（日入廟主貴、月入廟主富）、雙祿夾祿存化祿（財富、制煞）、昌曲夾（功名、科甲、藝文）、魁鉞夾（貴人、機運）、輔弼夾（心胸大、事業廣）、火鈴夾（個性烈、多破壞）、羊陀夾（器小、人緣差、時運壞）、空劫夾（命運多舛、財、情不利）、另有四化夾，這些在論斷宮位及大運流年時須注意。

　　3、同宮、同度：意指兩顆十四主星在一宮位如紫府（紫微天府）、紫相（紫微天相）、紫破（紫微破軍）、紫殺（紫微七殺）等。

　　4、坐、守：指單星座入某宮位，如紫微坐入子宮稱為紫微坐、守子宮。

　　5、會、照、拱：指三方宮（對宮不算是會照）本宮之左右順逆數之第五宮位之星會照入本宮。

　　6、沖：指本宮位之對宮之星衝向本宮即為沖，如子午、丑未、寅申等。

　　7、天羅地網：在斗數有兩宮位辰（天羅）戌（地網）宮，有困之意，故在此二宮相反的有時是需要些煞星坐守，才可帶著主星沖出天羅地網之困，以火、羊最佳，化忌、陀羅反更掙脫費力。

(三)空宮論述：空宮泛指任一宮位無十四主星及六吉、煞、祿、馬等星，此宮需借對宮之主星曜（乙丙丁戊級星不在內）作為論命判斷，但須注意好的星曜性質僅七成力道非全好，

但所會、照、沖之惡曜煞其力道反增強，破壞性更大。如果宮內無十四主星，但有六吉、煞、祿、馬等星，不是空宮僅是無主星，但論斷也是借對宮論斷。

1、命宮無主星：身世須注意較有可能是遺腹子、失怙恃、領養，若再有祿存、羊、陀、輔、弼之一坐守或夾命宮，生世就更增添問號，其一生起落大，性情不穩定，如有魁鉞坐守中年有成，但不可會沖煞忌，否則困難重重。如有火、鈴、羊、陀之一坐四墓之地，此乃虎賁山林格局，此為發格但較艱辛。

2、父母宮無主星：再有空、劫、天馬、化忌坐守會照，與雙親緣薄或早失去其中之一。

3、福德宮無主星：一生較無福分，中年以前艱辛，遇煞星更是，且須注意官司，遇天刑官府更確，如遇空、劫、化忌一生多為錢、情增添精神壓力。

4、田宅宮無主星：不想居家，待不住，置產晚，除非借對宮星曜佳，如有輔弼及天姚咸池等桃花曜則常有小公館包養小三或小王。

5、事業宮無主星：發跡晚、不穩定，遇波折機會大，有六吉星以公營單位或公務人員佳，有輔弼可兼職，有空劫宜領薪俸或農畜牧業，否則工作易變動，有羊陀宜武職、一技之長。

6、交友宮無主星：有六煞忌與六親緣薄並有衝突矛盾，再遇空劫為親友財傷，若有羊、鈴、陰煞多不忠之友僕。

7、遷移宮無主星：加天馬或身宮在此更加忙碌，不宜有

羊、火、化忌否則不宜外地易災傷，有空、劫、忌不宜外地經商投資，如有桃花雜曜加火鈴小心為情劫財，有昌曲忌小心合約、作保或遺失重要文件或護照。

8、疾厄宮無主星：不代表沒病痛，反而要更小心注意奇怪、沒聽過的病名，有天馬傷在四肢，有陀羅骨之病變，有桃花雜曜注意性行為安全，疾厄宮因病菌種類太多，需參看三方比對。

9、財帛宮無主星：最明顯的是財氣下降或財來財去無積蓄，最須有吉星來會，但是有羊、火單顆坐守，尤其在四墓之地，主突發大發，一般在中年之後，但糾紛及辛苦程度避免不了。

10、子女宮無主星：緣薄為特性之一，有天馬更確，有羊、刑子女災傷，有鈴星、陰煞易遇不良之人引誘走偏鋒或離家失蹤，如有煞忌都主有夭折、流產、墮胎、剖腹產之兆。

11、夫妻宮無主星：遲婚最好或婚前多波折，有空劫關係不耐久，再有陀羅恐難婚，其它煞曜均對婚姻關係不良。有六吉星除輔弼外，配偶俊貌有成，有輔弼為多情種子不利婚姻。

12、兄弟宮無主星：在陰宮多花少果，在陽宮則需看星曜配置，有羊、忌兄弟無緣或夭折，有空、劫、忌為他們財耗，加天馬更無緣。如有三吉化、魁鉞手足成就高，加昌曲情感濃厚，如有輔弼加看父母宮，多桃花曜恐有異父母的手足。

第三部份

第一章　紫微在子、午宮(論紫微在子午)

太陰　巳	貪狼　午	巨門 天同　未	天相 武曲　申
廉貞 天府　辰	紫微在子午表		天梁 太陽　酉
卯			七殺　戌
破軍　寅	丑	紫微　子	天機　亥

天機　巳	紫微　午	未	破軍　申
七殺　辰	紫微在子午表		酉
天梁 太陽　卯			天府 廉貞　戌
天相 武曲　寅	巨門 天同　丑	貪狼　子	太陰　亥

58

第一節　命在子午宮

一、命宮在子午，子宮平午宮入廟：羊陀會紫微，主性格暴躁、自私、手段激烈，空劫會主想法不隨俗，精神較孤寂，火鈴會主人生困苦辛勞不得安閒。在子宮如果吉多無煞亦可成佳構。紫微得府相會照乃「府相朝垣」格，子、午宮最為正宗，能得輔弼、昌曲、祿馬，事業傑出，得名利富貴雙全，不入廟亦為大吉。得化祿以財及商業改運，化權以權術及地位改運，化科以學問名氣改運，但如見空劫，財來財去之象，但其人反多獨特見解。若不見諸吉曜也不過度受煞影響，或不見煞即為孤君，性情孤獨，更見劫空、天空、華蓋乃出世之士，精神多信仰宗教，不一定為僧，可能精研宗教、哲學之人或精通五術。若見四煞人生困苦多阻礙，人緣不佳亦有口舌是非，欲解決問題往往費神，見四煞更有諸吉星吉化，則紛爭中卓然有成，若吉多煞少，可從事公職從政，反之以經商為主。注意擎羊在子宮，與紫微同度，易有官非口舌，另此星在命宮基本缺點為「耳根軟」，喜奉承討好之言，易聽信小人，尤其在巨門守命大運流年宮限，若與桃花雜曜相會主色淫。

二、父母在丑未借天同巨門坐守：受巨門影響主兩代多意見，多口舌之辯，常有爭執。因有天同星，更是愛之深責之切，更加深代溝，若逢化忌有損感情，兩代之間更難相處，若得魁鉞仍主有庇蔭之力。

三、福德宮在寅申破軍坐守：得祿存、化祿、化權，主行動積極，勇敢剛毅，有魄力，並喜好刺激新鮮事物，見吉

多創意，但在情緒管理上多有暴躁失控之象。會六煞多煩惱不穩定，主不和紛爭，沒有倫理，嚴重的話可能幼年福分較薄，恐有孤兒之象或寄人籬下。

四、田宅宮在卯酉太陽天梁坐守：主因房地產鬥爭，以見擎羊、天刑為最，多因房產與政府或民間控告涉占土地房舍問題，另主常換屋變動、居無定所，或常因買賣房屋及租屋遭 致搬遷，若會六煞、大耗，房產爭鬥更烈，若會四煞多與物業管理、大樓管委會糾紛，或鄰里不合，以在酉宮更為劇烈更要小心。

五、事業宮在辰戌廉貞、天府坐守：命宮在午為「極嚮離明」格，得六吉、祿馬，可為大富貴，若天府會空劫，儘管魄力大，但不利財運，宜往「工廠實業方面發展」。會四煞，盡量在生意上避免與人結怨，以和為貴，否則多糾紛波折，尤以人事方面，若武曲化科，主財帛信用，適信貸、財務、保險工作。因桃花性質帶有藝術氣質，亦適合管理人才，在公民營機構管理行政工作，另為武曲星亦主適合軍警、刑法之職，如見化忌不從事武職，易有意外災厄或挫折，不過要更見六吉才主「武職顯榮」，更得祿馬、化祿則「富貴雙全」。欲見大權貴須命會輔弼或見化權、科才是。

六、交友宮在巳亥宮太陰坐守：主朋友多，在陷宮易交小人，但廟旺主多益友。益友以見輔弼、魁鉞，小人以見化忌，陀羅、陰煞、天虛、天姚為確，並受其所累誤入歧途，若會空、劫、大耗因友財耗，如不見其他凶曜乃出於無意，若見煞則身邊有小人，此星在交友宮，見火鈴比羊陀佳，火

鈴僅增加一些困難而已。

七、遷移宮在子午貪狼坐守：主交際多，社交應酬吉則得財得助力得享受，不吉因社交生災或沈迷酒色破財招災。主朋友多來自五湖四海、三教九流，見輔弼、魁鉞，朋友更多且有助力或貴人，其應酬對事業有幫助。見三吉化更受人尊重，若與化忌、羊陀同宮，主多賭徒好投機之友；會空劫、華蓋、天巫、化科主多宗教活動。若見輔弼更有諸煞忌，則多紛爭或交損友，若化祿，主花錢慷慨大方而受人歡迎，若與諸煞、耗會主「出門有災」或「遭劫偷失」，會羊陀出門有災，見劫、空、大、小耗主失敗。與桃花雜曜會而不見煞曜化忌，僅為好色風流，若更見羊陀、忌主「因漁色遭災」，在子宮為「泛水桃花」格最嚴重，若見陰煞、昌曲、化忌、天姚、天虛，主陰人陷害，不過貪狼會桃花更有六吉曜不見諸煞，則主「玩樂」，貪狼化忌見桃花雜曜及昌曲主被人奪愛；若會空劫耗主失敗。

八、疾厄在丑未天同巨門坐：更有四煞，主肢體傷殘，如骨病、中風，只要不見六煞空劫忌沖，主災少以天同星論，巨門主消化系統、脾胃毛病，見羊陀、忌天刑，為胃癌徵兆。巨門化忌、陀羅天刑更見虛、耗為陰疽受感染引起腐爛腫脹，此一星系在流年疾厄宮為武曲化忌，火星主肺病或肺結核，天同巨門為皮膚病、骨病，如坐骨神經痛、腰痛及汗癬、毒瘡，肌肉痿縮以見虛、耗為確。

九、財帛在寅申宮武曲、天相坐守：主財源穩定，但必憑一技之長或專業技術謀生，但不是富格。見祿馬、化祿為

財源豐足。如見羊陀，主爭財激烈或受人侵吞，因財遭災，若武曲化忌為經濟而生困難，不利商業投資活動，反適合刀劍利器生財或工業實業、軍警界。見空劫耗，不利財運，但見空、劫、鸞、喜、昌曲，主藝術方面發展。

十、子女在卯酉宮太陽、天梁坐守：會化忌尤以太陽化忌，病災重，天梁會六煞，刑忌耗，主孤單更見孤辰、寡宿尤確，若太陽入廟，更有輔弼、魁鉞、三吉化可得「貴子」子女有社會地位。若得昌曲，主子女學有所成，如入廟見煞，則子女有成能照顧命造，但感情不佳，火羊同度尤為受氣，若太陽陷不利長子，尤以太陽化忌輕則不和，重則早產、傷殘或是早夭，一生體弱多病或早年災厄，更見諸煞尤確，如煞曜過重刑剋甚大，子女多僅一子送終或無倫常之情。

十一、夫妻宮在辰戌宮七殺坐守：男命稍好，因可不需要太太有事業，然女命主丈夫毫無鬥志，故須羊、陀刺激，如果會羊、陀，無論男、女配偶必有自己事業，可賺取相當金錢，但婚前多波折且有刻骨銘心之愛，若會齊四煞而對宮廉貞化忌，其配偶為軍警，七殺本身見煞比會煞好，因在天羅地網才有鬥志，否則多懶散之輩，甚至家務事亦不打理，此盤順行第三大運在申夫妻宮為紫微對貪狼再會桃花，婚姻有變化，逆行第三大運夫妻宮為武曲天相對破軍，代表感情挫折，如變成刑忌夾印，則配偶婚姻出現挫折或災病，在逆行時見天同巨門為夫妻宮，則配偶可能死亡或不正常戀愛，若陽梁為夫妻宮時，亦主別離，初戀也易有挫折。

七殺孤剋味重，具堅毅寂寞本質，易形成感情淡薄。

遇吉化亦主艱辛，適宜配偶各自發展事業，可得激發向上，吐氣揚威之成就。

　　不宜三方再見天刑、化權組合，婚姻會更無情，倘逢煞忌易生挫折，最不喜見鈴星，早婚必離且早年變愛亦多阻。此命女命比男命佳。女命主丈夫具威權，可發展武職，男命主妻強悍是母老虎。

　　不論男女其配偶均不宜從事投機、賭博行業，一生必主一次以上重大打擊與挫折。

　　七殺本身帶挫折性質，不宜與煞忌同度，因本身動盪性質，大運不宜碰到有天機或巨門之宮位，主有變化，宜夫妻多忍讓。此星為主彼此缺乏溝通感情有阻，但可嫁娶異族便可減輕這方面刑剋。

　　十二、兄弟宮在巳亥天機坐守：如有鸞喜同度則多姐妹，本星主變動，故落陷或見煞均不吉。如更有煞曜、天馬主刑剋分離，重則傷災病。

　　事業財通論：

　　由於貪狼帶邪門性質，便易有偏財之性，而貪狼有暴發性質，較容易發橫財，由於紫微獨坐性格強烈、作風進取，對事業期望高，重名氣甚於重錢財，當見吉不見煞，其人高尚品格，很少走偏財而是正行正業，能成百官朝拱，地位必高，財源廣，如不成百官朝拱也為府相朝垣格，不會煞不主偏財行業發展，如會六煞可走偏財發跡，此時命宮之夾宮很重要，如火鈴夾命，性格激烈、極端，為達目的不擇手段，

而羊陀夾甚為自私，好惡隨心，作風不正派，如逢空劫，對正財不利，但偏財行業反而得利。會化忌亦適偏財。

橫財方面，當遷移宮之貪狼與火鈴相會同宮，即有橫發性質機遇。丁、癸年生人有祿存會照，偏財可發，但癸年人因貪狼化忌，競爭激烈，是非爭端難免，有成為黑幫領袖之可能，一生常面對廝殺、被捕、眾叛親離及災病。丁年生人必有巨門化忌及天梁夾財帛宮，形成刑忌夾印，不利求偏財或求財不正當，易惹官司多風波。

壬年生人權利欲大，財帛武曲化忌，性格強烈，正行正業受排擠挫折，管理業較理想，但財不旺，走偏行能發達。如紫微在子、午更有桃花雜曜，較傾向風月行業，如夜總會、舞廳、桑拿、酒吧、按摩院，若泛水桃花格之人，壬年生經營風月行業，可趨吉避凶。

如事業宮廉貞天府得祿存形成財蔭夾印，主安穩少官司，紫微受貪狼拱照，若成火鈴貪格，橫財突發在事業中。

第二節　命在丑未宮

　　一、命宮在丑未宮無主星借對宮天同、巨門：天同性格溫良眉清目秀，其為福星，為辛勞過後享清福，有時主晚年得喘息機會，都主精神高尚，心謙遜不外傲，心田慈厚、稟性耿直聰敏，志趣高超、能學能成，缺點較懶散不積極，柔弱怕事，較難承擔精神壓力，得昌、曲、科，思想聰敏、能學能成、流於感性，喜詩詞歌賦，反而不務實。女命天同易感到精神空虛，內心感情豐富，對現實不滿，感情多幻想，如見昌曲更經不起誘惑。不過天同會輔弼、魁鉞，則相夫教子，得雙祿可嫁貴夫或經濟獨立，如得化祿，主感性溫柔，化權則利事業，性格也較剛強，如天同會六煞刑忌，女命人生多苦，婚姻不幸，主「刑剋或離異」，男命同論主事業不濟、坎坷潦倒，女命見桃花便容易淪落風塵。

　　巨門為暗曜會遮擋同宮星座光華，令其黯然失輝，見太陽入廟旺為吉利，若太陽陷無法解其暗。但其有一特色為「口舌是非」、「明爭暗鬥」，凡以口舌之運用，在工作上則可減輕其不利，巨門化權主語言方面權威，可為人師表、演講教學工作，更見昌、曲、科、天才，說服力更大。太陽相會須入廟才吉，與祿存同宮，主收入豐厚，更見吉曜吉化可成富，但有點吝嗇，化祿利財運，化權有口舌權威、有魄力及善創業，如雙祿同度可成大富，得昌曲有才華，說話有說服力服眾。如四煞會巨門，必然口舌紛爭，人生阻力甚大，成就大減。巨門坐命面目清秀，須在廟旺宮。巨門見輔弼、魁鉞主「正義、性情忠厚」，見龍池鳳閣，天才、科主「專門

技能」，見火鈴無事奔忙，在事業與擎羊、天刑同度，尤其巨門化權，利於「法律」，和空劫、火鈴、龍鳳相會宜「機械」，如擎羊刑、天月、昌、曲、科相會宜「醫學」，或醫療專業、物理治療等，若與昌曲或昌曲化忌，更有天巫，宜「星相」，若化權會昌曲宜「專業權威教學研究工作」，若巨門化忌見輔弼、魁鉞、羊陀、火、鈴、祿存才為「幫會領袖」，但巨門化忌，輕則口舌連連，煞重災禍紛紛，性格「多疑少決，舉棋不定」，不利人際關係，如再見諸煞主有自殺傾向，女命入廟得吉化，為相夫教子賢妻，命更有天福天壽，則健康長壽，若化忌必為搬弄是非之長舌婦。

　　二、父母宮在寅申破軍坐守：難有理想結構，就是不見煞刑忌也主無緣分，感情不佳或父母不關心命造，煞重凶星多主刑傷。

　　三、福德在卯酉宮，無主星借對宮太陽天梁：天梁具有名士風度愛悠閒，人生有時欠活力，但太陽主好動，若見四煞，主心想安寧而現實不許可，且人如頑石不易和他人妥協，影響人際關係。若太陽入廟，且有六吉曜，主人生好動可得滿足，落陷見煞忌，徒然忙碌感到辛苦。

　　四、田宅在辰戌宮廉貞、天府坐守：可保存祖業，見天巫、魁鉞為確，若廉貞化忌不宜更見六煞，主易因產業而生災，如與擎羊、天刑同度主樓房興訟，天府見空、劫、耗不利置產，更見煞曜凶星，尤其武曲、廉貞化忌主破耗。如與羊陀相會主產業糾紛，包括投資紛爭或鄰里不和，流年天府與火星同度，為火災，更見空、劫、耗更有流年化忌，羊陀

沖之，主克應或留意店舖工廠防火措施。但另一克應稱作「文星入宅」，天府得昌曲，流年流昌曲也會入，主家中成員名列前茅或晉升。

五、事業在巳亥宮太陰坐守：較宜從事和財務、金融、投資有關行業，和祿曜相會尤佳，與昌曲會宜「文化事業」，如專欄、編劇、小說撰寫，也利於教學或學術研究。如會輔弼宜「政界發展」，再見魁鉞尤佳，與昌曲、鳳閣、天才、龍池相會主「藝文界嶄露頭角」，包括音樂、繪畫、寫作、攝影、雕塑、創作能力良好，不喜空、劫、耗相會不利財，經商易破敗或拮据，如從事「工廠方面」事業可轉化成創意，有工業發明，可當發明家，雖有起落但能有所作為，否則亦宜有一技之長。

六、交友宮在子午貪狼坐守：主朋友多，不見煞忌刑耗則無損，僅為酒肉朋友，浪費時間。見六吉朋友更多，應酬更廣，但不主助力貴人。不宜見桃花雜曜，見之更見陀羅、陰煞、大耗亦容易受酒肉風月所累，若會諸煞曜、空劫，更有天月、劫煞、大耗，主因友破財但其所破，屢屢是被迫的。

七、遷移在丑未宮天同巨門坐守：主在外多煩惱口舌，惟見吉則在口舌中發跡生財，只見凶星化忌則煩惱口舌連連，招致官非訟詞，尤畏巨門化忌，如天同化祿化權或巨門化祿化權，更有輔弼、魁鉞、祿馬主「在外創業」，如命宮不佳，宜赴遠方謀生。天同巨門主「白手起家」，見化權、化祿及祿存始主成功，如不見吉曜吉化反而凶星聚集，創業破敗，以受薪為宜。巨門會四煞，天刑，出外遭災，少人緣是非多，

嚴重橫死他鄉或官司牢獄，流煞及流忌沖會尤甚。天同會擎羊主口舌，會陀羅多煩惱，受小人侵吞剝削，更有化忌陰煞、天虛尤其如此。如與羊陀同度三方更有諸煞，主災禍交通或非人為之災厄，如會火、鈴、天刑主在外人事鬥爭，防遭人謀害，以和為貴。空、劫、耗流年見之，主「旅途失財」不利出門。

八、疾厄在寅申宮武曲、天相坐守：主呼吸系統毛病，另有金創性質，凶曜多者主傷殘，另不喜火星再遇天馬，則病情反覆咳嗽、吐血、肺病疾厄宮有此星象者需留意武曲及其對宮守疾厄宮之年限，如煞曜不重流月主流鼻血，如逢化忌會四煞、空劫、天刑，主一生多災或動手術，天相乃膀胱、泌尿系統，也主腎功能毛病、性機能、生殖機能，及造骨生髓能力，如會空劫或夾宮，更有天虛主「身體虛弱」虧損，屬腎之損耗，女命見此星，主月經毛病、經痛，如會羊陀刑轉化為外傷、骨病，如會火鈴天月主感冒。

九、財帛在卯酉宮為太陽、天梁坐守：在卯宮為「日照雷門」主名不主利，主貴不主富，可以名生財，見吉曜祿曜亦能富，唯稍見煞曜忌主「因財起爭奪」，如逢忌或與太陽化忌同度，主「因財多口舌，多糾紛，多是非」，如和太陰化忌會照，主因財生精神上之痛苦，若見煞曜尤確。一般而言，不利經商，從事文教、政務、專業、傳媒、生意為佳。如太陽入廟，主樂善好施之人格高尚，道德遠超過財富，如落陷主「勞心費力」財來財去，如有祿存可積存，如太陽化忌逢擎羊、天刑、天梁等主因財興訟。

十、子女宮在辰戌七殺坐守：主子女少，見煞曜化忌主刑剋災病，如會空劫，破耗性質重，見大耗更是。

十一、夫妻宮在巳亥天機坐守：「宜少配」，男長女三歲得三吉化輔弼、魁鉞，妻室「持家有方，性情機巧」，女命主丈夫顧家。見煞曜化忌不利婚姻，不宜見四煞，主感情婚姻有變故，如婚前曾失戀、失婚、被人拋棄，則婚後反而安穩。如婚前平靜則婚後有變，輕則生離，重則死別。刑剋須遲婚，此一星象命宮為借對宮之「天同巨門」，故經多次戀愛挫折才能成婚，反之，夫妻感情易起變化，須多次失敗才會有好的結果。如天機居亥宮，對六親不利，夫妻感情若有若無，非真心相待。再見煞帶奸狡性質，天機居巳太陰居亥入廟，一切均可改善，僅內藏力過強，機謀及城府深，夫妻一向溝通不足而已，最怕羊陀沖破或天馬疊來主緣分淺薄，有生離之象。

十二、兄弟宮在子午紫微坐守：具有貴氣，故「兄弟近貴」可依靠，多為長兄姊為貴人，但要依靠就須受駕馭，自身須處於服從地位，兄弟比自身強，也可觀察同僚關係，亦主同僚強於己，雖受蔭護，但能力表現不如同事，更見魁鉞尤確。若得輔弼二曜之一而父母宮同時顯現有桃花主「異胞兄弟姊妹」，如和四煞會照，主關係不良，亦有口舌紛爭，尤其注意巨門運限，如見空劫刑主有刑傷反須依賴自己。

事業財通論：
巨門具有是非紛爭色彩，較易求偏財遭是非官非，以會

化忌六煞、陰煞、天虛劫煞為確。丙年生人天同化祿，性質溫和，不宜謀偏財走正財，如遇火鈴空劫，為環境所逼走偏財，丁年生人天同化權為巨門化忌同度，在丑宮可見羊、陀照入，在未宮有擎羊同度，在工作事業上，均遭人不滿、排擠，麻煩多多，亦可能自己的作風確實有爭議的地方，如會羊陀即有走偏財之性。辛年生人巨門化祿利偏財，癸年生人巨門化權在丑有擎羊，在未有羊陀會入有求偏財可能，見火鈴尤確，但作風激烈未必為福。

橫財方面，巨門化祿利橫財，尤其太陽入廟照入，如天同化祿僅小財歡喜財，不會獲巨利，天梁化祿亦利橫財。

第三節　命在寅申宮

一、命宮在寅申宮破軍坐守：化氣為耗，其變化及剛剋的程度更加激烈，故人生最少一次破敗克應，喜自身化祿，得祿則有表現，也減剛剋之氣，如不見化祿，見祿存為佳，反之最畏化忌，武曲、廉貞化忌皆不吉，如昌曲化忌更為破軍所惡，破軍守命只要見煞化忌，主外型有一定的缺點，如「產月不足」以致體型小，煞重則傷殘。如命宮無祿則福德宮有祿亦吉，除得祿外更需見輔弼、魁鉞，主「國家棟樑，軍旅之儒將」。對宮武相拱照，性質亦浮蕩不定，人生飄泊有「去祖離家，重拜父母」，與火星同度或父母宮無主曜火星獨守尤確。但這類命造受武相影響，具「正義感，見義勇為」性情倔強，稍見煞曜又流於脾氣剛烈，「好勇鬥狠」、「橫發橫破」宜有一技之長，見輔弼、魁鉞三吉化可憑一技之長逍遙四方，但人生不免孤獨，不喜會昌曲，將產生矛盾為「落拓書生」，心中多怨言，無法成就事業，女命破軍不利婚姻，格局吉者可和男人在事業上爭一長短，有「丈夫志性情剛毅」、「福厚祿重」。

二、父母在卯酉宮借對宮太陽、天梁坐守：太陽入廟者有六吉曜三吉化主得蔭庇，尤在教育方面備受提攜，落陷則不是，天梁主「庇蔭之福」，見三吉化更有魁鉞，更見天巫始主遺產，落陷更有諸煞曜化忌，主刑剋父母，會天馬分離。太陽入廟主與父母關係良好，要不見六煞忌、太陽會輔弼，主父母承擔照顧之責，會魁鉞得父母提拔，特別在教育方面，會昌曲主兩代感情融洽，尤得父親愛護，以日生人為佳，如

六吉齊會更有祿馬，主父親「貴且富」，落陷減等也有刑剋如太陽化忌，更有四煞，則刑剋父親或其事業不順多病。

三、福德在辰戌宮天府廉貞坐守：主人生快樂自在，能投入工作又享受時光，但要見吉曜吉化及不見煞忌空劫才是，和天福主「多福」，和天壽同度主「多壽」，得祿財有富足之福，天府性格保守，不喜冒險，喜安全感，會輔弼、昌曲主心境安寧，見魁鉞受人照顧，人生風險更少，天府火星同度，主心思運用過度，杞人憂天，多無謂愁苦，與陀羅同度，主器小易盈，生妒忌心，易記仇恨找機會報復，如見擎羊欠安全感，坐立不安，見天刑尤確。如會空劫大耗，主「忙碌」為財而忙，無論賺多少錢都缺乏安全感，如化科主信用，是名君子，不喜與祿存同度，受羊陀夾，每主小器、吝嗇、自私自利，如見昌曲化忌、天姚陰煞是偽君子，滿口仁義道德，實際心術不正。

四、田宅在巳亥宮太陰坐守：入廟居住環境清靜怡人，更有輔弼、魁鉞、祿存、化祿則樓房具有商業價值，且利房產投資，或農地投資，如與化祿、祿存相會財氣大旺，尤適合置產保值，從事買賣，不喜空、劫、耗、相會主破耗，若與火星同度，三方見鈴、羊、陀，在流年更有羊陀照入，主火災，如原局吉者僅為虛驚，太陰化忌主「口舌是非」家宅不安，流年田宅逢之相疊，主家人不和。

五、事業在子午宮貪狼坐守：從事和交際、處理人際關係有關之工作，如外交、公關、娛樂等，會輔弼、魁鉞三吉化，宜外交政界，見化祿、祿馬不會空劫耗，宜商業，會昌曲、

桃花雜曜，宜娛樂，貪狼會火鈴，主金錢可突發，反利經商或推銷工作或金融投資，但須不見羊陀才是，其實會羊陀不一定全凶，僅增加事業競爭性「以在商場中謀進取為宜」，如會空劫宜「創設工廠實業，一切和科技工藝有關之行業」，如格局不高宜一技之長，如電工、水管修理，其實空劫亦為藝術組合，但有大耗則不主藝術或工業，反易破財，事業多顛簸，須有一技之長，減少人生風險。

六、交友在丑未宮天同、巨門坐守：朋友雖多，卻常有欠知己之感覺，心中孤獨，也主「易遭誤會或不諒解」，尤以巨門化忌爭吵更嚴重，若天同化忌感情受重大創傷，管理下屬，主以權術治世不能以德服人，如天同見昌曲，更有桃花雜曜，主風月之交。如與羊陀同度，不利朋友部屬關係，擎羊受朋友之累乃吵架，與陀羅同度遭下人不義陷害，排擠侵吞，與火、鈴同度「受悶氣」口角紛爭，會空、劫、耗主「因友破財」。

七、遷移在寅申宮武曲、天相坐守：宜外出發展可得「異邦人士推崇」，得祿主「在外得意外之財」，更見天馬同度或拱照尤佳，利於經商，但以運用一技之長之生意，如廚藝、工藝、電腦知識，否則事業多敗，如會空、劫、耗、破耗性質最強，流年遇之失竊被盜，如見四煞，主孤獨，朋友不多，更見天刑虛耗，主小人災禍，武曲只要不見煞忌，主利海外謀生發財，如逢化忌更見四煞主「流落他鄉」，如與六煞、天刑、天虛相會，主是非糾紛，嚴重者客死他鄉，以武曲化忌尤確。

八、疾厄在卯酉宮太陽、天梁坐守：天梁主胃部疾病，但天梁有逢凶化吉之意，多轉危為安，在流年遇見，與火星同度主腸胃炎，與擎羊同度更會天刑，主闌尾炎，與羊陀會，主手足肢體、肋骨受傷，與火鈴同度，主癌病尤以胃腸癌，但須見太陰、天機、太陽、天同化忌才是，有時亦為皮膚毒瘡瘤，與空劫、大耗會，主關節肌力、風濕、麻痺毛病，太陽主血液循環或神經情志毛病，如腦功能、思維、情緒，主高血壓引起頭痛，及血栓中風。太陽落陷羊陀或居午宮，主各類目疾，尤以化忌尤確。此陽梁星象易腦血栓，或腦血管爆裂引起半身不遂或全身癱瘓。

九、財帛在辰戌七殺坐守：喜得雙祿主「財祿豐足」，得化權利管理工作，化科可因名得財。稍見煞曜，主有意外之財，每每不耐久。如會空、劫、耗不利財運，「破耗多，剝削重」，不喜再遇化忌，破耗尤重，一生必經歷一次重大「經濟困難，傾家破產」，但程度比在命宮輕。

十、子女在巳亥宮，天機坐守：主數目少，如有昌、曲、科、天才、龍池、鳳閣，主聰明機巧，但化忌不主聰明而是狡猾，此星象較不利子女運，以會六煞、天刑皆主無子，但可有女或兒子不孝順或多災病刑剋，但男命四十歲、女命三十五歲後得子可免刑剋。

十一、夫妻在子午宮紫微坐守：主配偶比自己強勢，受配偶駕馭，更有吉曜吉化主配偶事業有傑出表現，有社會地位，男命妻子事業得大，家境富裕，但男人被騎在頭上不是滋味，必須遲婚才能偕老，如會三台、八座，配偶家境出身

比自身高，會龍鳳主配偶才藝獨到，且細心，會恩光、天貴，世襲殊榮，受薦拔獎勵提升地位，或得岳家長輩提攜，會輔誥有聲望，有專業知識，逢化權陽剛過盛，化科聰明遠見，會化祿有過人事業，一派強人本色。如無三吉化又無百官朝拱，只會上刑忌煞耗曜，格局低易成為奸刁之徒。紫微獨坐夫妻宮，配偶一定具有責任感，有領導才華，富權威，亦主夫妻間有隱衷，內心痛苦，再照入刑忌及天月等星，主配偶有隱疾，以感情而言，子比午好，因子宮配偶略為含蓄、內向，婚姻較穩定，而午宮則配偶較陽剛主觀，因命宮為破軍星具開創而不喜守成，具主觀甚強，性格剛暴，如配偶事業強，反令破軍守命之人有所顧忌，不會欺負配偶，此指紫微居午為夫妻宮時而會吉曜，但居子宮因配偶較內向，事業心較小，較喜勤持家務，喜平靜生活，反讓破軍居命之人無後顧之憂，反而會令婚姻產生危機，但子宮為紫微，配偶涵蓋力強，寬容力大，有助於彌補婚姻危機。

十二、兄弟在丑未借對宮天同、巨門坐守：主「不和口舌之爭」，如更有羊、刑，尤其巨門化忌容易與手足起爭訟，另天同畏煞和六煞及天刑會照，輕則不和，重則手足災病夭折或幼年分離，巨門見四煞更見桃花雜曜，主「異父母兄弟」，此星象天同巨門「始善終惡」，趨吉之道在於發展了感情要努力維持，勿口出惡言，如會空劫耗，主受手足剝削，不宜合夥做生意或工作，如見昌曲化忌，反受手足利用作廉價勞工，如見煞及孤辰寡宿，自身可能為獨生子女。

事業財通論：

由於破軍陷格局較低，不見煞曜亦浪蕩無根之個性，稍見煞化忌，有求偏財傾向，會昌曲桃花雜曜，若為女性易落風塵。己年出生人祿存三方會入，有武曲化祿拱照，甲年生人，破軍、化權、祿存同度拱照均利正財，但見煞曜傾向求偏財，如見武曲、貪狼化忌更會煞空劫，求偏財性質更強。

橫財方面，破軍化權優於化祿，因化權得祿存而不會化忌，但破軍化祿得貪狼化忌，故橫發橫破。

第四節　命在卯酉宮

一、命宮在卯酉借對宮太陽、天梁坐守：為「日照雷門」格，無論男女均有大丈夫氣魄，見吉曜主多才藝，名利兼有，如太陽化忌更有四煞，則眼睛有不對稱現象，陽梁居命見貴氣，要以得祿為佳，可從事公職或從政，在機關上班可晉升高職，經商成就反較差，如太陽化忌，不利眼目及脾氣暴躁，會四煞橫發橫破，火鈴同度，人生多挫折，擎羊同度易起紛爭，陀羅同度有暗爭，尤以太陽落陷為確，女命太陽居廟旺，和男人一樣具爽朗個性，不拘小節，心直仁慈，欠缺陰柔魅力，太陽與火星同度皆主性剛率直，人緣不足，做事不夠圓滑，更有鈴、羊陀會，因個性惹來重大波折事故，尤以太陽落陷同時化忌，因感情誤事，如被愛人拋棄，見異思遷，因妒成恨，來個玉石俱焚等，女命太陽化忌與男親無緣，少年剋夫父，老年剋子，如會六煞可服務大眾或普渡眾生，如婚姻不理想，自己獨居，全心全意投入服務，以入廟尤確。尤其會空劫，每多出塵思想或在宗教組織工作，太陽會羊陀鈴，性格嚴肅，不擅男女調情，如太陽落陷之女性入破軍宮限成婚，每每非禮成婚或先上車後補票奉子成婚。

二、父母宮在辰戌廉貞、天府坐守：只要不見煞曜，主感情和諧，更有輔弼、魁鉞，主提攜幫助，如和桃花雜曜相會，主上一代感情關係複雜，喜見祿星，主經濟好，有天巫同度能繼承遺產，但與祿存同度，則父母會控制所有財務，與擎羊同度，主父子兩代不合，若為女命，則母女不和。

三、福德宮在巳亥太陰坐守：喜靜好靜入廟，主能享受

可得心境安寧祥和，如太陰化忌表面寧靜，內心不安，更有空劫、天空，主多不必要的煩憂及空幻想，與火星陀羅同度自尋忙碌、煩惱，與擎羊鈴星同度不滿足、欲望深，見空劫，多空想，如有昌曲，主創意，以入廟為佳。

四、田宅宮在子午貪狼坐守：主性質不利，由美好向損壞方向變化，大屋變小屋，新樓變舊樓，如不動產樓房漸見損壞，房子素質每況愈下，如與火鈴同度有突然置產機會，偶然自創基業，但與火同度，在流年逢之主火燒，不過更有流年羊陀沖會原局大限之羊陀才是，而流年大耗須入田宅宮，與鈴同度亦是如此。如見祿存及三吉化，主產業豐厚，但須自置，見天巫主繼承，如有鸞喜，主樓房美觀裝潢美麗，見鳳閣尤確。如逢化忌，主競爭，流年見之與鄰里不和，見諸煞、空、劫，置業有糾紛，引起官司。

五、事業宮在丑未天同、巨門坐守：白手起家但主艱苦，事業不順，如會六煞大耗則無法白手創業，如巨門化忌，除非口舌求財，否則多紛爭欠人緣，天同性質柔和，有文藝氣質，可從事文化事業及文藝，如出版、寫作，更見昌曲，在文化藝術中求進取，如更有龍池鳳閣，主和藝術有關之工藝，如遇桃花雜曜，適合以異性為服務對象的工作，在丑未宮落陷，得昌曲，僅主文書當文職人員，如與羊刑會，主事業多訟事糾紛，以和為貴，莫過多人事衝突，如與火鈴相會，處事多逆境，宜有一技之長，與空劫會，以藝術的工藝為佳，或有創意之生意，此一星系主心思多變，事業欠恆心、欠鬥志，晉升發展均被局限到一個程度，便會知足不再進取，如

巨門、多煞刑耗會，每每旁門左道犯官司刑法，江湖人物命格，福澤淺薄，一生起落不定。

六、交友宮在寅申宮武曲、天相坐守：主「無義多爭」，見六煞大耗受朋友拖累破財，不見輔弼助力不足，見桃花雜曜主多酒肉之友，如武曲化忌，更見空、劫、耗主利益受侵吞剝削。

七、遷移宮在卯酉宮太陽、天梁坐守：太陽主動，只要不見煞便主出門吉利，適合從事在外奔波職業，在卯宮適海外成名，見昌曲科利海外深造，見輔弼、魁鉞，適在外專業生財，如會火星出外有災，會擎羊主爭奪不和，會陀羅遭小人陰謀陷害，如欲經商，須會雙祿天馬。

八、疾厄宮在辰戌七殺坐守：與擎羊同度主幼年多災病，性情急躁，且主肝病，也主呼吸系統、肺結核，與羊同度，主腸胃出血或腸胃炎，與火星同度，主目疾或肺病。

九、財帛宮在巳亥天機坐守：主「財來財去」適零售批發及其他現金交易行業，如有火鈴羊，多競爭，陀羅多暗鬥以天機化忌，巨門化忌尤確。與六煞耗會，財運必有損耗阻滯，不利經商，如與祿存同度，主有財而遇小人垂涎，故保財不足或流入小人手中。

十、子女宮在子午紫微坐守：主子女秀出但性情倔強，志氣高傲，不易駕馭子女，如與六吉三吉化相會不會煞，子女有才，品格高尚，亦能孝敬父母，如會六煞忌，則子女薄待父母、剝削父母，破敗家業易行偏鋒，觸犯官司。主得三男二女，首胎長子，如有桃花雜曜主先得女兒，若會三吉化

可生強父勝祖之子女，會天馬主子女遠離膝下，見六煞主一生無子女，即使有生育，每每小產或不育，如稍見輔弼可遲得子。

十一、夫妻宮在丑未借對宮天同、巨門坐守：即使不見煞曜也不利婚姻，「精神不痛快」，見空劫感情更淡，貌合神離，其分離為三種性質，因貧窮，因無名分，因配偶災病分離，其分離是受環境被逼分離，但彼此可能感情甚篤，其分離帶痛苦性質，但夫妻有離而復合之可能，需大運流年見吉星會合。女命主配貴人有社會地位，但婚後有風波與感情無關，沒正式名分為佳，或再婚更好，男命再婚可娶美妻。

十二、兄弟在寅申破軍坐守：主彼此不和有口舌之爭，以分居為宜，見四煞忌則兄弟刑剋災病，此星象若不是長子，也會像長子一樣負起照顧手足之責，如與吉曜會主「兄弟可依靠」，針對感情而言，仍不適合共同經商。

事業財通論：

為「日照雷門」格，在酉宮不是，但可從偏財獲益，甲年生人，太陽化忌並有羊陀會照，在賺取偏財時，易犯官司，有火鈴空劫更是。乙年生人，天梁化權有祿存同度拱照，進財有受非議之處，為師不正，官不廉，有偏財傾向。戊年生人，人愈精明愈懂得鑽法律漏洞，以高知識及技術作奸犯科。辛年生人，更會文曲化科或文昌化忌於才學有成，亦可能是以欺詐手段生財。壬年生人，有煞曜空劫，具備偏財性質。

橫財方面，陽梁得祿有橫財。

第五節　命在辰戌宮

一、命宮在辰戌宮廉貞天府坐守：戌比辰宮佳，在戌宮守命，「聲名遠揚」更見雙祿昌曲科，利其人胸懷大志，且有實踐力量，赤手空拳打天下，有才智有膽識，即使見四煞，僅艱辛不損其氣慨，廉貞化氣為囚，具有一定之武職與血光，也主次桃花。此一星系內心寬厚，見輔弼尤確。見昌曲化忌，有天姚陰煞，則表裡不一，性格虛偽，笑裡藏刀，會雙祿天馬主富，再會昌曲科主貴，會昌曲更有桃花雜曜，主優雅，女命得昌、曲科聰明機巧，遇輔弼，主助夫教子，貞烈之婦，如會六煞天刑，不利生活感情，婚姻不利，以致心灰意冷，不願再掉入愛河，為孤獨之命。

二、父母宮在巳亥太陰坐守：入廟夜生人佳，落陷不利母親，在廟旺不見煞刑忌，父母雙全，尤得母愛，如化忌不利母親，更有四煞，天月天虛主「多災病」，也主父早死母多苦，如不化忌會諸煞刑也主刑傷。

三、福德宮在子午貪狼坐守：主活躍奔忙，為事業、為求財利、為各種形式享樂玩樂，人生多彩多姿，以見吉為佳。如見凶星，一切白忙，也無法享受樂趣　但又不得不忙，此星系比較不拘世俗，好酒色，財氣更有昌曲，則說笑有品味，如見桃花雜曜，喜說色情笑話，更見羊陀忌，言語粗鄙，貪狼與桃花雜曜會，男命性格風流，女命必定好打扮，以性感姿態出現，如會羊陀、空劫、刑耗為福薄不安，與火鈴會主物質生活充裕，另一面卻主「性情急躁」，如命宮三方不吉，易有衝突打鬥災厄，苦惱官司之事。

四、田宅宮在丑未天同、巨門坐守：主因物業起是非紛爭，更見煞忌空劫，「不宜置產」，否則招損，可以配偶之名置產減少風險，巨門主業權不穩時，常搬遷或得而復失，且家庭多人情倫常問題，且房子多水龍頭、下水道系統問題，巨門化忌主家宅不安，多爭吵之事，家無寧日，巨門諸煞天刑相會，一般不宜置業，長久租屋居住，或寄人籬下。

五、事業宮在寅申武曲、天相坐守：見四煞天刑有「立功邊疆」之說，更有雙祿、天馬、魁鉞，可從事金融投資、經濟財務工作，若煞忌刑重，宜有一技在身，武曲適軍人武職，及營業、推銷服務，化權可掌經濟大權，化科利於財政策劃，化祿利投資經商，武曲會輔弼六吉，宜商業及財經機構管理層，如化忌不適經商，以從事實業工業為宜，或武職，否則事業進退不決，會火鈴、羊，多糾紛，會陀羅多困難，會空劫耗，多謀少成。

六、交友宮在卯酉太陽、天梁坐守：不見吉曜則朋友少，人生比較孤單，因天梁較有孤單性質，見六吉星曜則可得正直之友人，如化忌則口舌嚴重，更有四煞紛爭極重，若羊、天刑同度，會涉入朋友之間的官司，如會火鈴主因友受災。

七、遷移宮在辰戌，七殺坐守：具有霸氣、煞氣，見輔弼、魁鉞三吉化，主「在外有地位，在外有威力，使人敬畏」，如更有煞曜，則可能在外霸道，與天刑同度，即為生災，更見空劫、煞曜尤確。

八、疾厄宮在巳亥天機坐守：屬肝及神經系統功能，或精神情志方面的毛病，也指高血壓、肝炎，嚴重者肝癌、肝

硬化，亦主胃病。初生之年見煞曜忌，則嬰兒時期多災病或驚風之症，女命「經血枯少」，不準、經痛，煞重凶星多，可能為子宮癌或子宮頸癌，見桃花雜曜尤確，如會羊刑耗，主因病手術或意外損傷。

九、財帛宮在子午紫微坐守：與輔弼會主多方面財源，與雙祿會主能積存，如與空劫耗會財來財去，經商易虧蝕。

十、子女宮在丑未借對宮天同、巨門坐守：不利兩代關係，容易起紛爭，或由外往內藏成為嚴重心病，見煞曜天同化忌尤其如此，如巨門會六煞，主孤獨或一生無子嗣，如會化祿更有祿存、六吉星曜，因子女得財，子女富貴自身受益，但情感未必佳，天同主子女性格柔弱，不能獨立。

十一、夫妻宮在寅申破軍坐守：其本性質不和，且婚前多挫折，以遲婚為吉，與四煞會夫妻「有名無實」，與天馬同度聚少離多，天月同度配偶有病，逢武曲化忌主不能人道，與祿存同度，主婚姻犯小人，遭搬弄是非，不為家人親友祝福。另夫妻均不可投機，否則破財，女命最易愛上有婦之夫或同居。

十二、兄弟宮在卯酉借對宮太陽天梁坐守：太陽落陷化忌更有煞曜，主「互生誤會妒忌」。

事業財通論：

由於天府較保守，偏財會傾向冒犯官非風波，故只要見祿曜及會六煞亦以求正財為主，如無祿曜只要會六煞、天同、旬空、截空，忌易走偏財路線，這即是空庫露庫。甲年生人

不主偏財，即使會煞正財依然有成，戌比辰優。丙年生人具求偏財性質，但進財不易，所以見心謀略事業，作風不正派。庚年生人較利正財，但會火鈴、空劫才具偏財性質。壬年生人偏財性質重。

　　橫財方面，因天府較保守，故求橫財時，不會搏到盡，會留後路，在廉貞化祿大限流年時機，可橫發，但不可期望過高。

第六節　命宮在巳亥宮

　　一、命宮在巳亥太陰坐守：在巳名「天休」，主有目疾或近視散光，或丈夫有名無實常遠離，或丈夫善為人謀，不善為家室謀，如有三吉化反主富貴之享受，在亥名「月朗天門」，主大富或得意外之財，多計謀善策劃。在巳宮，男命事業平庸，女命亦如此，主夫妻關係疏離，欠缺感情。見吉曜吉化反主富。在亥宮，大富大貴，可名成利就，可得意外之財，飛黃騰達，即使太陰化忌是「變景」，反而大富，流年遇之有升遷發展之喜。太陰會權科主「剛柔相應」，若會天機化忌主多心計，更見空劫、陰煞、天姚主心術不正。喜會昌曲，主文章秀發，博學多能，亦增加感性一面。更見煞忌反主感情受挫，女命尤其如此。太陰居命，女命入廟更有昌、曲、鸞、喜主美艷動人，有一顆煞曜更是耀眼。見昌、曲、科天才、天機主「聰明」，若太陰、天機、昌曲化忌、陰煞、天姚，主心術不正，行巧使詐，會天機化忌，主不必要的多思多慮。見昌曲，有才華，擅長文藝及藝術。會龍池鳳閣、天才，主有藝術技巧。見鸞喜、咸池有花酒文章，以調情為樂，故多異性友人，不喜落陷，且見煞刑忌，便「隨娘過繼，離祖外出」在身宮（遷移）亦同。若落陷見六煞、刑耗、咸池、天月、天姚，主性格不良，易誤入歧途，「酒色淫邪，多陰謀心狠辣，女人易淪入風塵」，落陷得三吉化最好太陰化祿，更見祿馬主富裕，女人入廟可和男人命同論，或夫人之格，若落陷會六煞天刑，傷夫剋子，家庭婚姻不和，晚年孤獨，對情欲深，對自由多嚮往，更有昌曲、天姚、咸池比較多情，

對感情不忠，已婚女人對丈夫不滿時，有婚外情。

二、父母宮在子午貪狼坐守：基本性質吉利，主彼此融洽，因父母不會嚴厲，因此子女無壓力，易相處，如落陷且化忌，更有羊、陀主刑剋災病，見天月、天虛尤確。見天馬拱照，早離父母，見輔弼、魁鉞不主刑剋，會桃花雜曜，主上一代感情關係複雜，可能父親有二位妻子，或母親曾離異或寡婦。

三、福德宮在丑未天同、巨門坐守：主煩惱，天同主感情，故主感情及思想方面多不可告人之事，最畏陀羅同度，主「自尋煩惱」，以化忌更嚴重，見輔弼、魁鉞，物質生活豐足，見昌曲，品味高尚，見煞精神壓力大，心境不安。

四、田宅宮在寅申武曲、天相坐守：受破軍拱照，有先敗後成之象，不能繼承祖業，但可自置，以舊宅為主，武曲會化忌主「因產業而致糾紛」，會昌曲化忌主因房產受騙。

五、事業宮在卯酉太陽、天梁坐守：宜專業或教學，見吉為確，如與昌、曲、科、天刑會照，利司法或執法者，太陽會輔弼主門徒眾多，見魁鉞多提攜機遇，官場遇貴，得昌曲利專業資格考試，以不見六煞為確，會化祿宜商業活動，會化權適管理工作，會化科適專業學術研究，尤其入廟，對社會有貢獻，如見六吉、三台、八座，有領導力，是社會改革者，太陽落陷，主辛勞，見吉勞而有成，見凶白忙，勞而無功，會空劫有吉星、吉化，可技藝成名，如會六煞，事業不濟，須一技在身。

六、交友宮在辰戌七殺坐守：主性剛孤剋，易結交小人，

火鈴同度主遭陷害，陀羅同度小人妒忌，擎羊同度受拖累，空劫同度遭「偷盜」，受侵吞利益，祿存同度主「小人排擠」。

七、遷移宮在巳亥天機坐守：不見煞曜忌，利出門遠行或海外發展，見煞曜如會空、劫，主破財，會火鈴意外虛驚，會擎羊口舌是非，會陀羅暗爭，如欲經商以得祿曜為佳。更見天馬適合從事國際貿易，如不見祿僅見天馬，有旅行之命，居無定所，如更有煞曜，主奔忙不定，勞碌非常。

八、疾厄宮在子午紫微坐守：主脾胃之疾，主消化系統，或好色風流引起疾患，尤其是性機能毛病，以會桃花雜曜尤確。會羊、陀、鈴、天刑為動手術之象或意外受傷，與火星同度主皮膚病，上年紀的人注意風濕病痛，與空劫同度主胃疼，與地空同度主頭昏，與低血壓有關。若吉多凶少反為消化系統，注意飲食習慣，多吃多痴肥，少吃多滋味。

九、財帛宮在丑未借對天同、巨門坐守：有進有退，財難積存，如從事專業生財或口舌求財，如營業員、老師、傳播，更見雙祿更佳，如會六煞不利財遇，有生意倒閉虧蝕，宜有一技之長。有龍池鳳閣便擁有技藝優點，主白手起家。如巨門化忌、天同化忌會六煞龍鳳，適「技術」，有桃花雜曜適藝術，巨門化忌，會羊、天刑，適律師法官，天月同度適醫生，更有羊刑為外科醫生，巨門羊同度適商業活動，與陀羅同度得財較遲，更有見煞曜主「因財涉訟」。

十、子女宮在寅申破軍坐守：不利長子，稍有煞曜主生產長子不利（流產、小產、不足月、破相），遇桃花雜曜，先花後果。

十一、夫妻宮在卯酉借對宮太陽、天梁坐守：主「破鏡重圓」，因時局變遷而導致分離，一定會復合，這個組合主配偶堅貞，沒有感情上變化。在流年大運見太陽、天梁主配偶有重病，但一定無恙，陽梁主別離，另一重意義便是，思想、體型、年齡、出身、興趣、種族上之差異，很多是少夫老妻、異國婚姻，一文一武、一肥一瘦、一高一矮，如此匹配更圓滿，另一種涵意便是不協調亦不輕離，但借星之陽梁則情形大不同，此種不協調有離異刑剋甚重之性質，因命宮有入廟落陷之別，與天刑同度主配偶無樂趣，彼此外貌出身等不協調，宜彼此年齡有差距，與羊同度則刑剋至劇，帶有災難、不和、爭執之性質，倘能減少見面機會，因工作關係或移民而聚少離多，此為最適當之刑剋方式。

十二、兄弟宮在辰戌天府廉貞坐守：刑剋較少見，六煞天刑主「刑剋災病」，分居不和。

事業財通論：

亥優於巳宮，兩格局均有求偏財之向。乙年生人太陰化忌會空劫，有求偏財之性質，在巳宮尤其如此，不過在亥宮正偏財皆可，若求偏財不會空劫。更會天機化祿及祿存可經歷風浪而成富。丁年生人，太陰化祿入廟求正財，落陷求偏財。戊年生人，太陰化權因遷移宮成羊陀夾忌格為求偏財，但求偏財多風浪，欠福澤。癸年生人，太陰化科在巳宮會羊陀，在亥宮陀羅同度，偏財性質重，更會空劫、天空、劫煞、陰煞、天虛，作風惹人爭議。

橫財方面，以亥宮會祿存最佳，其次太陰化祿，再則巨門化祿，更次之天梁化祿，天同天機化祿。

第二章 紫微在子、午宮(論貪狼在子、午)

第一節 命宮在子午宮

一、命宮在子午宮貪狼坐守：為正曜中桃花星，貪狼化祿，或見昌曲、魁鉞主好動圓滑、八面玲瓏。見羊陀主詩酒菸賭，見華蓋、空劫，好神仙之術，另其具軍警性質，見輔弼、魁鉞，便有「掌握軍警大權」，在午宮者　若化祿與羊同度為「馬頭帶箭」偏格，喜得火鈴，成火鈴貪格，主「財厚祿高」商者能突發，或賭博投機橫發，獨坐比其他正曜同度為佳，如有火鈴再遇羊陀，忌橫發橫破，此類格局不適賭博，否則敗得更慘。在子宮與羊同度為「泛水桃花」格，主因色招災，如見桃花雜曜，那更加好女色，貪狼對忌也很敏感，尤厭見武曲、昌、曲化忌、廉貞化忌，與天壽同度主長壽，若無吉曜化解，反有羊陀忌天月、天虛相會，則「少年多災，命不長」，可能好色縱慾而亡，坐命者外形骨骼粗壯，身高中等身材。貪狼在命七殺在身有「偷花淫奔」之象，女命與男人私奔，以命身見羊陀、天姚、咸池、貪狼有一清自格與「空曜天刑」同度，即是僅主精神好色，行為規矩。貪狼坐命具輔弼、魁鉞，具領導才能有人緣，可從政，長袖善舞，或凡一切要人緣事業，如娛樂、公共關係均合適。如破軍在身宮格局低下，見羊陀忌，男命「狂醉豪賭，視色如命」，物欲肉欲甚深。見咸池、天姚、沐浴更是如此。女命「浮蕩」，

欠缺家庭責任感，肉物欲甚深，放蕩不羈，貪狼遇昌曲，性格亦浮蕩，更有「天虛、陰煞」變得心術不正，作事虛而不實，恆心不足，空有想法沒有做法，以致旁門左道走捷徑，行偏鋒。若昌曲化忌，更「善巧騙」，若無煞有四吉化祿，宜政界或公關，化權宜軍警保安。在午宮，有紫微在子宮拱照，為「木火通明」格，事業局面極大。見三吉化吉曜，雄才大略，有領導才能，可為軍警大臣，從政商影響力極大。見羊陀以商界發展為宜，不宜從政。女命見羊陀忌，不良嗜好多，見華蓋、天巫、化科、空劫、天空，則有深厚宗教信仰，或喜愛命理、星相等神祕事物，女命入廟可憑個人實力得富貴。得雙祿天馬、火鈴主富。得輔弼、魁鉞、化權科主貴，女命見輔曜三吉化，主丈夫志，性情剛毅，旺夫益子。見昌曲及桃花雜曜，重視外表打扮，凡申、子、辰年生人子宮坐命，及寅、午、戌年生人，午宮坐命，均主為人性情貪小，品行不正，有嗜好，傾敗家產或有偷盜行為，且是腦袋不清、不明是非、恩怨不明、無理性之人，有吉減輕。

二、父母宮在丑未天同、巨門坐守：受巨門影響主兩代有意見，多口舌之爭。因有天同星更是愛之深責之切，更加深代溝，若逢化忌有損感情，二代之間更難相處，若得魁鉞仍主有庇蔭之力。

三、福德宮在寅申武曲、天相坐守：能享「晚年清福」。如武曲化忌，主費精神，為了生財物欲，如煞曜空劫，重則不能滿足。

四、田宅宮在卯酉太陽、天梁坐守：主因公產鬥爭，以

見擎羊天刑為最，多因房產與政府或民間控告涉占土地房舍問題，另主常換屋變動，居無定所，或常因買賣房屋及租屋招致搬遷，若會六煞、大耗，房產爭鬥更甚，若會四煞，多與物業管理、大樓管委會糾紛，或鄰里不合，以在酉宮更為劇烈，更須小心。

五、事業宮在辰戌七殺坐守：一般適合「工業實業」，如見空劫，不從事此一職業每每破敗，事業不濟，見祿可發。如會四煞、天刑適武職，見輔弼三吉化，管理能力強，可居領導地位。見吉曜吉化而不會煞，適實業管理及商業，如會廉貞、武曲化忌，易破敗，宜有一技之長或武職。

六、交友宮在巳亥天機坐守：主多變化，無論會吉煞，或化忌、三吉化，主「有各階層、各方面的朋友，亦時有變換」，故難有深交，會輔弼、魁鉞可得友助力，但不如命宮得之更佳。與擎羊同度，朋友多爭或無心牽連，與陀羅同度，遇損友及背叛自己的下屬，天機化忌或與太陰化忌相會，更遇陀陰煞、天虛、天姚或見昌曲化忌，遭小人陷害最為強烈，與火鈴同度，主朋友愈多愈不和，會巨門化忌尤甚。

七、遷移宮在子午紫微坐守：在外受人敬重，會輔弼在外有貴人助，與祿馬會商人格局，再見化祿財氣尤大，如會貪狼化祿，在外風花雪月，若與祿存同度，主小人垂涎自己的財富，恐受人排擠，如與羊、陀同度更不利，與擎羊同度，人緣不足，口角紛爭，與陀羅同度，出門多麻煩，在宮外會入性質稍輕，如會火鈴，多是非，會空劫財破。

八、疾厄宮在丑未借天同、巨門坐守：主膀胱、泌尿系統，

也主腎功能及造骨生髓之毛病，若會空劫或夾宮，更有天虛，主「身體虛弱」，女命「月經毛病」，經痛，若會羊、陀、天刑轉化為外傷、骨病，會火、鈴、天月，主感冒。

九、財帛宮在寅申破軍坐守：基本性質主變動，財源不穩，得雙祿化權，主「富貴能發」，若見煞曜求財多受挫，變動不利。

十、子女宮在卯酉借太陽、天梁坐守：會化忌尤以太陽化忌，病災重，天梁會六煞，刑忌耗，主孤單更見孤辰、寡宿尤確，若太陽入廟，更有輔弼、魁鉞、三吉化可得「貴子」子女有社會地位。若得昌曲，主子女學有所成，如入廟見煞，則子女有成能照顧命造，但感情不佳，火羊同度尤為受氣，若太陽陷不利長子，尤以太陽化忌輕則不和，重則早產、傷殘或是早夭，一生體弱多病或早年災厄，更見諸煞尤確，如煞曜過重刑剋甚大，子女多僅一子送終或無倫常之情。

十一、夫妻宮在辰戌天府、廉貞坐守：男命得賢妻，有責任感，見六吉主配偶性情剛強，如見四煞火鈴羊陀忌而無吉曜吉化者，生離、婚前多波折。如會四煞刑、羊刑同度，主感情婚姻官司訴訟，如夫妻宮見桃花，會因交際而惹上感情困擾，且此一星系在流年大運易與有家室之人戀愛，而發展成苦戀，此一情況指自身而非配偶而言。唯貪狼或廉貞化忌才可改變之。若貪狼化祿與天刑同宮，此一情況會發生但能自制，如貪狼見煞，也會適可而止。若夫妻宮見左輔右弼再見煞忌反主外遇，更加強此性質。

十二、兄弟宮在巳亥太陰坐守：居廟手足多，若落陷彼

此感情有缺點，化祿手足有財，可得經濟援助，化權受手足約束，帶吉可依靠，化科主有才學，尤其是克應在姊妹方面，若會六煞，主刑剋，分居不和，落陷最不利。若化祿見空、劫、耗，財氣大減，落陷太陰化忌見六煞刑剋姊妹。

事業財通論：

具偏財性質，會六煞、忌時更有偏財傾向，貪狼性格的特色在「貪」，偏財更是大貪。貪狼在子宮壬年生人與擎羊同度乃泛水桃花，偏財帶有色情性質，女命可能為風塵女子，有桃花雜曜尤確，更會吉曜在風月行業中發跡。戊年生人，貪狼化祿在子宮，與羊陀會在午宮，與擎羊同度，具偏財性質，且長袖善舞。己年生人，並有祿存同度拱照，更會火鈴，求正、偏財皆能有成。癸年生人更有祿存在子宮尤其不利，風波亦多。

橫財方面，成「火鈴貪格」皆利發橫財，唯更有羊、陀、忌、空、劫、耗，發不耐久。

第二節　命宮在丑未宮

一、命宮在丑未宮天同、巨門坐守：天同性格溫良，眉清目秀，其為福星，為辛勞過後享清福，有時主晚年得喘息機會，都主精神高尚，心謙遜不外傲，心田慈厚、稟性耿直聰敏，志趣高超、能學能成，缺點較懶散不積極，柔弱怕事，較難承擔精神壓力，得昌、曲、科，思想聰敏、能學能成、流於感性，喜詩詞歌賦，反而不務實。女命天同易感到精神空虛，內心感情豐富，對現實不滿，感情多幻想，如見昌曲更經不起誘惑。不過天同會輔弼、魁鉞，則相夫教子，得雙祿可嫁貴夫或經濟獨立，如得化祿，主感性溫柔，化權則利事業，性格也較剛強，如天同會六煞刑忌，女命人生多苦，婚姻不幸，主「刑剋或離異」，男命同論，主事業不濟、坎坷潦倒，女命見桃花便容易淪落風塵。

巨門為暗曜會遮擋同宮星座光華，令其黯然失輝，見太陽入廟旺為吉利，若太陽陷無法解其暗。但其有一特色，主「口舌是非」、「明爭暗鬥」，凡以口舌之運用，在工作上則可減輕其不利，巨門化權主語言方面權威，可為人師表、演講教學工作，更見昌、曲、科、天才，說服力更大。太陽相會須入廟才吉，與祿存同宮，主收入豐厚，更見吉曜吉化可成富，但有點吝嗇，化祿利財運，化權有口舌權威、有魄力及善創業，如雙祿同度可成大富，得昌曲有才華，說話有說服力能服眾。如四煞會巨門，必然有口舌紛爭，人生阻力甚大，成就大減。巨門坐命面目清秀，須在廟旺宮。巨門見輔弼、魁鉞主「正義、性情忠厚」，見龍池鳳閣，天才、科

主「專門技能」，見火鈴無事奔忙，在事業與擎羊、天刑同度，尤其巨門化權，利於「法律」，和空劫、火鈴、龍鳳相會宜「機械」，如擎羊刑、天月、昌、曲、科相會宜「醫學」，或醫療專業、物理治療等，若與昌曲或昌曲化忌，更有天巫，宜「星相」，若化權會昌曲宜「專業權威教學研究工作」，若巨門化忌見輔弼、魁鉞、羊陀、火、鈴、祿存才為「幫會領袖」，但巨門化忌，輕則口舌連連，煞重災禍紛紛，性格「多疑少決，舉棋不定」，不利人際關係，如再見諸煞主有自殺傾向，女命入廟得吉化，為相夫教子賢妻，命更有天福天壽，則健康長壽，若化忌必為搬弄是非的長舌婦。

二、父母宮寅申宮武曲、天相坐守：不利六親緣分，主刑剋災病或與父母不和，若財蔭夾印見天巫，有祖業繼承或家族事業，若煞曜刑忌多，自身幼年父母多病痛，事業不順，嚴重可能是孤兒，或者過繼，以不同住為輕剋。

三、福德宮卯酉太陽、天梁坐守：天梁具有名士風度，愛悠閒，人生有時欠活力，但太陽主好動，若見四煞，主心想安寧而現實不可，且人如頑石不易和他人妥協，影響人際關係。若太陽入廟，且有六吉曜，人生好動可得滿足，落陷見煞忌，徒然忙碌感到辛苦。

四、田宅宮在辰戌七殺坐守：主沒祖業繼承，見吉為奮鬥自置，以得雙祿為佳，七殺不喜逢化忌，若逢廉貞化忌主病災、是非、家庭不安寧，以會「火、陀」、「羊、鈴」兩組合克應最凶。

五、事業宮在巳亥天機坐守：主事業多變動，不守一業，

以致歲月蹉跎，中晚年難有多成，潦倒不堪，應減少不必要變動。以化權尤佳，能在一段時期後安頓下來，遇輔弼，主多兼業兼差，會昌曲有文采，適文化事業、出版業、傳播業、各類文字創作，如與天月同度，與醫藥有關，適中醫及物理治療、護士等，或出刊醫藥保健雜誌。若逢昌曲化科，有天巫、華蓋、空劫，利風水五術行業。如天機化科，見太陰化祿，天同化權，適政府部門，如得三吉化見昌曲能文，見龍鳳能武。若見四煞主流動無根職業，如小販、船員，如不是流動無根之小販，到老無成。會空劫耗以受薪為宜避免投資，如兄弟、夫妻吉者，可考慮合作生意，但仍不可從事金融、地產代理、股票證券、期貨。

六、交友宮在子午紫微坐守：在交友宮就有下屬過於強勢而不容易駕馭的缺點，吉曜吉化愈多，主下屬甚強，甚有才能，下屬雖擁護自己，由於自己能力不夠而遭看輕，自己的意願或決定每每為下屬所抵制。紫微會諸吉，得寬厚誠實之友，紫微得諸吉星不見煞曜，無論是否入廟並不重要，「得寬厚誠實之友，並得手下擁護」之克應。與陀羅同度，主為「朋友事而硬出頭，招遇糾紛麻煩」，若不再見其他煞曜空劫刑耗，多能平安無事。若見陰煞、天月、天虛等曜，主為朋友出頭而受騙。遇紅鸞、天喜、咸池、大耗、天姚、沐浴，主捲入朋友的桃色糾紛中受異性朋友所累，或交上好色的友人而流連風月場所惹禍上身。與擎羊同度，主和朋友衝突多是非紛爭，遭友人挾怨以報，如更有火鈴傷害更大，如再會空劫、大耗，主朋友、屬下毫無仁義，侵吞自身利益或財產。

紫微會昌曲、化忌須防被騙；會貪狼化忌主朋友及屬下反成為自己最強的競爭對手；會廉貞化忌，會不合而有意外傷害之災；會武曲化忌主動刀槍而財被侵吞。

七、遷移宮在丑未借天同、巨門坐守：主在外多煩惱口舌，惟見吉則在口舌中發跡生財，只見凶星化忌則煩惱、口舌連連，招致官非訟詞，尤畏巨門化忌，如天同化祿、權或巨門化祿權，更有輔弼、魁鉞、祿馬，主「在外創業」，如命宮不佳，宜赴遠方謀生。天同巨門主「白手起家」，見化權、化祿及祿存始主成功，如不見吉曜吉化反而凶星聚集，創業破敗，以受薪為宜。巨門會四煞、天刑，出外遭災，少人緣是非多，嚴重橫死他鄉或官司牢獄，流煞及流忌沖會尤甚。天同會擎羊主口舌，會陀羅多煩惱，受小人侵吞剝削，更有化忌陰煞、天虛尤其如此。如與羊陀同度三方更有諸煞，主災禍、交通意外或非人為之災厄，如會火、鈴、天刑主在外人事鬥爭，防遭人謀害，以和為貴。空、劫、耗流年見之，主「旅途失財」不利出門。

八、疾厄宮在寅申破軍坐守：基本性質為生殖機能、性機能毛病，幼年膿血之災，在大限流年遇之，見有太陽化忌，有失明之憂，與武曲化忌對拱有意外受傷、骨折、殘傷，與擎羊同度，逢武曲化忌有金創刀傷、或跌打骨折、或開刀手術。

九、財帛宮在卯酉借太陽、天梁坐守：在卯宮為「日照雷門」，主名不主利，主貴不主富，能以名生財，見吉曜祿曜亦能富，唯稍見煞曜忌，主「因財起爭奪」，如逢忌或與

太陽化忌同度，主「因財多口舌，多糾紛，多是非」，如和太陰化忌會照，主因財生精神上之痛苦，若見煞曜尤確。一般而言，不利經商，以從事文教、政務、專業、傳媒、生意為佳。如太陽入廟，主樂善好施之人格高尚，道德遠超過財富，如落陷，主「勞心費力」財來財去，如有祿存可積存，如太陽化忌逢擎羊、天刑、天梁等，主因財興訟。

十、子女宮在辰戌天府、廉貞坐守：見凶曜化忌主刑剋，會六煞天刑，尤主自身和子女關係不良，子女「性情倔強」，在戌宮遇六吉不見煞，主貴子，廉貞化忌最不良，「多病災或破相」，如見劫、空、耗有敗家子，受子女之累而破財。

十一、夫妻宮在巳亥太陰坐守：太陰坐守入廟且見吉曜，女命得賢夫，男命亦同，落陷則不是。會昌曲，主彼此感情深厚，更見輔弼、魁鉞，稱為「蟾宮折桂」，男命依妻家得榮，亦主配偶有成為學術界或教育界人才，男命妻美麗動人，不宜再見桃花，否則婚後配偶仍多有人追求。因命宮為天同巨門之故，自己易為失婚之人追求，如太陰化忌再見煞重，兼會輔弼於命或夫妻宮，則對天同巨門之人守命不利，易流年大運發生波折，女命要嫁夫年長十至十八歲，男命娶妻年少六年以上，亥宮太陰見鉞魁同照，主因妻得財，如再見煞可能為吃軟飯之流。女命見魁鉞再見輔弼，主丈夫有外遇，且外遇貌不如己，在三方會天馬，易流連在外而不顧家。

十二、兄弟宮在子午宮，貪狼坐守：主關係和諧，但各自有私心，助力不足，見輔弼、魁鉞始主和睦、互相幫助，若化祿而不見四吉「可共富貴」、「但無法共患難」，見諸

煞刑主「孤單或不和」，但見火、鈴，主兄弟突發，但自身未必受益。

　　事業財通論：巨門具有是非、紛爭色彩，較易求偏財遭是非官非，以會化忌六煞、陰煞、天虛劫煞為確。丙年生人天同化祿，性質溫和，不宜謀偏財走正財，如遇火鈴空劫，為環境所逼走偏財，丁年生人天同化權為巨門化忌同度，在丑宮可見羊、陀照入，在未宮有擎羊同度，在工作事業上，均遭人不滿、排擠，麻煩多多，亦可能自己的作風確實有爭議的地方，如會羊陀即有走偏財之性。辛年生人巨門化祿利偏財，癸年生人巨門化權在丑有擎羊，在未有羊陀會入有求偏財可能，見火鈴尤確，但作風激烈未必為福。

　　橫財方面，巨門化祿利橫財，尤其太陽入廟照入，如天同化祿僅小財歡喜財，不會獲巨利，天梁化祿亦利橫財。

第三節　命宮在寅申宮

一、命宮在寅申宮武曲、天相坐守：得祿曜更得天馬，可成富格，但武曲化忌不利財運也主事業失敗，可利用金屬利器生財，或從事武職、工業實業，不喜空、劫、耗，會將財氣空掉，會六煞將不可收拾。最喜化祿同度會照，可生財利投資。會六煞刑為軍人或屠夫命格，如不從事此類工作，事業多敗。化忌在命宮為「壽元夭短」，易有血光意外，更見六煞刑尤確。女命武曲不利婚姻，得輔弼可為女中豪傑，不過以遲婚為宜。若會三吉化及天刑為「社會聞人」，利武職，不見天刑，主其他方面聞名，女命若落陷逢四煞，幼年離開父母或感情不佳，難結異性，晚年欠子女緣。武曲遇昌曲，無輔弼、魁鉞，反而流於優柔寡斷不利，不過可當文人，從事文化、教育、出版社工作，若祿存同度，則性格不善，致損人利己致富。女命化忌落陷會昌曲、桃花，主「行為輕蕩，婚姻不忠」，如見三吉化及天刑可自律，且事業有成，不過潛意識仍喜挑逗男人。若男命化忌遇上昌曲、桃花，需防因色招災，尤其中年易流連風月或外遇。

二、父母宮在卯酉太陽、天梁坐守：太陽入廟者有六吉三吉化，主得蔭庇，尤在教育方面備受提攜，落陷則不是，天梁主「庇蔭之福」，見三吉化更有魁鉞，更見天巫始主遺產，落陷更有諸煞曜化忌，主刑剋父母，會天馬分離。太陽入廟主與父母關係良好，要不見六煞忌、太陽會輔弼，主父母承擔照顧之責，會魁鉞得父母提拔，特別在教育方面，會昌曲主兩代感情融洽，尤得父親愛護，以日生人為佳，如六

吉齊會更有祿馬，主父親「貴且富」，落陷減等也有刑剋，如太陽化忌，更有四煞，則刑剋父親或其事業不順多病。

三、福德宮在辰戌七殺坐守：主性格積極，不喜安閒，見吉曜主積極而有成，亦主以腦力行事，不用體力勞動，女命福澤較淺。

四、田宅宮在巳亥天機坐守：主變，可從事炒賣投機，否則不適宜多變，基本性質祖業敗退，自置又失去，如見輔弼加上化權，產業較安穩，如化忌愈變愈壞，與天馬同度，變換速度更快，與祿存同度，如更見火、鈴忌，主鄰舍有紛爭，彼此不睦，如落陷，主和噪雜之居住環境有緣，常對環境生怨。

五、事業宮在子午紫微坐守：具備管理能力，如廉貞化祿及祿存同度，可名利雙收，大富大貴，如廟不見煞，而見諸吉，則事業發展順利，此命事業為府相朝垣，事業必有一番表現，若僅會雙祿，未見天馬，以受薪為宜，財務經濟表現出色，可擔任財政司長、會計師、精算師，如更有天馬，方有經商之命，如命宮有羊刑同度，則為軍警星象，若與空、劫、耗相會，一生事業多破敗，宜往實業工業、工廠發展。

六、交友宮在丑未借天同、巨門坐守：朋友雖多，卻常有欠知己之感覺，心中孤獨，也主「易遭誤會或不諒解」，尤以巨門化忌爭吵更厲害，若天同化忌感情受重大創傷，管理下屬主以權術治世不能以德服人，如天同見昌曲，更有桃花雜曜，主風月之交。如與羊陀同度，不利朋友部屬關係，擎羊受朋友之累及吵架，與陀羅同度遭下人不義陷害，排擠

侵吞，與火、鈴同度「受悶氣」、口角紛爭，會空、劫、耗，主「因友破財」。

七、遷移宮在寅申宮破軍坐守：主在外奔波，見吉有成，辛勞不免，不過一定要以技藝為生，且有一技之長，否則生活困苦，命宮吉利者，可經商。

八、疾厄宮在卯酉借太陽、天梁坐守：天梁主胃部疾病，但天梁有逢凶化吉之意，多轉危為安，在流年常見，與火星同度主腸胃炎，與擎羊同度更會天刑，主闌尾炎，與羊陀會，主手足肢體、肋骨受傷，與火鈴同度，主癌病尤以胃腸癌，但須見太陰、天機、太陽、天同化忌才是，有時亦為皮膚毒瘡瘤，與空劫、大耗會，主關節肌力、風濕、麻痺毛病，太陽主血液循環或神經情志毛病，如腦功能、思維、情緒，主高血壓引起頭痛，及血栓中風。太陽落陷羊陀或居午宮，主各類目疾，尤以化忌尤確。此陽梁星象易腦血栓，或腦血管爆裂引起半身不遂、全身癱瘓。

九、財帛宮在辰戌天府、廉貞坐守：主競爭得財，會空、劫、耗須防盜賊，流年逢之有此克應，或許也是投資破敗、失業、倒閉，如化忌和羊、陀、空劫會，主「因訴訟破財」，更有天刑，更是如此。廉貞天府不會煞，主能積穀防飢，得雙祿財庫豐盈，如與祿存同度，就流於過分吝嗇。

十、子女宮在巳亥太陰坐守：主女多子少，且先花後果，入廟旺見六吉、祿、馬，主子女富裕可發，如落陷宜善加照顧子女間之關係。

十一、夫妻宮在子午貪狼坐守：以見羊、陀、忌、主刑

剋，輕則感情不睦、貌合神離，重則死別災病，唯遲婚及婚前有挫才可免刑，會照咸池、天姚、化忌，主婚前關係複雜，婚後不穩定，女命尤其不利，主丈夫不忠誠，在子午宮尤其如此，宜長配、遲嫁，若與空、劫、天空、刑同度，則為「清白格」，主穩定。但命為武曲天相對破軍為一自殺組合（金錢性質），所以婚姻如有變化多為金錢引起，由於不甘貪食貪起變化，故貪狼化祿能補救，因配偶有錢，能令命造穩定。

十二、兄弟宮在丑未天同巨門坐守：主「不和、口舌之爭」，如更有羊、刑，尤其巨門化忌容易與手足起爭訟，另天同畏煞和六煞及天刑會，輕則不和，重則手足災病、夭折或幼年分離，巨門見四煞更見桃花雜曜，主「異父母兄弟」，此星象天同巨門「始善終惡」，趨吉之道在於發展了感情要努力維持，勿口出惡言，如會空劫耗，主受手足剝削，不宜合夥做生意或工作，如見昌曲化忌，反受手足利用作廉價勞工，如見煞及孤辰寡宿，自身可能為獨生子女。

事業財通論：

此一星系投機取巧性質不強，只有正義感、忠誠，重視道德，除非煞曜多見才有偏財傾向。若武曲天相成刑忌夾印格，亦不主偏財，只不過性格太強，較為主觀，唯有見六煞方有求偏財傾向。成財蔭夾印也不一定求偏財，同樣要會六煞比較能得人助，財源較順。甲年生人如更有火、鈴、空、劫，求正財不順，進財辛勞，並有小人垂涎，求偏財可行。丙年生人，成財蔭夾印格，對宮見火、鈴、空、劫，不主偏財，

若會見亦不發可謀生。丁年生人成刑忌夾印格，由於巨門化忌，具有惹紛爭性質，如更有火、鈴、空、劫，則帶有偏財，唯作風受人爭議，性格不善。庚年生人，命有祿存同度或拱照，性格甚剛，更會火、鈴、空、劫，以剛暴之性求偏財。辛年生人成權祿夾印更會火、鈴、空、劫，有求偏財傾向，事業有成。壬年生人，此格甚剛，不利人緣，亦不利財運，更逢六煞，偏財、生財，但財運不理想，僅糊口而已。

橫財方面，刑忌夾印沒橫財，武曲化忌沒橫財或橫發橫破，財蔭夾印格利橫財，見廉貞、破軍、化祿更利橫財。

第四節　命宮在卯酉宮

一、命宮在卯酉太陽天梁坐守：為「日照雷門」格，無論男女均有大丈夫氣魄，見吉曜主多才藝、名利兼有，如太陽化忌更有四煞，則眼睛有不對稱現象，陽梁居命見貴氣要以得祿為佳，可從事公職或從政，在機關上班可晉升高職，經商成就反較差，如太陽化忌，不利眼目及脾氣暴躁，會四煞橫發橫破，火鈴同度，人生多挫折，擎羊同度易起紛爭，陀羅同度有暗爭，尤以太陽落陷尤確，女命太陽居廟旺，和男人一樣具爽朗個性，不拘小節，心直仁慈，欠缺陰柔魅力，太陽與火星同度，皆主性剛率直，人緣不足，做事不夠圓滑，更有鈴、羊陀會，因個性惹來重大波折事故，尤以太陽落陷同時化忌，因感情誤事，如被愛人拋棄，見異思遷、因妒成恨，來個玉石俱焚等，女命太陽化忌與男親無緣，少年剋夫父，老年剋子，如會六煞可服務大眾或普渡眾生，如婚姻不理想，自己獨居，全心全意投入服務，以入廟尤確。尤其會空劫，每多出塵思想或在宗教組織工作，太陽會羊陀鈴，性格嚴肅，不擅男女調情，如太陽落陷之女性入破軍宮限成婚，每每非禮成婚。

二、父母宮在辰戌宮七殺坐守：主與父母無緣，遠離父母，見火星或更會天馬尤確，若命有火星亦有此性質。

三、福德宮在巳亥宮天機坐守：主機變靈活，不受拘束若和吉星相會，尤以昌、曲、科、天才，其心思不受傳統侷限，對事務沒有固定好惡，學問也是博而不專，如見六煞，每每學而無成。如化忌所見煞曜，多每每自尋煩惱，精神壓力大，

有精神病及不堪壓力而厭世者，便是此類。如煞曜不多，做事欠缺效率，常服安眠藥，如天機與羊陀同度，亦有類似性質，情況較輕而已，如會火、鈴、空、劫、刑、耗，則為勞碌奔忙，福薄心煩。

四、田宅宮在子午紫微坐守：主「購有山地」之徵驗，居於地勢較高之地方，如山坡地亦可說居於高樓較高層，也可能在高尚幽靜的住宅區中自置增產，會雙祿宜購礦產高地，可選擇半山作居所，宜從事投資物業。若與火星同度更有羊、陀、空、劫、耗，主有火災，遇流年有此星象，且流羊、陀疊沖便有克應。

五、事業宮在丑未借天同、巨門坐守：白手起家，如會六煞大耗則無法白手創業，如巨門化忌，除非口舌求財，否則多紛爭欠人緣，天同性質柔和，有文藝氣質，可從事文化事業及文藝，如出版、寫作，更見昌曲，在文化藝術中求進取，如更有龍池鳳閣，主和藝術有關之工藝，如遇桃花雜曜，適合以異性為服務對象的工作，在丑未宮落陷，得昌曲，僅主文書當文職人員，如與羊刑會，主事業多訟事糾紛，以和為貴，莫過多人事衝突，如與火鈴相會，處事多逆境，宜有一技之長，與空劫會，以藝術的工藝為佳，或有創意之生意，此一星系主心思多變，事業欠恆心、欠鬥志，晉升發展均被侷限到一個程度，便會知足不再進取，如巨門、多煞刑耗會，每每旁門左道，犯官司、刑法，江湖人物命格，福澤淺薄，一生起落不定。

六、交友宮在寅申破軍坐守：主變動且性情剛烈，結交

小人，更見四煞火、鈴、羊、陀，主「施恩報怨」，或「因友遭官災橫禍」，羊刑同度，更是如此，會空、劫、耗，因友破財更有陰煞、劫煞、天姚、昌、曲化忌，主受陰謀侵吞。

七、遷移宮在卯酉借太陽、天梁坐守：太陽主動，只要不見煞便主出門吉利，適合從事在外奔波的職業，在卯宮適海外成名，見昌曲科利海外深造，見輔弼、魁鉞，適在外專業生財，如會火星出外有災，會擎羊主爭奪不和，會陀羅遭小人陰謀陷害，如欲經商，須會雙祿天馬。

八、疾厄宮在辰戌廉貞、天府坐守：主「濕火之症」，皮膚病，對宮七殺與天刑同度，主意外受傷，會華蓋、天才，主反胃、虛驚。廉貞，主心、血液循環系統，與桃花雜曜會主生殖、性機能有關，和血有關之毛病，如貧血、咯血、便血、牙血、吐血、意外傷、瘡傷。女命經期血量失調。性病主淋病、梅毒，也主遺精，過度手淫引起腎虧，流年遇之主感冒。

九、財帛宮在巳亥太陰坐守：居廟旺宮，財氣大旺，自身化祿大吉，雙祿會更吉，若逢天梁化祿，不宜從事商業，宜專業求財，不喜空、劫、耗，會財氣大減，甚至失業、倒閉，流月逢之主盜賊，見昌曲化忌並有陰煞、天姚、劫煞主受騙，與煞曜會，因財糾紛。

十、子女在子午宮貪狼坐守：貪狼主桃花，故多先花後子，尤以會照桃花雜曜尤確，對宮紫微，主遲得子，如有天壽更是如此，遇四煞、刑忌，皆有小產、早產傾向。

十一、夫妻宮在丑未天同、巨門坐守：即使不見煞曜也不利婚姻，主「精神不痛快」，見空劫感情更淡，貌合神離，

其分離為三種性質，因貧窮，因無名分，因配偶災病分離，其分離是受環境被逼分離，但彼此可能感情甚篤，其分離帶痛苦性質，但夫妻有離而復合之可能，需大運流年見吉星會合。女命主配貴夫有社會地位，但婚後有風波與感情無關，以沒正式名分為佳，或再婚更好，男命再婚可取美妻。

十二、兄弟宮在寅申武曲、天相坐守，主意見不和，容易爭吵，見四煞火、鈴、羊、陀更嚴重。若武曲化忌，受手足侵奪，不利合作生意，若會六煞則可能為獨生子女。

事業財通論：為「日照雷門」格，在酉宮不是，但可從偏財獲益，甲年生人，太陽化忌並有羊陀會照，在賺取偏財時，易犯官司，有火鈴空劫更是。乙年生人，天梁化權有祿存同度拱照，進財有受非議之處，為師不正，官不廉，有偏財傾向。戊年生人，人愈精明愈懂得鑽法律漏洞，以高知識及技術作奸犯科。辛年生人，更會文曲化科或文昌化忌於才學有成，亦可以欺詐手段生財。壬年生人，有煞曜空劫，具備偏財性質。

橫財方面，陽梁得祿可得橫財。

第五節　命宮在辰戌宮

一、命宮在辰戌七殺坐守：性質剛烈強硬，人生比較孤獨，六親緣分不足，但在事業方面積極苦幹，就算不會吉曜吉化，反過來見煞也會有所表現。但都會感到「心靈上之空虛」，成為大格局亦不例外，對宮天府多吉，性格較柔，人生也較安定，可平衡性格，若與六煞天刑忌相會，尤以武曲、廉貞化忌，主肢體傷殘。若對宮多吉曜同度，主外表果決、內實進退考慮，七殺不喜見昌、曲，也主「富計謀，善策劃」，遇之反影響決斷力，猶疑不定，進退失據，勇氣不足，無論見吉見煞人生皆艱苦，只管努力爭取，向前衝。男命最好福德宮多見吉曜，女命婚姻宮多見吉曜，人生會比較平衡。七殺會雙祿利於經商，尤以工業實業，見輔弼，事業宏大，更見化權，利人事管理、統領千軍，見昌曲、科會照，利工業、科技專業，七殺得祿，性格也較柔和或外剛內柔，且事業發展順利，財源充足。此星坐命之人，一生會有一次大破敗，能得祿則破敗後能夠有財，東山再起。若會六煞、刑、忌，除自身傷殘或死於意外的金創刀傷，性格「剛愎自用」，行事為人手段激烈，人際關係尤差，如多行惡業，善惡有報影響福澤，若見空、劫、耗必以從事工、實業或一技之長為佳，若見化科、輔弼、魁鉞利進身政界，見羊刑宜軍警。凡七殺坐命必有人生缺陷，檢視十二宮，更可得知何宮有問題。女命最忌夫妻宮多煞曜凶星，否則人生坎坷、心靈空虛、婚姻不利。如見吉曜吉化可「旺夫益子」，在事業可和男命一樣，甚至可擔任軍警方面高層。

二、父母宮在巳亥天機坐守：不是遠離就是有剋，會六煞天刑，自幼寄人籬下或孤兒院長大，如煞重可能父母早亡，若會天馬其動象更強，自幼離家。如見六吉星，父母之一在外工作或自己在海外求學。

三、福德宮在子午紫微坐守：主性格高尚，自尊心強，不易服人，如命三方所會星曜不吉，因性格強烈而運途不濟，心情多苦悶。如遇六吉主福深有享受力，品味不低俗。如會昌曲，再遇桃花雜曜反主風流好色，如與陀同度主自尋煩惱，且多和名聲有關，或由於自己和別人想法格格不入，有孤立之感，若再遇桃花雜曜，為情欲而煩惱，若會武曲化忌，為財、經濟而憂，會廉貞化忌是為感情及倫常之事而憂，貪狼化忌更見空、劫、耗，為財競爭而憂，見桃花雜曜為情欲而憂，見昌曲化忌，因心術不正而憂。

四、田宅宮在丑未借天同、巨門坐守：主因物業起是非紛爭，更見煞忌空劫，「不宜置產」，否則招損，可以配偶之名置產減少風險，巨門主業權不穩時，常搬遷或得而復失，且家庭多人情倫常問題，且房子多水龍頭、下水道系統問題，巨門化忌主家宅不安，多爭吵之事，家無寧日，巨門諸煞天刑相會，一般不宜置業，長久租屋居住，或寄人籬下。

五、事業宮在寅申破軍坐守：必須見吉曜、化權、羊、刑才主「武職顯發，威震華夷」。能得祿、權，其事業有一定之表現，化科較次之，更見吉曜可進入政府部門，可當「國家重臣」，在商界為行政人才，從事開創性任務，見空劫則以工廠實業或一技之長為宜，遇煞如從事商業、金融投資，

投機必敗無疑。

　　六、交友宮在卯酉借太陽、天梁坐守：「不見吉曜則朋友少，人生比較孤單，因天梁有孤單性質，見六吉星曜則可得正直之友人，如逢化忌則口舌嚴重更有四煞紛爭極重，若羊、天刑同度會涉入友人之間官司，如會火鈴主因友受災」。

　　七、遷移宮在辰戌廉貞、天府坐守：主「外出得福」，見雙祿在外得利，如見魁鉞，在外得貴人助，如與陀羅陰煞同度，主陰謀受小人侵吞對付，和火星同度，出門遇意外損傷、交通意外，與羊同度，主人際關係不良，見天刑犯官非，與天月同度主海外染病，如與桃花雜曜相會，因酒色生災，不宜流連風月，若凶煞重，以原居地為佳。

　　八、疾厄宮在巳亥太陰坐守：主腎、生殖、性機能系統，如與六煞天刑會，主腎機能虛弱，常見的是糖尿病、水腫。若與桃花雜曜相會，或入貪狼、廉貞宮限，而有桃花雜曜時，每主縱慾過度引起腎虛，陽痿不舉，女命主性冷感。

　　九、財帛宮在子午貪狼坐守：主富不主貴，得雙祿主「財祿豐足」，不一定成大富，但財源如細水長流，一生有財，宜經商，若成火、鈴、貪格主富厚橫發，若見羊、陀、忌，主發不耐久。貪狼化忌，主求財多競爭、勞力費神，會武曲化忌不利財運，有虧蝕破敗，廉貞化忌亦同，如再有羊、陀、天刑等，主因財生災，與空、劫、耗會，為財來財去之象，如更有火、鈴、羊、陀，暴發程度大，但又迅速破敗，難以重來，如會三吉化但沒祿存、火星，還是財富不足，如會羊、陀、空、劫、耗，主賭博投機傾家，不宜金融投資，及各式

炒賣活動，如會諸桃花主「因色破財」，但有雙祿、天馬、三吉化則適合異性生財，從事服務異性的行業，也宜娛樂行業，若與天月同度，更見羊、陀、忌，主「因病損財」，但有雙祿、火鈴，可經營藥業及健康保健有關的生意。

十、子女宮在丑未天同、巨門坐守：不利兩代關係，容易起紛爭，或由外往內藏成為嚴重心病，見煞曜天同化忌尤其如此，如巨門會六煞，主孤獨或一生無子嗣，如會化祿更有祿存、六吉星曜，因子女得財，子女富貴自身受益，但情感未必佳，天同主子女性格柔弱，不能獨立。

十一、夫妻宮在寅申武曲、天相坐守：主多感情不吉，且「口舌、意見不合」，見四煞尤其如此，煞重更有天刑，主配偶「災傷」，如有化忌、六煞刑，主受配偶所累破財，甚至破敗，武曲天相對破軍，男命一定娶美妻，但要經一番劇烈追求，女命夫妻年紀相當，則夫妻感情普通，沒多大變化，但聚少離多，宜嫁年長或年少之夫，凡此星象之配偶望上去一定有夫妻不登對之處，如一個氣質文雅，另一個浮躁，或一個較瘦，另一個高大等，或為學歷相差甚大，不論男女皆主自己極為遷就配偶愛人，甚至願為對方捨棄至親友人，有所執迷不悟，至死不渝之堅持，要分辨其為理智或盲目，須看福德宮紫微是否得百官朝拱，有則理智，無則甚至師生戀、不倫戀亦不悔悟，故七殺居命之人，主盲目溺愛心上人，婚後再遇另一異性為己所愛，便又會不惜與子女、配偶分離，甘願放棄家庭、事業，武、相不宜見空、劫，主有情人在意想不到之情況下，黯然分手，情深緣淺。

十二、兄弟宮在卯酉太陽天梁坐守：兄弟緣分較薄，但無會煞曜能主有感情。太陽落陷化忌更有煞曜，主「互生誤會、妒忌」。

事業財通論：
甲年生人較傾向求偏財。

橫財方面，辰戌宮七殺有橫財命，如見祿存與廉貞化祿或貪狼化祿。如見破軍化祿，必會貪狼化忌橫發橫破。

第六節　命宮在巳亥宮

一、命宮在巳亥宮天機坐守：主「心慈性急」，性急是必然的，心慈須遇六吉空、劫、華蓋，但若會太陰化忌更有空、劫、陰煞、天月、天虛，或會昌曲化忌，則心術不正，表裡不一，如出現福德宮亦同論。男女主機謀多變，多才多藝，感情特別豐富，有「重感情」的特色，雖有感情又深藏不露，會變為「內斂」、「權術」，喜運用計謀。若太陰、天機化忌或會昌曲，則心懷詭計，表裡不一。天機化祿利於零售業，化權人生比較安定，會祿馬財源豐富，如會昌，曲或夾宮則稟性聰明，文章出眾。如遇三吉化適合仕途發展，當官員或從事公職。若化忌必多憂多慮，游移多變，且愈變愈壞，在福德宮亦同，如化忌再有太陰、陰煞、天虛、月，主心術不正，旁門左道。會四煞人生起伏大，以受薪為宜，尤其有一技之長。另一特點，天機坐命有身兼數職可能，不過吉僅是多變兼職，遇吉兼職有前途，得魁鉞更佳，得昌曲科、龍池、鳳閣，為專門技能或藝術人士，宜大眾文化事業中服務，但獨見昌或曲僅為小聰明只，流為花巧。天機抵抗煞星力量很弱，會四煞有落地他遷、祀出、虛驚之遭遇，如福德宮不吉，主虛驚。父母宮或田宅不吉主祀出他遷，如六煞會齊更有天刑忌，主「夭壽」，即便能避災病死限，身體也較弱，女命見輔弼，主性情剛強，持家有方，助夫益子，見昌曲，聰明機巧，再見桃花雜曜「感情生活易起波瀾」，女命會六吉祿馬為出色專業人才，尤精頭腦生財，或從事零售業。

二、父母宮在子午紫微坐守：主父母有威權駕馭自己，教育方式傾向嚴厲，如會六吉，雖嚴但感情良好，若會六煞則關係變差，不宜更見桃花雜曜，主父母恐有外遇或偏室，紫微較不畏煞，見煞、空、劫，不主死別主生離，紫微與火星同度，主年幼、少年時代與父母分離，如有羊陀同度，更有天刑化忌，主父母有危症或遭意外，最常見的仍是分離。

三、福德宮在丑未借天同、巨門坐守：主煩惱，天同主感情，故主感情及思想方面多不可告人之事，最畏陀羅同度，主「自尋煩惱」，以化忌更嚴重，見輔弼、魁鉞，物質生活豐足，見昌曲，品味高尚，見煞精神壓力大，心境不安。

四、田宅宮在寅申破軍坐守：落陷主房產破舊，與羊、陀、火鈴會照，主敗破祖產基業。

五、事業宮在卯酉借太陽、天梁坐守：宜專業或教學，見吉為確，如與昌、曲、科、天刑會，利司法或執法者，太陽會輔弼，主門徒眾多，見魁鉞多提攜機遇，官場遇貴，得昌曲，利專業資格考試，以不見六煞為確，會化祿宜商業活動，會化權適管理工作，會化科適專業學術研究，尤其入廟，對社會有貢獻，如見六吉、三台、八座，有領導力，是社會改革者，太陽落陷，主辛勞，見吉勞而有成，見凶白忙，勞而無功，會空劫有吉星、吉化，可以技藝成名，如會六煞，事業不濟，須一技在身。

六、交友宮在辰戌天府、廉貞坐守：在交友宮，主人緣廣結，見吉結善緣，見凶為惡緣，見吉有助力，見凶受拖累反目成仇。見六吉可因友得財，若化忌遇煞，主和朋友感情

不良，受朋友之累，不適生意合作。會羊刑，主官非刑法，煞重主「牢獄之災」，會空、劫、耗，主「損財」，上述共有財因官司破財，會火、鈴、陀、耗，主受「手下人陷害破耗」，天府見雙祿，主朋友忠誠，若會六煞，則結交小人，受侵吞傷害，若會空、劫、耗，更遇武曲、廉貞化忌，情況嚴重，損失慘重。若會火、鈴、羊、陀、刑，主遭人以德報怨，就是更見六吉曜祿馬，也不能改變，只是朋友之中有正有反。

七、遷移宮在巳亥太陰坐守：入廟主在外朋友眾多，得吉曜尤佳，見四吉「外出有貴人扶持」，見昌曲利他鄉成名，太陰落陷君子少，小人多，見火、羊，會辛勞沒成果，見鈴陀，主小人侵吞，見空、劫，主破財，不利投資，大耗同度尤確。太陰化忌不利財運，在外不宜投資投機，如更有陰煞、天虛、天姚，主在外謀生多為手段不法。

八、疾厄宮在子午貪狼坐守：主肝膽，亦主性機能毛病，見桃花雜曜尤確，與煞曜會主痔病。

九、財帛宮在丑未天同、巨門坐守：有進有退，財難積存，宜從事專業生財或口舌求財，如營業員、老師、傳播，更見雙祿更佳，如會六煞不利財遇，易有生意倒閉、虧蝕，宜有一技之長。有龍池鳳閣，更擁有技藝優點，主白手起家。如巨門化忌、天同化忌會六煞龍鳳，適「技術」，有桃花雜曜適藝術，巨門化忌，會羊、天刑，適律師法官，天月同度適醫生，更有羊刑為外科醫生，巨門羊同度適商業活動，與陀羅同度得財較遲，更有見煞曜主「因財涉訟」。

十、子女宮在寅申武曲、天相坐守：主婚前產子或婚外

情生子，須夫妻宮合參，子女二人感情和諧，但有煞曜化忌同度夾宮，主兩代有情無緣，更見天馬主分離。另一特點，首胎刑剋，見羊、陀、天刑、化忌尤確，女命煞重，可能有經常性流產、小產，宜注意婚前健檢，武曲孤剋性重，遇化忌四煞空劫者，無子，有亦多刑剋，尤以生育難產、夭折。

十一、夫妻宮在卯酉太陽天梁坐守：主「破鏡重圓」，因時局變遷而導致分離，一定會復合，這個組合主配偶堅貞，沒有感情上變化。在流年大運見太陽、天梁，主配偶有重病，但一定無恙，陽梁主別離，另一重意義便是，思想、體型、年齡、出身、興趣、種族上之差異，很多是少夫老妻、異國婚姻，一文一武、一肥一瘦、一高一矮，如此匹配更圓滿，另一種涵意便是不協調亦不輕離，但借星之陽梁則情形大不同，此種不協調有離異刑剋甚重之性質，因命宮有入廟落陷之別，與天刑同度，主配偶無樂趣，彼此外貌出身等不協調，宜彼此年齡有差距，與羊同度刑剋至劇，帶有災難、不和爭執之性質，倘能減少見面機會，因工作關係或移民而聚少離多，此為最適當之刑剋方式。

十二、兄弟在辰戌七殺坐守：基本性質不差，在相處方面彼此較冷淡，但和諧，也主手足品格高尚，見三吉化，主兄弟有才能，在經濟上給自己一些幫助，七殺會煞只要不是諸煞雲集，也不主生離死別，僅是感情冷淡，落陷則易爭吵，或生離死別。

事業財通論：

宜受薪多於獨當一面，在會煞曜、忌時，求偏財之性質比較明顯，乙年生人適合小生意、零售業格局，偏財以零售貨品易獲利，如見空、劫、天空、旬空、截空、陰煞、天虛等則為心術不正，以行騙手段求財。丙年生人巳宮坐命較佳。丁年生人四化齊會為「三奇嘉會」格，求偏財有財，但風波不少。戊年出生人，天機化忌巳宮坐命，形成羊陀夾忌，格局低下，求偏財多風波，欠缺福澤，易惹災禍，亥宮坐命則有行巧詐求財之性質，但人生風浪小。

　　橫財方面，對宮太陰利發橫財，以入廟太陰化祿為佳，即使化忌，亦一樣可橫發，只是每每發於晚運，之前先損失慘重，若在亥宮天機坐命會太陰化忌，不主橫財運。

第三章　紫微在丑、未宮（論天機在子午）

貪廉 狼貞　巳	巨門　午	天相　未	天天 梁同　申
太陰　辰	紫微在丑未表		七武 殺曲　酉
天府　卯			太陽　戌
寅	破紫 軍微　丑	天機　子	亥

巳	天機　午	破紫 軍微　未	申
太陽　辰	紫微在丑未表		天府　酉
七武 殺曲　卯			太陰　戌
天天 梁同　寅	天相　丑	巨門　子	貪廉 狼貞　亥

第一節　命宮在子午宮

　　一、命宮在子午天機坐守：身材中等，女性有身材豐滿之姿，此宮位之人主「心慈性急」，見天梁再見六吉、地空劫、華蓋均屬心慈。若會太陰化忌更有陰煞、天虛、天月、空劫或會昌曲忌，則心術不正，表裡不一。男女天機在命宮，主機謀多變，多才多藝。子午宮坐命，巨門拱照，最能發揮才智機敏之優點，受巨門影響，利於口才說服力，最利外才發揮在商業或其他行業，只要以運用口才及頭腦之行業都可以有良好表現。以得祿而成富，以巨門化祿財氣佳，天機化權則人生較安穩。在子午均入廟，最善談兵，舌辯天下無敵，但內容不是人人能懂。天機主才智機謀，喜得昌曲，才氣有表現，讀書有成，得魁鉞貴人助，有可用之機，才華能發揮。化祿利營小生意、零售業。逢祿馬更是有財源豐厚，會昌曲或夾宮，聰明、文章出眾，遇三吉化適合仕途、當政府官員或服公職，若化忌必多憂慮、游移多變，且愈變愈壞，更有太陰、陰煞、天虛、天月主心術不正，易旁門左道。天機會四煞火、鈴、羊、陀，則人生起伏甚大，以受薪為宜，以有一技之長為優，不管是否會吉，均有身兼數職，遇吉則兼職有前途，得魁鉞更佳，得昌曲、化科、龍鳳，為專門技能或藝術人士星象，天機在入七殺、破軍、大運、流年宮限較不利，易有挫折，以致限內多變為不利變動，有六煞忌相會更是如此。「機月同梁作吏人」多主內才及計算能力，若昌曲會，宜在大眾文化事業中服務，尤其擅寫文章，適文化事業，不過單見昌曲則不是。天機化忌會昌曲或昌曲化忌，反而喜

歡使詐，詭計多端，遇四煞有落地他遷、祀出，虛驚之遭遇，若六煞會齊，更有刑忌主「夭壽」，幼年輕災或重病，即使能避死限，身體亦虛弱無比。女命見輔弼，主性情剛強，持家有方，助夫益子，見昌曲，機巧聰明，但不宜再見桃花雜曜，否則感情易生風波。若女命會齊六吉曜祿馬，為出色事業人才，精於頭腦生財，或從事零售業，受巨門拱照影響，女命較易犯口舌，不肯服輸，宜見昌、曲、科，其說話有邏輯，有說服力，易為人信服，天機會巨門、天梁、太陰更有化忌、六煞刑，宜繼室、偏房、遲婚，否則傷夫剋子。

二、父母宮在丑未紫微破軍坐守：主父子關係不穩定，主自身與父母無緣，必須幼年分離才能彼此安寧否則有刑剋，見六煞忌，主父母刑剋災病，不宜見桃花雜曜，主有繼父母或父母多外遇，與火星會照，主幼年或年少時代因故與父母分離，若有羊陀同度，更有刑、忌，主父母有危症或意外。

三、福德宮在寅申天同、天梁坐守：主「自然安樂」，主命造性格懶惰，依賴心強，萬事有人代勞，不必自己操心，再見四吉依賴更重。可能因種種問題而不能自立，若會空劫、天空、旬空、截空，主心志難於適應世事，若再見魁鉞、忌、陰煞、天虛、月可能是弱智命造。

四、田宅宮卯酉天府坐守：性質穩定，主置業能長久，漸漸豐厚或有樓收租，忌見空、劫、耗，不利置業，更見武曲化忌主破耗，與羊陀會，主有樓房物業糾紛，也包括鄰里不和，流年天府火星同度為火災，更見空、劫、耗、劫耗且有流年、羊、陀、忌沖之，主克應。若天府、文昌曲會流年，

流昌、曲也會入，主「文星入宅」，家中成員在考試中名列前茅或晉升。

五、事業宮在辰戌太陰坐守：宜從事財務、金融、投資之行業，和祿曜相會尤佳。與昌曲會宜「文化事業」，教學或學術研究，會輔弼宜「政界發展」，再見魁鉞尤佳。機月同梁格適合在政府、法定組織、公民營機構、公共機構、商業機構，任文職行政工作。丁年生人三吉化能展所長，宜從事實業或工程師，若會昌曲、龍、鳳、天才，可在藝術界嶄露頭角，創作能力佳。若三吉化亦適合軍警界，但太陰不喜遇空、劫、耗，不利財運，可從事工廠方面轉化創意，在工業發明實現。否則宜有一技之長。

六、交友宮在巳亥廉貞、貪狼坐守：若再遇桃花曜，主「多酒色好賭朋友」，於事業上下屬欠助力，如更有煞曜忌，尤其有陀羅亥宮同度，則受他們所累，流連風化而招災，廉貞貪狼化祿，朋友眾多，多交際之友，見吉曜有助力，若化忌遇煞，主和朋友不和，受連累，不宜合作。若會羊刑主官非，會空劫主損財，會陀羅、火、鈴、耗，受手下之人所陷害。

七、遷移宮在子午巨門坐守：最喜歡自身、化祿、權，化祿利海外創業，更見祿存，主出外大發；化權在海外憑口才建立地位能名利雙收，更有昌曲科尤佳。若化權並有羊、刑、昌、曲、科相會，主「司法人才」，若有雙祿、天馬、魁鉞可為「公司負責人」，若化忌則外出口舌糾紛，更有四煞、天刑，防在外惹官非，若化忌與陀羅同度主「進退不決，多疑不定」，與天馬同度，更有火、鈴，勞而無成，巨門會

四煞、天刑，嚴重橫死他鄉或有牢災。

八、疾厄宮在丑未天相坐守：主膀胱、泌尿系統，也主腎功能及造骨生髓之毛病，若會空劫或夾宮，更有天虛，主「身體虛弱」，女命「月經毛病」、經痛，若會羊、陀、天刑轉化為外傷、骨病，會火、鈴、天月，主感冒。

九、財帛宮在寅申天同、天梁坐守：得雙祿僅富足，白手起家，利經營零售生意，天梁化祿得財但損及人緣，會六煞不利財運，易有生意倒閉，宜有一技之長，得龍鳳便擁有技藝優點，若見天巫有繼承遺產或家族事業，此星系白手起家，循序漸發。若會化忌，如太陽化忌多口舌糾紛、是非，如太陰化忌會因財生精神上痛苦。

十、子女宮在卯酉武曲、七殺坐守：主不利六親緣，見煞曜、忌、空劫，甚至無子送終，或兩代親子關係不合，見煞忌，主子女災病或子女破相且僅得一子，注意此星系孤剋，遇六煞忌主有早產、流產、夭折，較好情況是遲得子。

十一、夫妻宮在辰戌太陽坐守：命天機對宮巨門，主自身不吉而非配偶，太陽在辰，見諸吉，配偶能忍讓，若在戌落陷見煞，則配偶不能忍讓，而導致婚姻問題。化解方式，女命嫁夫年長，男命娶妻年少，要有父愛的感覺。辰戌宮夫妻口舌多、疑慮心重，以戌宮尤甚，多冷言冷語，貌合神離，因此在戌宮不宜再見煞。男命夫妻宮太陽化忌，主自身災病導致夫妻感情有缺憾。女命主丈夫拖累自己，可能夫不能人道致感情冷淡，也主女命對夫床上不感興趣，在辰宮則無此現象。

十二、兄弟宮在巳亥借廉貞、貪狼坐守：重感情、和諧，縱然沒助力也不致結怨。如火、鈴、羊、陀、天刑並見，主「刑剋災病」，分居不和，貪狼主和諧，但各自有私心，助力不足，見四吉才主互相幫助、遊樂，若化祿不見吉，可共富貴，不能共患難，見化忌不合，更有四煞桃花雜曜，則有同父異母或同母異父之手足，但須見輔弼，若成「火、鈴、貪」格，主兄弟突發但自身未必受益。

　　事業財通論：

　　若「機月同梁」格，此命格較不利獨當一面，宜合夥，但以受薪及當副手較安穩，求正、偏財均是。本星系頭腦佳，創意多，想法新穎、獨特，常有奇思異想，落陷多空想，若會吉化吉曜，更有煞星忌，在偏財亦有獲利機會，當會上四煞，形成求偏財結構，若正業反發展受限難成，或受教育不多，致競爭力弱，會空劫提高了空想，更會吉曜以會昌、曲、科、龍、鳳，則可化為才藝、創意，正偏財皆適合。由於對宮巨門，主外務、口才，若為天機化祿、天梁化權，太陰化忌，更會諸煞則偏財涉及買賣，以零售業為主，如進口色情雜誌、情趣用品或山寨商品，如更有陰煞、天虛、耗，可能有行騙手法，不利顧客。丁年生人四化齊會有火、鈴、空劫，即有求偏財性質，但作風或經營行業受人爭議，但可發正財亦吉。丙年生人更有火、鈴、空劫，主偏財白手起家，但易犯官非。戊年生人，天機化忌為最差之結構，更會六煞，易心術不正，且運程不佳，化忌在命易鑽牛角尖，見昌曲想法亦流於偏鋒，

當子宮為命宮，則有行騙性質，會上陰煞、天虛、空劫尤確。

　　橫財方面，以三方不見化忌最好，財氣疊疊相乘，遇雙祿丁年生人即是須命宮居午。

第二節　命宮在丑未宮

一、命宮在丑未紫微、破軍坐守：只要不見煞，便利於政界發展，或從事行政管理更佳，不一定只利於政府或公共事業，商業的行政亦宜。紫破之事業範圍甚廣，見祿馬則利於商業，女命若見六煞和丈夫關係容易決裂，由於強悍剛烈，及思變之個性使然，亦宜注意感情生活。此星系突破開創力極強，會吉化吉曜，可大富貴，在社會的地位舉足輕重，受人敬重。此星坐命為人深謀遠慮、勞碌命，但富於決斷力，會運用創造來生財或改變事業，故無法久居於一種職業，常有轉業或變化。

二、父母宮在寅申借天同、天梁坐守：主兩代間有意見、代溝、同住一室，欠感情，得魁鉞有庇蔭之力，遇昌曲有感情少代溝，見輔弼、魁鉞，主得良好照顧，供書教學，不見煞忌才主「無刑剋」。

三、福德宮在卯酉天府坐守：不喜冒險，以安全為重，重視安全感，喜會輔弼、昌曲，主心寧安靜，與魁鉞會則受人照顧，人生風險少，但卯酉宮對宮有武殺拱照，是比較心煩的星系，心較不安，精神常感疲倦，若更有四煞天刑尤確。與火、鈴同度，主心思運用過度，杞人憂天，多自尋愁苦。與陀羅同度，主器小易盈，易生妒忌心，易記仇恨，與羊同度，欠缺安全感，坐立不安，見天刑尤確。會空、劫、耗，主「忙碌」，為財忙，對金錢缺乏安全感，常鞭策自己，不能好好休息。若化科則有信用、受人信任。與祿存同度，主小器、自私自利，見昌曲化忌、天姚、陰煞是偽君子，心術

不正。

四、田宅宮在辰戌太陰坐守：基本性質是居住環境清靜怡人，要入廟旺居才是，更有輔弼、魁鉞、雙祿，則樓房具有商業價格或土地黃金地段，與雙祿相會，適合以置產方式保值，亦適合從事不動產買賣，不喜空、劫、耗，主破耗。如與火星同度，三方見鈴、羊、陀，更有流羊、陀、照入主火災，如原局吉利為虛驚或小火，太陰化忌主口舌是非，流年太陰化忌相疊，主口舌是非，家人不和，較不利家中女性。

五、事業宮在巳亥廉貞、貪狼坐守：主擅長交際，有處理人際關係能力，適合一切處理人事工作，如外交、公共關係，洽談生意，不過也有強烈藝術性，尤其是視覺藝術，亦適合時裝設計、裝潢設計、園景設計、攝影、繪畫行業、手工藝設計或語文能力。見昌曲、鸞、喜尤確。如欲得大權，命宮須會輔弼更見化權科才是。但紫微化權，防弄權。如財帛宮見祿，利商業，不見適文教工作或教育機構行政。如從事武職，以見化忌為確。更見六吉主顯榮，更得祿馬富貴雙全。此一星系亦適合娛樂業，見桃花雜曜尤確。若無桃花雜曜有空劫遇昌曲、化科、天才、龍鳳，宜發明專業，當工藝設計師，但有大耗同度，不主藝術工作，反而破財，以一技之長為佳。

六、交友宮在子午宮巨門坐守：主口舌之爭，如見祿曜，主得創業多謀之友，化權亦佳，但自身需處較被動的位置，見四吉，朋友助力大，若會四吉，下屬主率直勤勞之人，見昌、曲、科，主好辯多才，可因下屬助力而扶搖直上。如逢

化忌，易犯口舌，與友不和，更見羊、天刑，主糾紛，有空、劫、耗，主破財，如諸煞並見，受拖累，以怨報德，生意不宜合作，對下屬須提防。會空、劫、耗，除破財也可能出於自身仗義相助，唯更有陰煞或再遇陀、忌，則為手下人所盜，或暗中侵奪自身經營所得利益。

七、遷移宮在丑未天相坐守：性質較弱，如命宮吉利不宜出外謀生，若與吉曜吉化會照，主在外有貴人提攜，尤其魁鉞，更是如此，且主特殊機遇，得輔弼主受擁護，與空、劫、耗會，主出外破耗，流年月遇之主失竊，與四煞會主孤獨，朋友不多，見孤辰寡宿尤其如此，如交友宮吉利可改善，見天刑、虛耗，主有小人災禍。

八、疾厄宮在寅申天同、天梁坐守：主肝胃氣病或性機能、生殖系統毛病，與羊同度更會天刑，主盲腸炎或一般腸炎，如與羊陀會主手足或肋骨受傷，若火星同度，主胃癌、腸癌，不過須見太陰，天機、太陽、天同化忌才是，有時為皮膚表面毒瘡、瘤，與空、劫、耗會，主關節肌肉風濕、麻痺、肌肉酸痛。

九、財帛宮在卯酉武曲、七殺坐守：須見魁鉞、雙祿，始主「白手起家」，且為突發橫發，短時間內得巨利，但見煞忌則爭財激烈，收入也不豐，無吉見煞，橫發橫破，逢化忌不利商業投資，亦不利財經金融，反適合刀劍利器生財，如工業實業、軍警業，會空劫忙碌，成有破。此一星系波折性重，有橫發傾向，見祿尤確。煞重易招惹匪盜，遇昌曲化忌主受騙。

十、子女宮在辰戌太陽坐守：主子女多，尤以兒子多，如有桃花雜曜主女兒多，主「子女秀發」，以入廟為確，更見四吉曜、三吉化可得貴子，得昌曲子女學有所成，兩代關係好，見羊、陀兩代關係尤其受氣。太陽落陷，不利長子，若化忌更確，輕則感情不和，重則早產、傷殘、早夭，或體弱多病，有災害，煞曜太多，僅一子送終，或感情冰冷。

十一、夫妻宮在巳亥借廉貞、貪狼坐守：以見吉曜為佳，無吉者主離，見六煞忌更是如此，更見天馬，主感情破裂而離異，見廉貞化忌尤確。見貪狼化忌則婚前多波瀾，此一星系在巳亥二宮，易因精神物質引起爭端，加上命宮在丑未兩宮之天相對紫破，容易變成無情無義，配偶可能為娛樂界中人或藝術中人，不管如何，配偶多有艷遇。

十二、兄弟宮在子午天機坐守：主兄弟二人，天機星雖為兄弟主，但不喜坐兄弟宮，手足較無互動，但也不至於有刑害。如有紅鸞、喜同度，多姊妹，主變動，見煞都不吉。

事業財通論：

此命為殺、破、狼，當會上煞曜忌，且少會吉曜時，便更容易有投身偏行，會有一番成就，喜輔弼夾宮，主領導力強，人生亦多順遂，如會上煞曜就可走偏行財之局，如遇火、鈴夾宮，性格剛暴，行事手段激烈，私心甚重，為求目的不擇手段。癸年生人從事偏財行業辛勞，競爭性大，多生事端，做事必親力親為，亦具事業多元化性質，不單只做一行生意，而是多元化，如開賭場兼高利貸，也能亦正行正業。甲年生

人亦是勞碌，親力親為，不過財氣更旺。壬年生人權利欲望重，作事手段更加激烈，會四煞更得吉曜，能獲偏財致富，卻容易結仇，或官非，難成福澤。乙年生人是很聰明，結構在未比丑宮佳，能以頭腦生財，走偏財能發達，如遇廉貞、武曲化忌，更會煞曜，偏財性質重，但有志在剃刀邊緣的風險。此一星系財帛、武殺、求財手段激烈，以得祿為佳，尤武曲化忌，橫發橫敗，福不耐久，但遊走法律邊緣，人生多風波，事業廉貞貪狼帶煞氣，廉貞化忌少見吉曜，求財過程更多波折，貪狼化祿求財多辛勞，但財氣大旺。

　　橫財方面，以事業宮，廉貞貪狼有火鈴同度為佳。

第三節　命宮在寅申宮

一、命宮在寅申借對宮天同、天梁坐守：主悠閒清福，見六吉才是主「福厚壽長」，以天壽同度尤是，見四煞反成不務正業，浪蕩人生，會祿存「財福雙美」，悠閒又富足，在申宮性質浮蕩，事業不安定，人生亦不安定，有天馬同度拱照，主「漂蕩」，單身到老或離異而孤單，見孤辰寡宿尤其如此。若天馬更有桃花雜曜，則喜愛享受悠閒，卻不想工作，易沈溺肉慾，就是不見煞曜忌也亦在社會載浮載沈，女命易入風塵，其吉曜吉化性情大方、穩重，但見煞忌變固執懶散，不近人情事故。與羊陀同度，為災難星系，重則有生命之憂，天月同度主大病，天虛同度主一生體弱多病，羊、刑、忌、會主牢獄之災，或觸犯官非，或在黑社會浮沈，與火、鈴同度主虛驚，煞重人生遇挫，有「自殺之念」，須檢視福德宮才是。流年天梁火星同度，再見流煞忌主受火傷，空、劫、耗同度，好遊蕩，無積儲，唯見祿只要不經商，可解財運不濟，勤可補拙，宜有一技之長。會昌曲，可憑文墨維生，見昌、曲、化科、龍鳳，主多才藝，再會四煞皆主孤獨，不利六親緣分，遇太陽入廟，則減輕，若不見吉曜，三吉化為浮蕩，更有空、劫、耗，則身負重債，一方面又流於逸樂，易受物慾引誘，不安於室。女命婚姻不幸，易流入風塵，晚運不吉，女命會昌曲同男命，可在文化界、傳播發展，多吉化則成專業人士、研究員、教授。

二、父母宮在卯酉天府坐守：不見六煞、忌主「父母雙全」「無刑剋」，可在兒時得父母護庇及疼愛，見祿星主父

母在經濟上能照顧，命造更有天巫能繼承遺產，但若是祿存同度，主父母不信任，命造會被父母控制所有財務，若與羊同度，兩代不合，男命為父子，女命為母女，與陀、火鈴、空劫刑，會主父母災病刑傷，不同居可免刑剋，以生離取代災病、死別。

三、福德宮在辰戌太陰坐守：主好靜，嗜好必是文雅的，入廟可得心境安寧祥和，若化忌，主外表寧靜，但內心不安，更有空、劫、耗、天空，多不必要的煩惱，與火陀同度，自尋忙碌煩惱，見空劫，沒效率，與羊、鈴同度，不滿足、野心大，見空、劫忌欲望深重，見空劫主空想，須有昌曲主創意，入廟為佳。

四、田宅宮在巳亥廉貞、貪狼坐守：和六煞刑忌會主「酒色賭博，或其他不良嗜好、破產、負債、拍賣土地房舍」，若化忌不宜再見六煞，主因「產業而生災禍」，廉貞化忌，羊刑同度，主樓房興訟，貪浪與火星同度，主火燒星系以流年遇之為確，更有流羊、陀、沖為原局大限之羊陀才是，而流耗亦會入田宅宮，與鈴星同度亦同，貪狼與祿存同度，更見三吉化主產業豐厚，但必須自置，見天巫同宮主繼承，若有鸞喜，主樓房美觀，有裝飾家居心得，見龍鳳尤確，若見煞、忌，主「多散少聚」，人口漸漸稀少，化忌主競爭、是非，與鄰里關係不睦，嚴重引起官司。

五、事業宮在子午巨門坐守：宜口舌生財或為是非生財，如推銷、演講、教學、傳播、娛樂事業或法律。主創業但須見三吉化祿馬、輔弼、魁鉞。見六煞刑宜一技在身，巨門會

昌曲、羊、天月刑，可當醫師，若化祿、權、忌，更有羊、昌、曲、天刑，不見天月，利法官、律師、法務，若化權更有六吉，辯才無礙，有說服力，可當政治家。若化權或化忌，且吉煞並見，有輔、弼、羊、天刑會照，主軍事家，巨門化忌事業受人爭議，更見雙祿、天馬主財旺，更有輔弼有領導力，更見四煞，走旁門左道，幫會領袖，法律邊緣發跡，若化權更有四吉、華蓋、天巫乃宗教星系，可當「宗教宗主」，若昌、曲、科、天才，主智力過人，善辯口才而得成功，亦成社會聞人。巨門吉化會祿存天馬，為商業鉅子。

六、交友宮在丑未天相坐守：不見煞、忌主朋友和善，關係和諧，但不見輔弼則助力不足。與三吉化會主交多才之友，見祿存友忠誠，見輔弼主益友眾多。若見空、劫、耗，常為朋友下屬花費、破財或借貸，更有煞曜，「代友受過」。

七、遷移宮在寅申天同天梁坐守：主和諧安寧，不奔忙，除得清福外，在外遇困難及需幫助時可得貴人扶持，更見魁鉞尤確，但見六煞主孤獨，在申宮更見天馬，不宜在海外謀生，主「東奔西跑，勞碌多忙」，更有六煞耗，則辛勞招災破敗，天梁化祿利經商謀生，化權在外受人尊重，化科利海外升學，若見煞曜，生活不順失意，天同化忌，主感情受傷，會火鈴出外有災，會擎羊爭奪，會陀羅遭遇小人陰謀，天同會羊，口舌紛爭，會陀多煩惱，受小人侵吞剝削，更有忌、陰煞、天虛尤其如此，若天同與羊陀之一同度，再會諸煞，主災禍、交通事故，天同會火鈴刑，主有人事鬥爭，遭人謀害，以和為貴，見空、劫、耗，不宜海外謀生，流年遇之，

主旅途失財。

八、疾厄宮在卯酉武曲、七殺坐守：七殺與羊同度，主幼年多災病，性情急躁，易怒，主肝病，亦主呼吸系統，肺結核，七殺與羊同度也主腸胃出血或腸胃炎，煞重主瘤，與火星同度為肺病、目疾，武曲煞曜多者，主傷殘，武曲會火星主肺病，須注意其對宮為流年疾厄宮之年限，即不會煞忌，也主呼吸系統較弱，易感冒咳嗽，流月逢之易流鼻血，若會六煞刑，主「一生多災或因病動手術」，尤以武曲七殺多此方面克應，甚主傷殘。

九、財帛宮在辰戌太陽坐守：入廟且日生人見吉曜祿曜，財源豐足不為富論，一般較不利經商，以從事文教、政務、專業、傳媒生意為佳，入廟樂善好施，接濟親友，亦作公益善事，若落陷，主「費心勞力，財來財去」，得祿存能儲蓄。

十、子女宮在巳亥借廉貞、貪狼坐守：易有刑剋，輕則分離，天馬同度拱照，煞重主子女災病早夭，以廉貞化忌最嚴重，或多病破相或遭意外血光，此星系兩代之間不和，有紛爭，見煞忌尤其如此，亦可能子女不孝，利用父母，傷父母的心，若見空、劫、耗，則有敗家子。此星系坐子女宮不以升學主義為主，應多從小培養對藝術、語言的喜好或技藝、技能的學習。

十一、夫妻宮在子午天機坐守：若三方會或天壽同宮，則配偶與自己的年紀有段差距，如未會天壽，配偶亦會與自己的年齡有差距，男命多主妻年長，否則太太需負起家庭責任，表示自己某些方面有所不妥，若在子宮因會辰宮太陰落

陷，主容易感情失誤，最大特色為女性感情失落，即使男命借申宮之同梁安命，乃主妻子或戀人受到傷害，也就是自己是負心的人。女命則是自己任由丈夫或情人擺佈，導致感情有所失落，以上論述是由福德宮，太陰落陷推論出來，三方見煞忌，更加糾纏不休，若天機居午，其福德宮為戌宮太陰旺，即便天機遇煞、忌亦指同梁坐命者，馭夫有術，配偶即使桃花重，仍會對其眷顧不休，午宮天機見火、鈴為勞累、波折，見羊、陀則影響較大，往往是大挫折，如配偶婚外情，自己雖是最後能挽回感情，但不用多久又再出現同樣情形，重覆發生，此為命宮天同、天梁帶苦戀性質。

十二、兄弟宮在丑未紫微、破軍坐守：如父母宮不吉，且兄弟宮有吉曜的結構，恐有缺點，有可能是有異胞手足，與四煞會，主關係不良，口舌紛爭，尤要注意巨門運限，見空、劫、刑有刑傷。

事業財通論：

一般主正職，如有火、鈴、羊、陀、空、劫、忌、陰煞、天虛、劫煞，則同梁好悠閒、享樂之性質，會呈現出來此好逸惡勞之性格，才主求偏財，吉煞並集時，主偏財格局高。乙年生人求正財不利，更遇火、鈴、空劫，則偏財帶有取巧之性，若會桃花雜曜，則經營風月色情行業。丙年生人求正或偏財皆為積極進取，見陀反而行旁門左道，傾向偏財。丁年生人寅比申宮佳，見吉不見煞，不主偏財，見空、劫、天空、旬空、截空、陰煞、天虛，則偏財性質重。庚年生人更會六煞、

陰煞、天虛格局低，有機會選擇偏行，寅比申宮佳，因申宮成羊陀夾忌格，財氣弱且多障礙。壬年生人皆主事業有障礙，得財作風受爭議，有偏財性質。

　　橫財方面，天同、天梁財氣較弱，以財帛太陰入廟化祿為佳，無論天機、天梁、化祿、天同化祿皆主小財，如把握大限流年，可細水長流。

第四節　命宮在卯酉宮

一、命宮在卯酉天府坐守：乃「財帛之庫府」，有保守、穩定之本質，喜百官朝拱，與天壽同宮，主「壽長」，天府在卯酉，其保守之性格受對宮武殺沖，故流於極端，為了保護自己，尋求個人安全感反變成「善謀好詐」，但以見火、鈴、羊、陀為確，尤其更會昌曲化忌、天姚陰煞、天虛，更是偽君子，如見輔弼主忠厚，見昌、曲、科，聰明有毅力，善為人排解糾紛，見魁鉞尤確。若見空、劫、耗，則為空庫錢財無法積存，亦主孤獨，女命尤主六親緣分不足，天府的女命有了家庭會以家庭為重，得六吉、三吉化則女握男權，內外可攻守，是女中豪傑社會強人，若見六煞也不是奸惡之人，只是不夠安全感，不利婚姻，晚景孤獨。

二、父母宮辰戌太陰坐守：入廟、夜生人、上弦月生人為佳，只要不見煞忌，主父母雙全，更見吉曜得父母護蔭之力，尤得母愛，如太陰化忌，不利母親，更有四煞天月、天虛，主「多災病」。

三、福德宮在巳亥廉貞、貪狼坐守：主喜歡享受不喜工作，如廉貞化忌，或貪狼化忌則憂慮不安，操心勞神、失眠等，見煞更確，此一星系福澤淺薄，人心浮蕩、飄泊，見桃花雜曜，性格風流，女命好打扮，非常性感，若有火鈴同度，除主物質生活充沛外，另一面主性急氣躁，若命不吉，要收斂脾氣，否則易有官司或拳腳暴力，招致大厄苦惱，此星系必有太多不好嗜好，見羊陀、忌，言語鄙俗。

四、田宅宮在子午巨門坐守：主業權不穩，常搬遷或得

而復失，祖業不守或不耐久，如有化權、祿，更見四吉，則不斷有物業產權變化，但仍可一直「自置產業」，可在房地產投資，若化忌，主家宅不寧，多爭吵，如會諸煞天刑，不宜置業，易有官非，或家宅不寧，或長久租屋或寄人籬下。

五、事業宮在丑未天相坐守：主退居二位之命，見六吉、三吉化也只宜做老二，不要獨當一面而成為公司之負責人為佳。由於人際關係佳，適合在政治舞台上發展，若會空、劫、耗，宜有一技之長，再見吉曜吉祿，可創辦工廠實業，有龍鳳者宜從事藝術技能，會諸煞，事業起伏，糾紛變化枝節多，宜一技之長。

六、交友宮在寅申天同、天梁坐守：只要不見煞忌，主得益友，下屬也忠誠可靠，有昌曲則私交甚篤，見四吉得朋友之助力，或下屬成就其事業。若天同化忌，主感情受傷，更有陀羅同度，受下屬所累，會火、鈴因友受災，擎羊同度糾紛是非，陀羅同度，主小人暗爭，若見桃花雜曜，主風月之交，有感情波折。此星系其益友及直諫之友，須在自身交友圈中尋找年紀較長之友人方為自身之貴人。

七、遷移宮在卯酉武曲、七殺坐守：主剛克競爭性重，在外人緣不足，易有紛爭，感到孤立，見煞尤確。如武曲化忌，不利海外謀生，易敗破失財，有空、劫、耗更確。如見四煞，淪落他鄉，或客死他鄉，亦有思想消極之慮。此星系有另一涵義不管是否會到魁鉞二星，都有窮途末路遇貴人之涵義，亦即在霉運走到底的時候，會柳暗花明又一村而有所突破，及轉運出現。

八、疾厄宮在辰戌太陽坐守：主血液循環或神經情志方面之毛病，包括了腦功能、思維、情緒、高血壓所引起的頭病，若落陷會羊陀，皆主目疾、眼炎、近視，化忌為眼外傷，此一星系為頭風病及中風、腦血栓塞或腦血管爆裂，引起重症，包括半身不遂、癱瘓，以太陽會化忌，更見諸煞並照為確。

九、財帛宮在巳亥借廉貞、貪狼坐守：主得財困難，宜有一技之長可安身立命，不宜投機，否則敗破，宜腳踏實地，勿貪多冒進，否則因小失大，如會天馬，主金錢流動大，更有祿曜，宜流動生財，如商旅或海員工作，如與火鈴同度，更有貪狼化祿或祿存同度，不見凶曜則為暴發命格，如會空、劫、耗，須防盜賊，在流年逢易有此克應，也可能投資破敗或失業倒閉。若廉貞化忌及羊、陀、空劫，會主「因涉訟破財」刑羊同度更是。貪狼化忌主求財多競爭，勞力費神，如會羊、陀、空、劫、耗，主賭博傾家，與天月同度，更見羊、陀、忌主「因病損財」，但若更有雙祿、火鈴，則經營藥業及保健有關之生意，若見雙祿天馬三吉化，適合以異性商品生財（女孩賣男裝），服務異性行業，若會桃花雜曜，從事娛樂事業。

十、子女宮在子午天機坐守：如有昌、曲、科、天才、龍鳳，始為聰明機巧，如天機化忌，則不是聰明而是狡猾。如會桃花雜曜，主子少女多，但此星不利子女運，如會六煞、天刑皆主無子，但可有女或兒子不孝順，或兒子多災病，刑剋，但男四十女，三十五歲後，生子可免刑剋。

十一、夫妻宮在丑未紫微、破軍坐守：主婚前多波折、破壞、困難，煞刑忌重，主刑剋，包括生離死別，可能早年喪偶或離異。這個星系帶開創及破舊立新之變動性，極具叛逆性，若會煞、忌、刑曜，必屬動盪，主感情多波瀾，婚前、婚後障礙極多。若吉化會輔弼相夾或會上魁鉞，主安定，且可能得配偶或其家人助力，而致事業有成，若會昌、曲亦主安定，但帶矯柔手段，帶桃花性質常主有婚外情，而自己常被蒙在鼓裡。另命宮天府有多妻多夫性質，若再遇桃花曜或輔助吉星更確。但女命稍佳，因女命保守之故，有時男命天府而夫妻宮紫破遇桃花，常代表配偶貌美不一定是桃花，一定要自己命宮又遇煞忌破壞了自己謹慎及堅定本性，再加上夫妻宮有桃花星，則是正妻之外另有情人。如男命天府，星情穩固，不一定是配偶有桃花，可能是配偶有致命的吸引力，逢紫破均帶有分離挫折，無情無義之性質，補救此一缺憾在福德宮，廉貞此一星系是需要呵護照顧之星，如婚姻出現問題，就是其人沒去呵護照顧其伴侶，因此不論男女，天府卯酉守命的人，也會特別需要人的呵護與照顧，凡此星系適宜配年長之妻，唯如此妻子可呵護照顧，丈夫感情反融洽和美。女命要配年長之夫亦同樣意義，女命命宮有陀、火星、煞星同度，主丈夫寵妾滅妻之性質，但若有鈴、羊與天府同度，必主不貞，有婚外情，無論男女皆論之。此星系另一重要特性，如婚前有波折，婚姻才美滿，如未有波折那就表示婚後有一段時間分離，如果配偶是幾番波折爭取回來的，其人一定更加珍惜，如此反叛性已得克應了，或者聚少離多，感情

更濃，女命化解須嫁長十年以上之夫。

十二、兄弟宮在寅申借天同、天梁坐守：主人緣不佳，表面和好，卻有暗爭，面和心不和，見羊、刑彼此興訟，如見六煞、刑會，主手足災病夭折，唯分離少紛爭，但父母宮見昌曲之一，或見魁鉞之一，更有桃花雜曜，始主異胞手足。

事業財通論：

本命格較不主偏財。已年生人利求正財，不過更有昌曲化忌，有巧詐一面。庚年生人可求偏財。壬年生人較不利財運且格局低下，以在卯宮為佳，可見祿存，更有空劫求正行正財，不利有求偏財性質。戊年、甲年生人利於正財不主偏財。癸年生人偏財性質重，以風月、娛樂業為主。

橫財方面，本命格不主橫財，但財帛宮有火、鈴同度，便有橫財，且發可耐久，如有祿曜更確。

第五節　命宮在辰戌宮

一、命宮在辰戌太陰坐守：在辰名「天常」喜與屬金星曜會，若會照三吉化能掌軍機大權，名震四海，此乃「陰精入土」格，在戌宮名為「天助」，為上格，在辰宮如不見吉曜吉化或反見煞曜，事業低落，宜一技之長，除非「陰精入土」格，在戌宮如不見煞曜忌，便有一定的表現，更有吉曜吉化事業格局極大，太陰為財星喜得雙祿，自身化祿或天機化祿，宜零售生意，或天同化祿白手起家，僅為富足，若太陰會化權、科，主「剛柔相應」，但若太陰化權會天機化忌，主多心計，見空、劫、陰煞、天姚，主心術不正，若會昌曲，主「文章秀發」，更見煞忌，反感情受挫，女命尤其如此。若太陰入廟更見昌、曲、鸞、喜，主美艷動人或更有一顆煞曜同度更是明亮動人，會四吉，溫和耿直、瑞莊凝重。太陰見昌、曲主有才華，擅文藝、藝術，如更會龍、鳳、天才，主有藝術技巧。如見鸞、喜、咸池則為「花酒文章」，男女皆以調情為樂，故多異性友人，再見昌、曲、科、天才則為博學多能，如陷宮不利女親，見煞曜忌刑，隨娘過繼，離祖外出，如身宮在遷移亦是如此，如落陷再見六煞刑耗、咸池、天月、天姚，便主性格不良，易誤入歧途，酒色邪淫，女人易墮落風塵，如落陷見三吉化不一定富貴，但太陰化祿更見祿馬則為富裕，如入廟吉化見吉曜為大貴大富，尤其適合經商投資，如入廟可嫁貴夫，但見煞曜格局大減，如落陷會六煞、天刑，主傷夫剋子，家庭生活多欠缺，晚年孤獨，落陷太陰的女命，對情欲期望大，對自由多嚮往，更有昌、曲、

天姚、咸池較多情，對感情不忠，故視為浮蕩。

二、父母宮在巳亥廉貞、貪狼坐守：因屬殺、破狼組合，波動性大，煞氣重，故易有刑傷之事，見化忌尤確，特別是廉貞化忌，不喜會天馬更加浮動，遠離父母不得蔭庇，若有天虛及其他煞曜，父母早喪，如有桃花雜曜，主上一代感情關係複雜。如貪狼化忌落陷更有羊陀，主父母刑剋災病，天月、虛會尤確。

三、福德宮在子午巨門坐守：主「勞心勞力」。見吉也是如此，但勞而有成。見煞則精神壓力大，心境不安，如化忌，主易憂慮，更見煞、天月，主長期失眠，如見火鈴同度，主糾紛，羊同度主口舌，陀同度主自尋煩惱，多憂慮，無福可享。

四、田宅宮在丑未天相坐守：以逢化祿為佳，有祿能置產，有三吉化產業豐厚，天巫同度可繼承祖業，如與空、劫、耗會，有祖業亦難守，如會化忌或成刑忌夾印，主不良克應，天月同度主多病，災、劫、陰煞、天虛同度，主多災，諸煞並見，家宅不寧，與擎羊同度更見忌、刑，主官非，火鈴同度主糾紛，陀羅同度主災禍。

五、事業宮在寅申天同、天梁坐守：屬白手起家型，適大機構或政府部門擔任行政，服公職多有晉升，受人提拔，見昌、曲、科、天刑，利司法或執法者，天同如會六煞，刑耗，則失敗一切從頭開始，若見三吉化主事業鼎盛，如見昌、曲，主文藝文化事業，如出版、寫作，如不見祿，則發展平平，如更有龍、鳳主藝術有關工藝，更遇桃花雜曜，適以異性為

服務對象，如與羊刑同度，主多訟事糾紛，與火、鈴同度，會處事多逆境，宜一技在身，空劫會不適商業活動，以藝術或工藝行業較佳，或有創意生意，如設計印刷之類。

六、交友宮在卯酉武曲、七殺坐守：主多「賣主求榮」之友，以武曲化忌尤確，見空、劫、耗，主利益受侵吞、剝削，如見桃花雜曜，多酒肉之友，吃喝玩樂，如有雙祿、天馬利財運，才主有益友，可因友招財。

七、遷移宮在辰戌太陽坐守：主動不宜靜守，只要不見煞，主出門吉利，適從事在外奔波的職業，如入廟主在外貴人助，得良好機遇，見三吉化更確，如見雙祿、天馬，利經商或專業生財，但單見化祿可能為熱心助人，開銷大，落陷仍利出門，但忙碌，如不見煞曜、空劫忌刑耗，仍可忙中生財，見之不宜出外地打拼，太陽化忌出門不利，見煞曜、天月、虛，有病災，尤以夜生人更確。

八、疾厄宮在巳亥貪狼、廉貞坐守：主生殖系統，輕者遺精、性無能，女命月經痛楚、陰道炎，煞重主生殖系統、癌症，也須慎防性病，男女皆之，若與煞曜會可能有痔病，如廉貞化忌多有出血之疾或腫瘤發生。

九、財帛宮在子午天機坐守：主「財來財去」，吉多可漸漸滾存，如煞多，日漸消磨，無法積存。適從事零售及其他現金交易，或從事物流、交通、運輸等行業，亦可從事文書設計。若有火、鈴、羊，多競爭，陀同度多暗鬥，以巨門或天機化忌尤甚。如見空、劫、耗主耗財，少得多失不利經商，與祿存同度，主有財而遇小人垂涎，或財來去，流入小

人手中。

十、子女宮在丑未紫微、破軍坐守：若更有六煞、天刑主長子、女刑剋或破相、早產，如不見煞，主子女秀出，但性情倔強、高傲，不易駕馭，子女薄待父母，甚至剝削父母，破敗家業，高傲易不行正業多走偏鋒，險者觸犯官司，若見桃花雜曜，主先得女或兒子少，此一星系見四煞天刑為「見多留少」，白髮送黑髮人，或子女早夭，若見六煞，常主一生無子女，或小產或不育，可遲而得子或偏室生子減少刑剋。

十一、夫妻宮在寅申借天同、天梁坐守：有苦戀之意，在寅宮落陷，多有不切實際之行動，故此命運之發展便多波折變化，由配偶安排式之苦戀，如兩地分隔、移民夫妻，或黑市夫人，如申宮同梁之苦戀，主理性、協調之苦戀，如原夫妻在同一處工作，為避開閒言閒語而一人離職。此一星系聚少離多且不利女命。男命主妻子能操勞持家，女命主自己能持家，適家庭主婦，遇上流年大運見此星系，就算有女傭亦會有變化，自己成家庭主婦，操勞持家，女命宜配長夫，男命婚姻較遲，離婚後第二次婚姻比較好，但第二次配偶比第一次配偶年紀大。如命宮會自制之星、昌、刑、空曜、化權，可免去苦戀性質。

十二、兄弟宮在卯酉天府坐守：主兄弟姊妹多，見輔弼主助力大，魁鉞主可依賴，昌、曲有才藝，如會化忌及六煞、刑耗，主「刑剋不和」或手足少或需資助。

事業財通論：

太陰在辰宮為「日月反背格」，如果吉煞並集，有求偏財之性，太陰在戌為「日月並明」格，更會吉曜，不主偏財，正行正業可發，且名利雙收。乙年生人在戌宮，主偏財有成，即得財又得名氣，更會上空、劫、天空、旬空、截空、劫煞、陰煞、天虛，主以欺詐手段謀生。丁年生人為三奇嘉會格，日月並明，利正財，日月反背，利偏財。戊年生人在戌宮，只得虛名虛利，於偏財可建立名氣地位，唯進財艱辛。癸年生人成日月反背格，可遇祿存，可憑頭腦生偏財，即是用腦不用勞力求財。

橫財方面，本命格不主橫財，但財帛宮有火、鈴同度，便有橫財，且發可耐久，如有祿曜更確。

第六節　命宮在巳亥宮

一、命宮在巳亥廉貞、貪狼坐守：主軍、政要人，但須無煞曜，此星系對視覺藝術語言有天分，尤見昌、曲、科、天才及桃花雜曜，更能發揮此方面才華，聲名遠播，但性格放任不羈，有藝術家脾氣，不過在亥宮與陀同度，主「泛水桃花」格，主好色招禍。此星系不宜更見煞曜、忌、天馬，主「四海奔走，風霜雪雨，艱辛異常」，若有火、鈴同度拱照，不會其他煞曜，有驟然而發之，若會六煞、耗、刑、忌、天月，必須得祿否則主客死他鄉，若會天月主病在遷移宮，主染病他鄉，更見四煞尤確。此星系主人圓滑，其昌、曲、科更是如此，易與人相處，但知己不多，與桃花雜曜同度，易吸引異性，女命見煞忌易墮落風塵，因桃花性重，故「紙醉金迷，流連酒色賭博，無所不好」，如見天姚、咸池、耗、刑，加四煞，因酒色賭博有官訟，見天刑官非，見天月，因色生病，見天虛、陰煞、天姚、空、劫、耗，因色受騙，有財帛損失。如見天壽主長壽，若遇羊、陀、忌、天月、天虛，無吉曜，少年多災，命不長，可能因色而遭災。

二、父母宮在子午巨門坐守：主關係不合，口舌紛爭，欠家庭天倫之樂，如有雙祿沒刑剋，父母雙全但仍感情欠和，如見祿又見煞忌，雖得父母經濟上之支應，但兩代之間感情需磨合，口舌紛爭亦多，見祿不一定富有，只是經濟上能支應，見天巫同度可有遺產，如見六煞、刑，主不和紛爭、衝突，沒有倫常，也主父母刑剋，不能雙全，嚴重者，主孤兒院長大或其他親人撫養。

三、福德宮在丑未天相坐守：須看對宮財帛宮之星系才能定其性質，紫破坐守，主不易妥協，努力自己的目標發展，奮力抗爭，此人心直無毒，但見煞流於私心重，如與雙祿會主物質豐足，見輔弼知足常樂，與化忌同度或刑忌夾印，主思緒不寧，見煞尤甚，若會空劫或空劫夾印，主幻想多，或思想超脫，再加上命宮不佳者，生活坎坷，自我設限，是為「福薄」，若會六煞欠缺恆心，欠毅力，無法成就事業，連應付日常生活也感無能。

四、田宅宮在寅申天同、天梁坐守：主「產業有進退」，如見雙祿、天馬、魁鉞可從事物業買賣發跡，如得魁鉞、華蓋、天巫、祿存，主承繼祖業，不得上述星系也可能主庇蔭，如參與家族企業繼承權，在其他兄弟手上，自身不繼承產業，但可居住祖宅中，衣食無缺，如會空劫多為人生漂蕩，一生不置業，常遷動，更有天馬尤確。

五、事業宮在卯酉武曲、七殺坐守：如更有四煞刑忌，利軍警保安工作，否則工作競爭性大多困難。在現代利武職亦宜工廠實業或營業工作，推銷商品及各種服務，如武曲化權，掌經濟大權，化科利財政策劃，化祿利投資經商，見祿馬尤是，會輔弼、六吉，主紀律部隊，擔任高層管理者，化忌者絕對不利經商，以工業實業或武職為宜，如不從事此工作，必進退不決，事業顛簸，會火、鈴、羊，多糾紛，會陀多困難，會空、劫、耗多謀少成。

六、交友宮在辰戌太陽坐守：主替人謀福反遭怨懟，沒煞亦是如此，但主朋友、下屬眾多，自身對他們有幫助但得

不到好感，若落陷更有六煞、天刑則朋友挾怨報恩，以怨報德或陰謀排擠，當太陽化忌，口舌是非便更嚴重，更有四煞紛爭極重，如羊刑同度，會涉入朋友之間官司。若見百官朝拱，則朋友源自各階層眾多。

七、遷移宮在巳亥借廉貞、貪狼坐守：主喜交朋友，人緣廣闊多應酬，交際費心勞神，如貪狼化祿應酬更多，更有桃花雜曜，流於酒色財氣，好風月色淫，遇凶星重重，主凶禍災非，在原居地為佳，遇六煞、忌相會有災厄，見空、劫、耗因財生災，更見桃花雜曜，因酒色生災，不宜流連風月，如見三吉化在外受人尊重，朋友更多，若會羊陀忌同度，主多好賭投機之友，會空、劫、華蓋、天巫、科，多宗教方面應酬，貪狼化祿為人海派大方，受人歡迎，若不見吉曜，主「無事忙碌」，與諸煞、耗會「出門有災」或遭盜劫偷失，見陰煞、昌、曲化忌、天姚、天虛，遭「陰人陷害」，貪狼化忌見昌曲桃花雜曜，主被人奪走戀人或妻子隨友人淫奔，打擊不小。

八、疾厄宮在子午天機坐守：主肝神經系統及精神情志之毛病，也主高血壓、肝炎，嚴重者肝癌、肝硬化或胃痛，主嬰兒時多災病或有驚風之症，女命經血枯少、不準、經痛，煞重凶星多重，主子宮癌或子宮頸癌，見桃花雜曜尤確，若會羊、刑、耗，主因病手術或意外損傷。逢化忌易鑽牛角尖並神經質，或神經衰弱易常失眠，必須注意手足四肢常有傷害

九、財帛宮在丑未紫微、破軍坐守：若無煞曜空劫情況

下，主艱苦變化中進財，勞心傷神，不安穩，見煞忌反勞而虧蝕，不過此星系可得意外之財，但也在流入紫破宮限時，更見六煞刑耗得而復失，未比丑破耗較輕，會輔弼有多方財源，如入天同宮限之流年大限，能得雙祿之助，主財豐。

十、子女宮在寅申借天同、天梁坐守：主有孤剋性質，以第一胎見女為佳，會更孝順且事業有成，見驚喜，女多子少，如天同化忌更有空、劫、火、鈴、羊、陀、天空、旬空、截空、天月、天虛、陰煞、刑，主生弱智子女，若見桃花雜曜，主女兒無子，會化忌尤以太陰化忌，病災極重，會六煞、刑、忌、耗、孤辰寡宿，主孤單。

十一、夫妻宮在卯酉天府坐守：主自己有外遇而配偶皆溫柔體貼，男女命皆是，此星本屬穩定但受對宮武殺之影響，必受外來環境而有變動，基本上與配偶感情穩定，不論男女在婚姻上會有第三者引誘，但能自制適時拒絕婚外情，就不會造成太大問題，此指配偶之克應，但本人則不然，會因自己因結識朋友或在朋友引導之下，有不正常之桃花，雖可能逢場作戲，仍不忠配偶，更有可能婚外情之男友或女友相貌卑俗，僅是貪圖歡愉、激情之感受。

十二、兄弟宮在辰戌太陰坐守：若落陷，主彼此感情有缺點，若化祿主手足有財，可得經濟護蔭，化權受兄弟約束，見吉可依靠，化科主有才學，尤其在姊妹方面。若會空、劫主刑剋、分居或不和，以入廟稍好，若化祿再見空、劫、耗，財氣大減，若化忌見六煞刑剋姊妹。

事業財通論：

　　此命格性質浮蕩，每每事業無根，生性浪蕩，傾向求偏財格局，由於生性風流，性格不羈，若求學階段不努力課業或技職，事業就須經由偏財謀生，會桃花雜曜會激起桃花性質，更有昌、曲，更不務正業，女命傾向賺取風月之偏財。癸年生人命在亥宮，主因色招災，若不從事風月色情之事業反便有此克應。甲年生人主進偏財。丙年生人在亥宮較佳，但格局低。戊年生人有偏財性質，且能大進財。己年生人求正、偏財均能獨當一面。

　　橫財方面，會火、鈴不宜見忌、羊、陀，有橫發之性，見之橫破，發不耐久，於發後求平穩，不可再貪，才有長久財利成果。

第四章　紫微在丑、未宮(論巨門在子午)

第一節　命宮在子午宮

　　一、命宮在子午巨門坐守：此星喜遮擋其他星系光芒，須見入廟之太陽為吉利，其有「口舌是非」、「明爭暗鬥」之星性，巨門化權，主語言權威，故為人師表最為適合，或從事教學演說工作，更見昌、曲、科、天才，說服力更大，在子、午守命，為「石中隱玉」格，必有內在美，須花時間相處觀察，才能發掘，主性格優點及才華，須見化權、祿或祿存方為入格，入格見六吉可「富貴雙全」，若與祿存同度，收入豐厚，但有吝嗇之嫌。若巨門化忌，更見四吉、四煞、祿存則為「幫會領袖」，輕則「口舌連連」，重則「災禍紛紛」，性格方面「多疑少決，舉棋不定」，且不利人際關係，化忌再諸煞並見，主自殺傾向，可能因人事挫折，也主各種災厄。若與四煞相會必引發口舌之爭，人生阻力甚大。此星系是否主「人面目清秀」，須居廟旺且更見吉曜吉化不會煞忌才是。見四吉主「正義感，性情忠厚」，見龍鳳、天才、科，主「專門技能」，見火、鈴「無事奔忙」。巨門羊刑同度，尤以化權，利學法律，與空、劫、火鈴、龍鳳相會，宜「機械」，如羊、刑、天月、昌曲、科會，宜「醫學」或其他醫療專業，若會昌、曲或化忌更有天巫，宜「星相」，女命入廟見吉化，相夫教子，有天福、天壽，主健康長壽，若化忌

必為長舌婦，此星系注意有成就，有財之後不可趾高氣揚，否則命隨運轉恐招致破敗。

二、父母宮在丑未天相坐守：在沒煞曜或惡曜夾宮情況下，主感情和諧，見昌曲，有良好溝通少紛爭，若財蔭夾印尤佳，見天巫有祖業或繼承家族生意，天相星之父母公平公正也較客觀。

三、福德宮在寅申天同、天梁坐守：主「自然安樂」，主命造性格懶惰，依賴心強，萬事有人代勞，不必自己操心，再見四吉依賴更重。可能因種種問題而不能自立，若會空劫、天空、旬空、截空，主心志難於適應世事，若再見魁鉞、忌、陰煞、天虛、月可能是弱智命造。

四、田宅宮在卯酉武曲、七殺坐守：武曲化忌主投資地產失敗或家運不和，多為錢財爭執，七殺遇火羊及鈴陀克應較弱，僅為置產困難，若是火、陀、羊、鈴，則嚴重，若不見煞曜忌，能得祖產，見之即破，見昌、曲化忌，因房地產過戶買賣受騙。

五、事業宮在辰戌太陽坐守：為官祿主，見六吉不見煞主貴至一品，可為事業領導人或門徒眾多，見輔弼主多助力門徒眾多，見魁鉞多提攜機遇、遇貴人，見昌、曲利金榜題名，也利於成名或專業證照考試，以不見六煞才是，以從事公職為佳，或法定機構任管理職，亦適合傳播文教工作，如遇三吉化可為國家棟樑，自身化祿適商業活動，化權適管理工作，化科適專業或學術研究，以廟旺為確，與昌、曲同度，更見四吉、三台八座，具有領導力，並且是社會的改革者，

若落陷皆主辛勞，見吉有成，見凶煞無成，若會空、劫，可從事技藝成名或在網路工廠實業或傳直銷業中創立事業，必須再見吉曜才是。

六、交友宮在巳亥借廉貞、貪狼坐守：若再遇桃花曜，主「多酒色好賭朋友」，於事業上下屬欠助力，如更有煞曜忌，尤其有陀羅亥宮同度，則受他們所累，流連風化而招災，廉貞貪狼化祿，朋友眾多，多交際之友，見吉曜有助力，若化忌遇煞，主和朋友不和，受連累，不宜合作。若會羊刑主官非，會空劫主損財，會陀羅、火、鈴、耗，受手下之人所陷害。

七、遷移宮在子午天機坐守：主變動，不見煞曜忌，利於出門或海外發展，會照巨門「宜外出創業」，若命宮逢煞曜多時，宜原居地，會空劫主破財，會火、鈴主意外或虛驚，會擎羊主口舌，會陀羅主暗爭，如與太陰雙祿相拱照，主得財利經商。

八、疾厄宮在丑未紫微、破軍坐守：基本指生殖機能，及性機能毛病，與擎羊同度主有意外傷害，刀劍金創之傷，亦主開刀手術，亦主脾胃之疾或消化系統，與桃花雜曜會，則主性機能毛病及性病，女命白帶、子宮暗疾，若火星同度主皮膚病，上年紀人主風濕痛症，與地劫同度主胃痛，與地空同度主頭昏或低血壓。

九、財帛宮在寅申借天同、天梁坐守：得雙祿僅富足，白手起家，利經營零售生意，天梁化祿得財，但損及人緣，會六煞不利財運，易有生意倒閉，宜有一技之長，得龍鳳便

擁有技藝優點，若見天巫有繼承遺產或家族事業，此星系白手起家，循序漸發。若會化忌如太陽化忌，主多口舌糾紛、是非，如太陰化忌，會因財生精神上的痛苦。

十、子女宮在卯酉天府坐守：為多子女星系，見四吉主感情深厚孝順，見昌曲，主聰明多才，若會六煞刑，主關係不良，子女「性情倔強」。

十一、夫妻宮在辰戌太陰坐守：以戌宮比辰宮佳，婚前儘管波折多，但婚後一定美滿能白頭偕老，沒有外遇。一切不如意之事都在婚前出現，但夫妻間口舌之爭吵，一定有但不礙婚姻美滿，主配偶性格矯柔不夠爽快，且外貌俊美，會昌曲，更是俊美，落陷尤確。男命太陰與文曲同度為「蟾宮折桂」，夫憑妻貴，再見祿星可因妻得財，若會昌、曲主多妻，其人易受異性所愛，易感情用事，倘見天姚主雙妻之意，大運流年凶煞交併有喪妻之痛，倘再遇昌曲主再娶，太陰化忌主缺乏感情溝通，女命夫宜大四～八歲，另太陰在夫妻宮，主配偶有財，若女命夫妻宮見太陰再見三吉化，則太陰之性質反主自己，除自己擅交際應酬外，更懂持家服侍丈夫，如化忌主配偶離鄉背井，自己則與六親無緣，男命一切性質皆用來說明妻子之特性。

十二、兄弟宮在巳亥廉貞貪狼坐守：重感情、和諧，縱然沒助力也不致結怨。如火、鈴、羊、陀、天刑並見﹅，主「刑剋災病」，分居不和，貪狼主和諧，但各自有私心，助力不足，見四吉才主互相幫助、遊樂，若化祿不見吉，可共富貴，不能共患難，見化忌不合，更有四煞桃花雜曜，則有同父異

母或同母異父之手足，但須見輔弼，若成「火、鈴、貪」格，主兄弟突發但自身未必受益。

　　事業財通論：

　　命宮巨門最喜入廟太陽會照，此稱為「天闕」，求正財以居於子宮為佳，若求偏財午宮為佳，但人緣不佳，是非大，作風受人爭議。丁年生人求正財貧困潦倒，求偏財多風浪，官司牢獄、血光之災等隨之。辛年生人正財有表現，不主偏財，唯更會昌、曲、化忌或同度，主較無道德、不光彩之行業，可走偏財。癸年生人更會六煞，為求偏財命格，若有祿存同度，作風更是激烈，亦有財氣，求正財反坎坷運滯。

　　橫財方面，以巨門化祿或化權、得祿存同度見天梁化祿、天同化祿次之，尤其天同化祿在賭博、賽馬、地下六合彩常可得小橫財，對宮天機化祿亦是如此。

第二節　命宮在丑未宮

一、命宮在丑未天相坐守：此星系以何星系同度或拱照影響深遠，逢吉則吉，逢凶為凶，另夾宮比三方四正更為重要，若為財蔭夾印格，主榮華富貴，祿存與天梁夾宮，亦為財蔭夾印格之破格。刑忌夾印，主刑剋災厄，不利六親破敗之性質，化忌與羊夾宮，祿存與天相同度，弊大於利，天梁亦可化氣為刑，與天梁夾煞氣較減，若化忌與羊、天相同度，雖不是夾宮，但煞氣之大可與刑忌夾印同論，主自身刑傷，體弱多病，身事坎坷，生活拮据，不利人緣，半主孤獨。如更有火、鈴、空、劫、刑耗，主「牢獄之災」，天相見空、劫、華蓋、天巫，主信仰修行，與火星同度，主「感情容易衝動」，此星系不可居最高領導地位，否則進退失據，與祿存同度主偏見、好爭，也主小人傾擠，若天相獨坐，更有羊陀，宜有一技之長，以安身立命，更有鳳閣、天才，其技藝和藝術有關，天相會煞刑忌，尤其刑忌夾印再會煞曜，主「自身殘疾」，或刑剋六親人生孤獨，若天相見雙祿或財蔭夾印格，可增田置產，諸吉並照更不可一世，吉凶星交雜，主「吉中藏凶，凶中藏吉」，須視大限流年變化而定，女命是老二之命，沒有正曜同度，甘讓男人作頭，丈夫當家，但見四吉或財蔭夾印，也主丈夫志，見昌、曲，聰明持重，若成刑忌夾印更有昌曲夾宮，主情欲不得滿足，半生孤獨，因此恐有出家修行之可能，以更見火、鈴、刑更確。

二、父母宮在寅申天同、天梁坐守：主兩代間有意見、代溝、同住一居欠感情，得魁鉞有庇蔭之力，遇昌曲有感情

少代溝，見輔弼、魁鉞主得良好照顧，供書教學，不見煞忌才主「無刑剋」。

三、福德宮在卯酉武曲、七殺坐守：主刑剋會六煞刑，輕者遠離父母，以後有機會相逢，少年祖產破耗或家道中落亦為刑剋一種，如七殺不會火星，但命會火星易遠離父母。

四、田宅宮在辰戌太陽坐守：不作吉論，得得失失反覆不穩定，祖業敗退或退後再自置產業，投資房地產買賣則可趨吉避凶。

五、事業宮在巳亥借廉貞貪狼坐守：主擅長交際，有處理人際關係能力，適合一切處理人事工作，如外交、公共關係，洽談生意，不過也有強烈藝術性，尤其是視覺藝術，亦適合時裝設計、裝潢設計、園景設計、攝影、繪畫行業、手工藝設計或語文能力。見昌曲、鸞、喜尤確。如欲得大權，命宮須會輔弼更見化權科才是。但紫微化權，防弄權。如財帛宮見祿，利商業，不見適文教工作或教育機構行政。如從事武職，以見化忌為確。更見六吉主顯榮，更得祿馬富貴雙全。此一星系亦適合娛樂業，見桃花雜曜尤確。若無桃花雜曜有空劫遇昌曲、化科、天才、龍鳳，宜發明專業，當工藝設計師，但有大耗同度，不主藝術工作，反而破財，以一技之長為佳。

六、交友宮在子午天機坐守：主變化，皆主「有各階段及各方面朋友，但時時變換」，雖有深交，未能有良好助力，見四吉方有助力，與羊同度，主朋友多爭或受其無心牽累，與陀同度，遇損友及遇背叛自己下屬，以天機化忌或與太陰

化忌會，更遇陀、陰煞、天虛、天姚，見昌曲化忌也有此性質，巨門化忌拱照，更有羊同度，更為強烈，天機與火鈴同度，主朋友愈多愈不和，是非多。

七、遷移宮在丑未紫微、破軍坐守：主在外既得貴人扶助，又遇小人，事業有進退，吉非全吉，凶也非全凶，若祿存同度，受小人排擠，與羊同度人緣不利，口角不和，與陀同度，主出門多麻煩，若見輔弼有貴人扶助，與祿馬會，為商人格局，可在外發展。

八、疾厄宮在寅申借天同、天梁坐守：主肝胃氣病或性機能、生殖系統毛病，與羊同度更會天刑，主盲腸炎或一般腸炎，如與羊陀會，主手足或肋骨受傷，若火星同度，主胃癌、腸癌，不過須見太陰，天機、太陽、天同化忌才是，有時為皮膚表面毒瘡、瘤，與空、劫、耗會，主關節肌肉風濕、麻痺、肌肉酸痛。

九、財帛宮在卯酉天府坐守：主善於照顧自己經營所得，不會隨便揮霍，能積穀防飢，若得雙祿財運豐盈，若與祿存同度，命造過分吝嗇，該花錢財而不願意花。天府與輔弼雙祿會，具有大富潛質，且財來自四面八方，得魁鉞求財多機遇，更有昌、曲，主以名求財或名利雙收。與空、劫、耗做生意破敗，如落陷恐有經濟危機，面臨破產，最畏會武曲、廉貞化忌。

十、子女宮在辰戌太陰坐守：主女多子少，先花後果入廟，見六吉祿存、天馬，主子女富裕，若落陷，宜好好照顧和子女間之關係，見六煞型剋重，化忌子女性格狡猾。

十一、夫妻宮在巳亥廉貞、貪狼坐守：以見吉曜為佳，無吉者主離，見六煞忌更是如此，更見天馬，主感情破裂而離異，見廉貞化忌尤確。見貪狼化忌則婚前多波瀾，此一星系在巳亥二宮，易因精神物質引起爭端，加上命宮在丑未兩宮之天相對紫破，容易變成無情無義，配偶可能為娛樂界中人或藝術中人，不管如何，配偶多有艷遇。

十二、兄弟宮在子午巨門坐守：基本性質不和，更見四煞主刑剋，更見鸞喜、咸池、天姚、輔弼，主「異胞手足」。若吉曜吉化也僅主手足有成，但仍有口舌紛爭，要受氣。如會空、劫、耗，主「剝削」，不宜合作生意，如見昌曲化忌，反受利用，為兄弟賣命拚活而自身利益受剝削，如會諸煞，主「是非糾紛」，見孤辰寡宿主孤，自身為獨生子女。

事業財通論：

主性質較弱，一般為副手之命，生意事業宜合夥，讓合夥人冠負責人之名，或幕後金主由他人操作為宜。如財蔭夾印格利正財，而刑忌夾印不利正財傾向偏財，如丁年生人在未宮有羊同度更重偏財。

橫財方面，由於命宮之對宮為紫破，有橫發性質，以辛年生人成財蔭夾印為佳，尤其在丑宮更甚利橫財。

第三節　命宮在寅申宮

一、命宮在寅申天同、天梁坐守：主悠閒清福，見六吉才是主「福厚壽長」，以天壽同度尤是，見四煞反成不務正業，浪蕩人生，會祿存「財福雙美」，悠閒又富足，在申宮性質浮蕩，事業不安定，人生亦不安定，有天馬同度拱照，主「漂蕩」，單身到老或離異而孤單，見孤辰寡宿尤其如此。若天馬更有桃花雜曜，則喜愛享受悠閒，卻不想工作，易沈溺肉慾，就是不見煞曜忌也亦在社會載浮載沈，女命易入風塵，其吉曜吉化性情大方、穩重，但見煞忌變固執懶散，不近人情事故。與羊陀同度，為災難星系，重則有生命之憂，天月同度主大病，天虛同度主一生體弱多病，羊、刑、忌、會主牢獄之災，或觸犯官非，或在黑社會浮沈，與火、鈴同度主虛驚，煞重人生遇挫，有「自殺之念」，須檢視福德宮才是。流年天梁火星同度，再見流煞忌主受火傷，空、劫、耗同度，好遊蕩，無積儲，唯見祿只要不經商，可解財運不濟，勤可補拙，宜有一技之長。會昌曲，可憑文墨維生，見昌、曲、化科、龍鳳，主多才藝，再會四煞皆主孤獨，不利六親緣分，遇太陽入廟，則減輕，若不見吉曜，三吉化為浮蕩，更有空、劫、耗，則身負重債，一方面又流於逸樂，易受物慾引誘，不安於室。女命婚姻不幸，易流入風塵，晚運不吉，女命會昌曲同男命，可在文化界、傳播發展，多吉化則成專業人士、研究員、教授。

二、父母在卯酉武曲、七殺坐守：基本為「感情不和」煞曜忌多主刑剋父母，如父母在幼年時多病痛或事業不順或

家道中落，嚴重者自己成孤兒，如過繼或不同住可免刑剋，即使無煞曜，與父母關係較冷漠。

三、福德宮在辰戌太陽坐守：主動熱烈，性情外向樂於助人，喜歡熱鬧，參與群體活動，多社交生活。入廟旺更有六吉，主好動可獲滿足，反之落陷，見煞忌，徒然忙碌感到辛苦，凡在戌宮，即便不見煞也主忙碌，若得吉曜有成或享受忙碌樂趣，女命坐守，福德宮可得熱情夫婿，享快樂原因分兩方面，生理而言，她對性欲有健康興趣；在現實方面，遇上能滿足她之男人，如魚得水。見六吉尤確。不過更見桃花雜曜，則性欲強烈，如夫妻宮不吉，可能夫婿身體無法負荷，或因性欲過盛而經不起外誘，有數度婚姻及婚外情。

四、田宅宮在巳亥借廉貞、貪狼坐守：和六煞刑忌會，主「酒色賭博，或其他不良嗜好、破產、負債、拍賣土地房舍」，若化忌不宜再見六煞，主因「產業而生災禍」，廉貞化忌，羊刑同度，主樓房興訟，貪狼與火星同度，主火燒星系以流年遇之為確，更有流羊、陀、沖為原局大限之羊陀才是，而流耗亦會入田宅宮，與鈴星同度亦同，貪狼與祿存同度，更見三吉化主產業豐厚，但必須自置，見天巫同宮主繼承，若有鸞喜，主樓房美觀，有裝飾家居心得，見龍鳳尤確，若見煞、忌，主「多散少聚」，人口漸漸稀少，化忌主競爭，與鄰里關係不睦，嚴重引起官司。

五、事業宮在子午天機坐守：基本性質為事業變動，不守一業以致歲月蹉跎，中晚年無成，潦倒不堪，應減少不必要之變動，若有化權則較安穩，見輔弼多兼業兼職，從事多

門生意，不見煞曜忌也主發展良好。如會昌曲，主文采，適文化業，如出版、傳播或文字創作。如與天月同度，與醫學、醫藥有關，如中醫師、物理治療師、護士等，或此類專業編輯，若見昌、曲、化科、天巫、華蓋、空劫，利風水堪輿或此類文字出版或傳授技藝，如見天機化科、太陰化祿、天同化權，適政府部門，如得三吉化昌、曲、龍鳳、魁鉞則宜自由業，客戶之變化，而本身不變，如遇四煞，主職業變化快，適無根流動職業，如小販、船員。會空、劫、耗以受薪為宜或一技在身為佳，避免投資，可考慮兄弟、夫妻合夥，但仍不宜從事金融、地產代理，股票、證券、期貨，否則貧困。

六、交友宮在丑未紫微、破軍坐守：會諸吉，雖下屬有能且擁護，但卻容易結束關係，助力不長久，稍見煞曜易交上惡友，多煞易受損友引誘，誤入歧途，如會空、劫「因友破財」與陀同度，為友之事出頭遇麻煩，如有陰煞、天月、天虛，可能代友出頭而受騙，如財務保人，如有桃花雜曜，主捲入友人桃色糾紛中，或受異性友人所累，或交上好色友人流連風月惹禍上身，如會昌曲化忌，主受騙，貪狼化忌，朋友成為自己最強的競爭對手，廉貞化忌主意氣之爭，傷了感情而動干戈，會武曲化忌，因損財而動干戈。

七、遷移宮在寅申借天同、天梁坐守：主和諧安寧，不奔忙，除得清福外，在外遇困難及需幫助時，可得貴人扶持，更見魁鉞尤確，但見六煞主孤獨，在申宮更見天馬，不宜在海外謀生，主「東奔西跑，勞碌多忙」，更有六煞耗，則辛勞招災破敗，天梁化祿利經商謀生，化權在外受人尊重，化

科利海外升學，若見煞曜，生活不順失意，天同化忌，主感情受傷，會火鈴出外有災，會擎羊爭奪，會陀羅遭遇小人陰謀，天同會羊口舌紛爭，會陀多煩惱，受小人侵吞剝削，更有忌、陰煞、天虛尤其如此，若天同與羊陀之一同度，再會諸煞，主災禍、交通事故，天同會火鈴刑，主有人事鬥爭，遭人謀害，以和為貴，見空、劫、耗，不宜海外謀生，流年遇之，主旅途失財。

八、疾厄宮在卯酉天府坐守：主胃病或腳氣、黃腫、鼓脹，當對宮七殺與天刑同度主外傷，會華蓋、天才，主反胃或虛驚。若會武曲化忌，主肺部上呼吸道感染。

九、財帛宮在辰戌太陽坐守：入廟旺財氣更旺，以自身化祿為佳，雙祿齊更為大吉，若會天梁化祿，進財有紛爭，不宜商業，宜專業求財，得輔弼，主財源多方面，見昌曲可以名生財，名愈大財愈旺，見魁鉞多進財與進展的機會，不喜空、劫、耗會，主破耗，或盜賊之意，或生意不景，收入減少或倒閉失業，見昌、曲化忌，並有陰煞、天姚、劫、煞主受騙，與四煞會，主因財糾紛。

十、子女宮在巳亥廉貞、貪狼坐守：易有刑剋，輕則分離，天馬同度拱照，煞重主子女災病早夭，以廉貞化忌最嚴重，或多病破相或遭意外血光，此星系兩代之間不和，有紛爭，見煞忌尤其如此，亦可能子女不孝，利用父母，傷父母的心，若見空、劫、耗，則有敗家子。此星系坐子女宮不以升學主義為主，應多從小培養對藝術、語言的喜好或技藝、技能的學習。

十一、夫妻宮在子午巨門坐守：一切以和為貴，可減少家庭紛爭，如化忌口舌更重，女命嫁夫年長八歲以上，男命娶年少八歲之妻子，或長三歲之妻子可趨吉避凶，見煞必有事端，更見孤辰寡宿，主孤，離異、死別。此一星系在女命是感情困擾之星，男命則是離家浪蕩之星，如飛行員、船員或長期待在海外，感情可趨吉避凶，聚少離多，如巨門得三吉化會配偶的名氣成就高於自己，男命娶女強人，子宮比午宮佳，若輔弼在命、夫妻宮，夫妻會生離且時間甚久，但並不影響感情，可破鏡重圓，凡巨門入夫妻宮，主配偶手腳毛一定長。如會火而不見空曜，背部有紅色痣或胎記色為咖啡，如會昌、曲腳毛稀疏但痣仍有，如昌、曲化忌同度，配偶多雀斑，或多斑痕（暗斑舊痕），見煞，臉部凹凸不平，巨門天刑見四煞，以不舉行婚禮或同居為宜。

十二、兄弟宮在丑未天相坐守：主彼此和諧，喜弼輔會或夾宮，主數目多，天相獨坐，對煞曜抵抗力弱，故見煞刑、忌，主「刑剋六親無靠」，以刑忌夾印更甚，與空、劫、耗會，主孤獨外也受手足所累破財，不喜祿存同度，主兄弟如小人及自私。

事業財通論：一般主正職，如有火、鈴、羊、陀、空、劫、忌、陰煞、天虛、劫煞，則同梁好悠閒享樂之性質，會呈現出來此好逸惡勞之性格，才主求偏財，吉煞並集時，主偏財格局高。乙年生人求正財不利，更遇火、鈴、空劫，則偏財帶有取巧之性，若會桃花雜曜，則經營風月色情行業。

丙年生人求正財或偏財皆為積極進取，見陀反而行旁門左道，傾向偏財。丁年生人寅比申宮佳，見吉不見煞，不主偏財，見空、劫、天空、旬空、截空、陰煞、天虛，則偏財性質重。庚年生人更會六煞、陰煞、天虛格局低，有機會選擇偏行，寅比申宮佳，因申宮成羊陀夾忌格，財氣弱且多障礙。壬年生人皆主事業有障礙，得財作風受爭議，有偏財性質。

　　橫財方面，天同、天梁財氣較弱，以財帛太陰入廟化祿為佳，無論天機、天梁、化祿、天同化祿皆主小財，如把握大限流年，可細水長流。

第四節　命宮在卯酉宮

　　一、命宮在卯酉武曲、七殺坐守：三方見廉貪同度，更有祿馬、輔弼、魁鉞，主身體肥胖有氣魄與膽識，英雄末路遇貴人，在運限大凶時，形勢不利，可遇貴人否極泰來。此星系煞氣重，且落陷如化忌或遇四煞，天刑大耗有「木壓雷驚之災」，多為墜物所傷，樓房倒塌或觸電。若與火星同度，雖為意外災禍，但遇貪狼有橫發之性，但發不耐久。更見忌耗則遭盜賊搶劫。由於煞氣重，除非從事武職，否則不宜更有擎羊同度，易動槍、刀，更有空劫不利財，易為財而動干戈，或為盜匪觸犯刑法。喜見祿曜，不喜與祿存同度，主性格不善，損人利己致富，若見四吉，擅於統領，管理軍隊能力強，也利財經、銀行、金融業，若會昌曲對財經判斷及知識更強，能管理大機構，但僅見昌、曲不見四吉，流於優柔寡斷，欠缺金融投資見解，但可當文人，從事文化出版、教育、編輯採訪（金融經濟、汽車資訊）佳，遇輔弼「外剛而內忠厚」，品行良好，能得人緣，武曲化忌不利財運，主事業起伏，但利用金屬利器生財，則不一定事業失敗，適屠夫、軍警、工業實業，保安，不喜空劫會，再見六煞，則焦頭爛額，不可收拾。會四煞宜一技之長，否則生活艱苦，事業難成，武曲化忌主「壽元夭短」有意外血光之災，更見六煞刑尤甚。女命無論會吉煞曜，均對婚姻不利，得四吉可為女中豪傑，但婚姻會更不利。會三吉化天刑，可因軍警成為「社會聞人」，利武職。

　　此星系主幼年離開父母或父母感情不佳，亦不利婚姻，

難結異性，晚年欠子女緣，此星妻奪夫權，女命見忌或會煞曜，事業、人生婚姻皆不利，如武曲化忌會桃花、昌、曲主行為浮蕩，私生活放任。如見三吉化及天刑可以自律，事業有成，但在潛意識仍喜挑逗男人。男命武曲化忌遇上昌、曲、桃花，防因色招災，中年後流連風月或包二奶，此星系性格剛烈、孤剋，人生孤獨，六親緣不足，在心靈上會感到空虛，不見煞見吉也不例外。對宮天府多些吉照，能使性格較柔和，人生也較安定，如與六煞、天刑、化忌會，尤以武曲、廉貞化忌，常主肢體傷殘，見雙祿利經商，以工業實業為宜，與昌、曲科會，利工業科技專業，如能得祿，性格也較柔和或外剛內柔，七殺一生中必有一次大破敗，有祿，敗後能有經濟再捲土重來，若會六煞、刑忌，除自身傷殘或死於意外，金創刀劍，性格剛愎自用，行事手段激烈，人際關係不良，多行惡業致以惡報。女命最忌夫妻宮多煞凶星，否則人生坎坷，心靈空虛，女命曲、殺亦可擔任軍警高層。

　　武曲、七殺見輔弼、文曲、天鉞、八座、天貴，易生畸戀或橫刀奪愛，見兩三顆即會發生。武殺居命，天相對紫破居夫妻此為自殺星系，可能因畸戀或橫刀奪愛，而自殺殉情，如鈴星坐守，再逢羊火尤確。

　　二、父母宮在辰戌太陽坐守：以入廟為佳，主關係良好，以不見六煞尤確，若會吉曜輔弼，主父母能負照顧之責，魁鉞主得雙親提拔，尤其指教育方面，會昌曲，兩代感情佳，尤其父愛，以上均以日生人而言，若見六吉，更有祿馬，主父母「富貴」，如太陽化忌，或更有四煞，則刑剋父親，多

病痛或事業不順。

　　三、福德宮在巳亥借廉貞、貪狼坐守：主喜歡享受不愛工作，如廉貞化忌，或貪狼化忌則憂慮不安，操心勞神、失眠等，見煞更確，此一星系福澤淺薄，人心浮蕩、飄泊，見桃花雜曜，性格風流，女命好打扮，非常性感，若有火鈴同度，除主物質生活充沛外，另一面主性急氣躁，若命不吉，要收斂脾氣，否則易有官司或拳腳暴力，招致大厄苦惱，此星系必有太多不好嗜好，見羊陀、忌，言語鄙俗。

　　四、田宅宮在子午天機坐守：主變，除非從事炒賣投機事業，否則不宜多變性質，祖業退去，自置又失去，如見輔弼、化權較穩定，若天機化忌，愈變愈壞，大屋變小屋，小屋變租屋，如會天馬變化更快，若得雙祿可在變換中積聚財富，但與祿存同度更見火、鈴忌，主與鄰紛爭，常因物業而糾紛，落陷常與吵嗓居住環境有緣。

　　五、事業宮在丑未紫微、破軍坐守：具備管理能力，財帛廉貞化祿和祿存同度，則可名利雙收、大富貴，須無煞曜。此星系較不穩定，成中有敗，多波折，若會吉無煞忌，可在起落中漸進升，若多見煞，則不安定，有破敗之厄，若化權更會四煞尤忌弄權，否則弄巧成拙，若會空劫耗，一生事業多破耗，但宜從事工廠實業來成就事業，做他人不敢做之事反可以有成。

　　六、交友宮在寅申借天同、天梁坐守：只要不見煞忌，主得益友，下屬也忠誠可靠，有昌曲則私交甚篤，見四吉得朋友之助力，或下屬成就其事業。若天同化忌，主感情受傷，

170

更有陀羅同度，受下屬所累，會火、鈴因友受災，擎羊同度多糾紛是非，陀羅同度，主小人暗爭，若見桃花雜曜，主風月之交，有感情波折。此星系其益友及直諫之友，須在自身交友圈中尋找年紀較長之友人方為自身之貴人。

七、遷移宮在卯酉天府坐守：主「出外得福」遇貴人，遇雙祿得財，遇魁鉞有貴人，與陀陰煞同度，主陰謀，受小人侵吞，與火星同度，主出門遇意外損害，或交通事故，與羊同度人際關係不良，更見天刑不犯官非，此為例外，天月同度防海外染病。

八、疾病宮在辰巳太陰坐守：主腎、生殖系統、性機能，若與六煞、刑會，以糖尿病、水腫為常見，與桃花雜曜會或入貪狼、廉貞、疾厄流年宮度，主縱慾引起腎虛，女命主性冷感。

九、財帛宮在巳亥廉貞、貪狼坐守：主得財困難，宜有一技之長可安身立命，不宜投機，否則敗破，宜腳踏實地，勿貪多冒進，否則因小失大，如會天馬，主金錢流動大，更有祿曜，宜流動生財，如商旅或海員工作，如與火鈴同度，更有貪狼化祿或祿存同度，不見凶曜則為暴發命格，如會空、劫、耗，須防盜賊，在流年逢之易有此克應，也可能投資破敗或失業倒閉。若廉貞化忌及羊、陀、空劫，會主「因涉訟破財」刑羊同度更是。貪狼化忌主求財多競爭，勞力費神，如會羊、陀、空、劫、耗，主賭博傾家，與天月同度，更見羊、陀、忌「因病損財」，但若更有雙祿、火鈴，則經營藥業及保健有關之生意，若見雙祿天馬三吉化，適合以異性商品生

財（女孩賣男裝），服務異性行業，若會桃花雜曜，從事娛樂事業。

十、子女宮在子午、巨門坐守：兩代不和，主刑剋長子，不是幼年災病，即是早夭、早產或帶傷殘，見煞忌尤確，女兒不剋，若三十五歲後生子可免長子之剋，若會六煞，可能一生無子，若化忌，更見空、劫、耗，因子女多災病而破財，若化祿更有祿存，四吉子女帶財，或子女富貴但感情未必佳，見祿可減少刑剋。

十一、夫妻宮在丑未天相坐守：主由頭恨到腳的那一種，男命主妻奪夫權，入贅也是，若命宮化忌會離異，若命宮武曲化祿不主離婚，但可能精神上離婚，如天相會六吉，尤以昌曲，主配偶外遇，不管如何，男主得賢內助，可能心不在身邊，但仍是賢內助，趨吉避凶，男宜幼配八到十二歲，女宜長配八至十二歲。此一星系主年紀有一大差距，如果妻年紀比夫大，婦奪夫權意義也消失，此星系男命比女命佳，主配偶願居於從屬地位，讓男人作頭，女命夫妻宮天相，主丈夫腰骨力、責任心不夠，女人當家。男命更有鸞喜，主妻容貌美麗，另一特色，此星有「親上加親之意」，以見吉曜為確，若刑忌夾印，主口舌不和，更有天月，並見煞曜，主「多病多憂」，及刑剋分離孤獨，見孤辰寡宿更確，且主娶嫁傷殘配偶。

十二、兄弟宮在寅申天同、天梁坐守：主人緣不佳，表面和好卻有暗爭，面私心不和，見羊、刑彼此興訟，如見六煞、刑會，主手足災病夭折，唯分離少紛爭，但父母宮見昌

曲之一，或見魁鉞之一，更有桃花雜曜，始主異胞手足。

事業財通論：

武、殺，性剛烈，遇剛則折，正行以實業、工藝、武職佳，見煞忌才走偏財路線。甲年生人為三奇嘉會，正偏財皆可獨當一面，但因羊陀會更加強了武殺性剛，若更會火鈴，作風激烈，得財卻多風波，人際關係差，因此招災，如血光之災，官司詞訟。己年生人利財運，為吉中藏煞，有偏財性質。壬年生人，卯宮優於酉宮具偏財性質，若再有火、鈴同度相會，防發不耐久，橫發惹禍。

橫財方面，殺、破、狼三方得火、鈴不論在命、事、財皆主橫財命，只是須防橫發後暴敗，發不耐久。

第五節　命宮在辰戌宮

一、命宮在辰戌太陽坐守：在辰宮為「天爽」，主少年得志名利雙收，在戌宮為「天樞」，可藏名而得利，見雙祿尤富，但在此宮若陷易得眼疾再逢忌。見天馬、雙祿利經商發達，不過人格不見得高尚，入廟面色紅潤或帶紫紅，午宮身軀高大，陷宮中矮身型，若陽化忌更有火、鈴、羊、陀，主眼睛不對稱之情況，居廟旺之男命性格具爽朗之性，亦有溫柔之心，對其他人仁慈，胸懷曠達，不失君子風度，生性聰明，不見昌、曲科，亦是如此，見之有大智慧，如入廟見吉曜，從事公職從政最理想，經商的成就則次等，若化忌不利父親及雙目，有火同度尤確，且情緒暴躁，若會四煞橫發橫破，貴不能久，富不能長，火鈴同度多挫敗，與擎羊同度多紛爭困擾，與陀羅同度多暗爭，以落陷尤確。魁鉞夾宮辰宮有貴氣，但戌宮更見雙祿、天馬適從商，女命與男命同，具爽朗不拘之個性，心直無毒，但缺乏女人魅力。入廟見昌、曲科增加智慧，會天福增福澤，會輔弼增慈祥、寬宏大度的情操，在戌宮主多進退，性情躁急不穩定，與火同度尤確，皆主性剛率直，人緣不夠做事不夠圓滑，性情天真，感情用事。更見鈴、羊、陀，因個性惹來大麻煩、波折，若又同時化忌，更因感情誤事，包括受人拋棄，愛人見異思遷，因妒成恨，來個兩敗俱傷玉石俱焚，手刃情人自殺等，女命化忌，與男親無緣，更遇煞曜，早成寡婦，或夫長期患病不順，中晚年常有白髮送黑髮人之事。須遲婚或繼室、偏房為佳，若會六煞、刑，「在家修行或獨身服務社會者」，受人敬佩，

以入廟尤確，會空劫，多出塵思想，會鈴、羊陀，性格較嚴肅，不擅男女調情，多寄情社福慈善事務，落陷之女性，如入破軍宮運限流年恐非禮成婚或奉子成婚。

二、父母宮在巳亥借廉貞、貪狼坐守：因屬殺、破狼組合，波動性大，煞氣重，故易有刑傷之事，見化忌尤確，特別是廉貞化忌，不喜會天馬更加浮動，遠離父母不得蔭庇，若有天虛及其他煞曜，父母早喪，如有桃花雜曜，主上一代感情關係複雜。如貪狼化忌落陷更有羊陀，主父母刑剋災病，天月、虛、會尤確。

三、福德宮在子午天機坐守：主機變靈活，不拘一格，和昌、曲、科、天才會，心思不受傳統所拘束，又不屬反叛。心思多變化，對事務沒固定喜好，學問多學也博而不專，如見六煞，學而無成，天機化忌如見煞多，每主自尋煩惱，神經質，精神壓力大（精神病患及不堪壓力而厭世者），如煞少也主心思多慮，做事拖拉欠效率，常服安眠藥，與羊、陀同度，與天機化忌類似，只是程度較輕，若僅見火、鈴、空、劫、刑耗，則「奔波勞碌，心煩福薄」，再見吉，則忙中而有成。

四、田宅宮在丑未紫微、破軍坐守：主房地產有變動，見吉、雙祿可積聚增加，無吉曜，祖業退去，若會羊、陀、忌，主「財產發生糾紛官訟」，或與公司常有糾紛，被逼離職，或有官司，見雙祿宜購高地或擇半山區而居，或住大樓高層或從事物業投資為佳。與火同度，更有羊、陀、空、耗，主有火災之驚，流年遇之則克應。

五、事業宮在寅申借天同、天梁坐守：屬白手起家型，適公民營機關或政府部門擔任行政，服公職多有晉升，受人提拔，見昌、曲、科、天刑，利司法或執法者，天同如會六煞、刑耗，則失敗一切從頭開始，若見三吉化，主事業旺盛，如見昌、曲，主文藝文化事業，如出版、寫作，如不見祿，則發展一般，如更有龍、鳳，主藝術有關工藝，更遇桃花雜曜，適以異性為服務對象，如與羊刑同度，主多訟事糾紛，與火、鈴同度，處事多困頓，宜一技在身，空劫會不適商業活動，以藝術或工藝行業較佳，或有創意生意，如設計印刷之類。

六、交友宮在卯酉天府坐守：主相交滿天下，交友廣闊，但會小心擇友或保持距離，遇三吉化得朋友助力，見雙祿，主朋友忠誠，若見六煞，受小人之禍，受侵吞迫害，最忌空、劫、耗，把財氣空掉，受下屬偷盜侵吞損失，更遇武曲、廉貞化忌，最嚴重。會四煞刑遭人以德報怨，就是見六吉也無法改變此一性質。

七、遷移宮在辰戌太陰坐守：入廟旺，主相交滿天下，朋友眾多，來自各個階層，吉曜尤佳，見四吉，出外有貴人扶助，得昌曲，他鄉有名氣，落陷，君子少小人多，見煞忌，每為小人侵吞受拖累，見火羊會，辛勞沒有結果，見鈴陀主小人侵吞，見空劫，破財不利投資，大耗同度尤確。化忌不利事業發展，在外不宜投資，投機取巧更易敗破，更有陰煞、天虛、天姚，主在外謀生手段遊走邊緣，受人非議，若見四煞生災，此星居遷移雖不喜與人鬥爭，但命、福德宮性格強硬時，不表示不能鬥爭。

八、疾厄宮在巳亥廉貞、貪狼坐守：主生殖系統，輕者遺精、性無能，女命婦女病、月經痛楚、陰道炎，煞重主生殖系統癌症，也須慎防性病，男女皆之，若與煞曜會，可能有痔病，如廉貞化忌多有出血之疾或腫瘤發生。

九、財帛宮在子午巨門坐守：「主勞神費力」、「靠腦袋」求財，從事教學、傳播、寫作、策劃等腦力工作為宜，見三吉化、六吉曜、祿、馬，可開創事業有成，白手起家，不見僅足「糊口維生」，但切記，得財之後，「趾高氣傲」，財帛露餡，會因人事不和而削弱財氣後運不佳，千萬不可財大氣粗，為破敗之兆，若子女宮不吉，見空、劫、耗，主為「子女破耗」。若與羊同度適商業活動，多競爭。與陀同度，財帛遲得靜心忍耐，若會羊陀更有火、鈴、刑、耗，因財涉訟，若會火、鈴、空、劫、耗則遭奪財，或災損財（兵災、火災、盜劫）。

十、子女宮在丑未天相坐守：主關係和諧，若為吉曜所夾，其三方更有吉曜對星，以在丑宮曲、昌夾宮，而沒諸煞會，主雙胞胎克應，其六煞或刑忌夾印主刑剋。

十一、夫妻宮在寅申天同、天梁坐守：有苦戀之意，在寅宮落陷，多有不切實際之行動，故此命運之發展便多波折變化，由配偶安排式之苦戀，如兩地分隔、移民夫妻，或小三情人，如申宮同梁之苦戀，主理性、協調之苦戀，如原夫妻在同一處工作，為避開閒言閒語而一人離職。此一星系聚少離多且不利女命。男命主妻子能操勞持家，女命主自己能持家，適家庭主婦，遇上流年大運見此星系，就算有女傭亦

會有變化，自己成家庭主婦，操勞持家，女命宜配長夫，男命婚姻較遲，離婚後第二次婚姻比較好，但第二次配偶比第一次配偶年紀大。如命宮會自制之星、昌、刑、空曜、化權，可免去苦戀性質。

十二、兄弟宮在卯酉武曲、七殺坐守：基本性質為「不和睦」，化忌更嚴重，不利合作生意，若六煞並照，主孤薄，為獨生子女。

事業財通論：

命宮太陽在辰宮為「日月並明格」，走正行順遂，名利雙收，在戌宮為「日月反背格」，適求偏財進展快，易有突破機遇。甲年生人戌宮安命，得財易遭非議。戊年生人更會火、鈴、空劫為偏財之格，但福不耐久。庚年生辰宮坐命，財氣旺，辰宮宜走正財，戌宮財氣弱，可行偏財。辛年生人見刑諸凶星，有偏財傾向，但注意流年官司運。

橫財方面，辰宮比戌宮佳，太陰化祿或會巨門化祿優等，天梁化祿亦有橫財運較小，只是天同化祿財氣弱，常發小財，大財不多，有機會。

第六節　命宮在巳亥宮

一、命宮在巳亥借廉貞、貪狼坐守：主軍、政達人，但須無會煞，但此星系對視覺藝術語言有天份，尤見昌、曲、科、天才及桃花雜曜，更能發揮此方面才華，聲名遠播，但性格放任不羈，有藝術家脾氣，不過在亥宮與陀同度，主「泛水桃花」格，主好色招禍。此星系不宜更見煞曜、忌、天馬，主「四海奔走，風霜雪雨，艱辛異常」，若有火、鈴同度拱照，不會其他煞曜，有驟然而發之，若會六煞、耗、刑、忌、天月，必須得祿，否則主客死他鄉，若會天月主病在遷移宮，主染病他鄉，更見四煞尤確。此星系主人圓滑，其昌、曲、科更是如此，易與人相處，但知己不多，與桃花雜曜同度，易吸引異性，女命見煞忌易墮落風塵，因桃花性重，故「紙醉金迷，流連酒色賭博，無所不好」，如見天姚、咸池、耗、刑，加四煞，因酒色賭博有官訟，見天刑官非，見天月，因色生病，見天虛、陰煞、天姚、空、劫、耗，因色受騙，有財帛損失。如見天壽主長壽，若遇羊、陀、忌、天月、天虛，無吉曜，少年多災，命不長，可能因色而遭災。

因命宮無主星借，廉貞、貪狼坐守，而福德宮為紫破對天相，為一自殺星系，此格局易做出一些自己意想不到的衝動之事，很可能因畸戀，及橫刀奪愛之事自殺殉情，當廉貞、貪狼會祿星而無天馬，更有沈溺愛情不能自拔之性，若與鈴星同度，再會羊、火尤確，會衝動輕生。

二、父母宮在子午天機坐守：兩個基本性質，一則「遠離父母」，二則「刑剋」，如會六煞刑，不能享父母庇蔭照顧，

自幼寄人籬下，甚至在孤兒院長大，會天馬分離更烈，幼年離家，若有六吉曜，分離不見得是壞事，可能父母常在外工作，或自己海外求學，長大婚後可能住在妻室家中，天機會天馬的父母可能為海員、飛行員、工作日夜顛倒、商旅奔波全球。

三、福德宮在丑未紫微、破軍坐守：主「苦勞心力」得吉化，主行動積極、勇敢、剛毅，能自我陶醉，自得其樂。會四煞，主煩惱、不安定，也愛刺激與新事物，見吉多創意。此星系性格高尚自尊心強，不易屈服人。若命宮三方不利，主性格強烈，運途不濟，若會六吉曜，福深，品味高雅，若會昌、曲，更有桃花雜曜，主風流好色，與陀同度，自尋煩惱，多與名聲、名譽有關，更有桃花雜曜，為情欲及不能說之倫常之事煩惱，更見火、鈴、空劫，人生不順遂，會忌多憂慮，會武曲化忌為家庭經濟，會廉貞化忌為感情倫常，會貪狼化忌更見空、劫、耗，為財、事業競爭，如見桃花雜曜，也是為情欲。見昌、曲、化忌，因心術不正意謀不法而憂。

四、田宅宮在寅申借天同、天梁坐守：主「產業有進退」，如見雙祿、天馬、魁鉞，可從事物業買賣發跡，如得魁鉞、華蓋、天巫、祿存，主承繼祖業，不得上述星系也可能主庇蔭，如參與家族企業承繼權，在其他兄弟手上，自身不繼承產業，但可居住祖宅中，衣食無缺，如會空劫，多為人生漂蕩，一生不置業，常遷動，更有天馬尤確。

五、事業宮在卯酉天府坐守：此星系保守，欲有事業發展，須見三吉化及祿馬，及六吉曜方才有好成就，但也不適

開創嶄新事業，而須在現成事業上漸漸發展，因田宅與本命宮成「府相朝垣」格，更得諸吉曜能成大格局，若天府會空、劫，儘管魄力大，但不利財運，宜從事「工廠實業方面」，會四煞，盡可能避免在生意上與人結怨，以和為貴，否則多人事方面波折、紛爭，天府化科主有財帛信用，適信貸、財務、保險工作。

六、交友宮在辰巳太陰坐守：居廟旺，相交滿天下，多益友，陷宮，易交小人，益友以見四吉為確，小人以見化忌、陀羅、陰煞、天虛、天姚為確，若太陰化忌或見昌曲化忌，主損失受累，引誘誤入歧途，或小人陷害，會空、劫、耗，因友破耗再見煞曜，身邊有小人，見火、鈴，較輕傷害，僅增加困難，見羊陀有小人。

七、遷移宮在巳亥廉貞、貪狼坐守：主喜交朋友，人緣廣闊多應酬，交際費心勞神，如貪狼化祿應酬更多，更有桃花雜曜，流於酒色財氣，好風月色淫，遇凶星重重，主凶禍災非，在原居地為佳，遇六煞、忌相會，有災厄，見空、劫、耗，因財生災，更見桃花雜曜，因酒色生災，不宜流連風月，如見三吉化，在外受人尊重，朋友更多，若會羊陀忌同度，主多好賭投機之友，會空、劫、華蓋、天巫、科，多宗教方面應酬，貪狼化祿為人海派大方，受人歡迎，若不見吉曜，主「無事忙碌」，與諸煞、耗會，「出門有災」或遭盜劫偷失，見陰煞、昌、曲化忌、天姚、天虛，遭「陰人陷害」，貪狼化忌見昌曲桃花雜曜，主被人奪走戀人或妻子隨友人淫奔，打擊不小。

八、疾厄宮在子午巨門坐守：主消化系統，脾胃毛病相互影響，及呼吸系統較弱，若見羊、陀、忌刑，主胃癌，再見天虛、大耗為陰疽，指受感染腐爛腫脹，這個星象在原局疾厄宮，在流年疾厄宮遇武曲化忌、火星時，主肺病。如會雙祿主消化系統、飲食引起之胃痛。

九、財帛宮在丑未天相坐守：以得祿或財蔭夾印均利財運，主財源富足，見輔弼主財源穩定，不主豐厚，見魁鉞主多生財機遇，見昌曲，主利用文才謀生，以名得財，與四煞天刑會，主因財起爭、傾家破產，甚而牢獄之災，無吉化有生命危險。

十、子女宮在寅申天同、天梁坐守：主有孤剋性質，第一胎見女為佳，會孝順且事業有成，見鸞喜，女多子少，如天同化忌，更有空、劫、火、鈴、羊、陀、天空、旬空、截空、天月、天虛、陰煞、刑，主生弱智子女，若見桃花雜曜，主女兒無子，會化忌，尤以太陰化忌，病災極重，會六煞、刑、忌、耗、孤辰寡宿，主孤單。

十一、夫妻宮在卯酉武曲、七殺坐守：若遇諸煞忌，為意外災禍星系，主配偶有意外之厄。見空、劫、耗，因配偶破財，若天姚同度，不可媒妁或介紹成親，須自由戀愛，邂逅成婚，否則感情不睦，刑剋甚重，武曲化忌會六煞，主「不孕或子女早夭」、「先生有不治之症」或「不能人道」，若化忌與火星同度，則為肺病，見三吉化及祿存也只是持家有道，或在事業上有大發展，女命比男命佳，可得有才之夫，女命七殺與化忌相會，主「丈夫轉移愛情」或婚前有被奪愛

的刺激，此點男女同論，廉貞化忌尤確。武曲化忌次之，若丈夫有病或傷殘，對感情影響較小，此一星系夫妻宮武殺見左輔右弼、文曲、天鉞、八座、天貴，易生畸戀，只要見兩三顆便會發生，在命宮出現亦同，或主橫刀奪愛。

十二、兄弟宮在辰戌太陽坐守：若日生人太陽入廟旺，不見煞曜忌，主兄弟有情義，肝膽相照，更有四吉會主手足中有貴人，見雙祿可得手足的經濟照顧，若為陷宮或為夜生人，即便不見煞忌，也不利手足關係，若太陰化忌，更有羊同度，「多爭不和，少依靠」，見諸煞、天刑，主剋手足或兄弟意外受傷。

事業財通論：此命格每每事業無根，生性浪蕩，傾向求偏財格局，由於生性風流，性格不羈，若求學階段不努力課業或技職，事業就須經由偏財謀生，會桃花雜曜會激起桃花性質，更有昌、曲，更不務正業，女命傾向賺取風月之偏財。癸年生人命在亥宮，主因色招災，若不從事風月色情之事業反便有此克應。甲年生人主進偏財。丙年生人在亥宮較佳，但格局低。戊年生人有偏財性質，且能大進財。己年生人求正、偏財均能獨當一面。

橫財方面，會火、鈴不宜見忌、羊、陀，有橫發之性，見之橫破，發不耐久，於發後求平穩，不可再貪，才有長久財利成果。

第五章　紫微在寅、申宮（論破軍在子午）

巨門　巳	天廉 相貞　午	天梁　未	七殺　申
貪狼　辰	紫微在寅申表		天同　酉
太陰　卯			武曲　戌
天紫 府微　寅	天機　丑	破軍　子	太陽　亥

太陽　巳	破軍　午	天機　未	天紫 府微　申
武曲　辰	紫微在寅申表		太陰　酉
天同　卯			貪狼　戌
七殺　寅	天梁　丑	天廉 相貞　子	巨門　亥

第一節　命宮在子午宮

　　一、命宮在子午宮破軍坐守：與七殺相似，化氣為耗，但其剛剋程度更劇，此星坐命，七殺定居財帛宮，故一生最少有一次錢財大破敗，破軍化祿除能減輕及避免外，也減輕剛剋之性，見祿存亦佳，在子宮尤忌遇化忌星，此星見煞、忌本外型有一定的缺點，如「產時不足月」以致身型小，重煞有殘障之虞，入廟主「忠厚善良」，更得吉化不見煞忌，為「英星入廟」格，主突破有成得富貴，若命宮無祿，福德宮得祿同宮亦吉，除祿外，化權更見四吉，主「國家棟樑、軍中儒將」，此星不喜昌、曲，會產生矛盾成為「落拓書生」，心多積怨，無法成就事業，女命不利婚姻，主有性情剛毅。

　　二、父母宮在丑未天機坐守：主「遠離父母」，「刑剋」。會六煞、刑，自幼寄人籬下或在孤兒院長大，若煞重或更有天梁拱照，主刑剋，父母早災病亡或家道中落破產，若會天馬，主離家，更有六吉曜，父母外地工作或自己海外求學，父母可能為海員、飛行員、商旅，奔波各地。

　　三、福德宮在寅申紫微、天府坐守：性格兩極化矛盾、不易服人，在現實中反多挫折或對時事不滿，如命宮三方不利，主性格剛烈、運途不濟，心情愁悶，與陀同度，為名聲自尋煩惱，自己的想法與他人格格不入，更有桃花雜曜，為情欲事煩，見四煞，為人生不順心而煩，會武曲化忌，為財煩，會廉貞化忌，為感情倫常煩，會貪狼化忌，如更空、劫、耗，為財競爭煩，見昌、曲、化忌，主自身心術不正而煩。

　　四、田宅宮在卯酉太陰坐守：入廟旺土地財產大旺，居

住環境清靜怡人，更有六吉雙祿，則地產具商業價值，有雙祿適合以置產方式保值，與火星同度，三方見鈴、羊、陀，更有流羊、流陀，會入流年遇之，主火災，化忌主「口舌是非」，流年雙忌重逢，家運不安寧。

五、事業宮在辰戌貪狼坐守：主處理人際關係之工作，如娛樂、外交、營業，如會六吉、三吉化，宜政界外交，見雙祿天馬不會空、劫、耗，宜營業，會昌、曲、桃花雜曜，宜娛樂。會火、鈴、武曲，宜軍警武職或經商、金融投資、推銷工作，但須不見羊陀忌，見之軍警武職，見羊、陀、忌，對經商而言多競爭及難度而已，會空、劫，以創設工廠實業或和科技工業有關之行業，如格局不高，宜一技之長，貪狼、空、劫，也主藝術室內設計、繪畫、廣告、攝影、時裝，再遇桃花適娛樂業，無桃花雜曜有昌、曲、化科、龍鳳，宜研發專業，如加遇大耗，不主藝術，宜一技之長。

六、交友宮在巳亥巨門坐守：主口舌，見雙祿之一，主得「創業好夥伴」，化權亦佳，更見四吉，主朋友助力大，且下屬「耿直忠誠」，見昌、曲、科，主「善辯多才」，可因下屬之助扶搖直上，若化忌，與友不和，更見羊、刑，主糾紛官司，有劫、空、耗，主破財，若見諸煞與朋友及下屬不可合夥，須提防他人，見空、劫、耗更有陰煞，再遇陀、忌，為「手下所盜搶、騙」或侵占自己所得利益。

七、遷移宮在子午廉貞天相坐守：不見煞忌，主出外發展有利，若有四吉會照及三吉化，主貴人提攜，特殊機遇能大發並得「海外人士推薦」，若與四煞會主孤獨，朋友不多，

見孤辰、寡宿尤確，若會六煞、忌，必有災厄，更見桃花曜，主因色生災，若凶星過多，仍以原居地佳。

八、疾厄宮在丑未天梁坐守：主胃病，與火同度主腸胃炎，與羊同度更會天刑，主盲腸炎或腸炎，與羊陀會，主四肢筋骨傷，若與火、鈴同度，再見太陽、太陰、天機化忌，主胃、腸癌，與空、劫、耗相會，主關節肌肉毛病，如風濕麻痺等。

九、財帛宮在寅申七殺坐守：喜得雙祿，主「財源豐足」，化權利管理生財，化科可因名得財，稍見煞，主意外財富，但不耐久。會空、劫、耗，不利財運，不喜更見化忌，尤其損財。一生須經歷一次重大經濟困難或破產，情況比在命宮輕微。

十、子女宮在卯酉天同坐守：主祥和，兩代有溫情，但子女性格嬌弱，不能擔當大事或不能獨立自主生活，第一胎以先見女兒為佳，比兒子孝順，事業有成，更見鸞、喜，女多子少，落陷見煞，有刑剋，可能一子送終。

十一、夫妻宮在辰戌武曲坐守：子宮破軍守命，不如午宮，因此戌宮武曲更增添孤寡及遲婚的不利性質，最怕成「鈴、陀、武」格，女命主丈夫不利，亦主夫妻有重大挫折，大運流年也不利，最怕行「破軍為夫妻宮」，因「破舊立新」之性質產生感情變化，夫妻伴侶生變，最喜祿馬交馳，女命可嫁大富之夫或商人，男命可因妻得財，但不利婚姻，有重財利、重情色。男命宜遲婚，三方會祿主諧美，否則主配偶咨嗇，凡事自私自利且常控制或左右配偶財產事務，若有火、

鈴、空劫、沖會，必離亦主無閨房之樂，較無肌膚之親行為，以致成怨偶，得昌、曲，可增一點溫柔，天姚同度，不可經由介紹或媒妁之言成親，否則刑剋強烈，若武曲化忌，會六煞，尤以火星同度，女命主「無子女」，丈夫有不治之病，或不能人道。

十二、兄弟宮在巳亥太陽坐守：入廟旺，且日生人不見煞，主肝膽相照，手足有情義，見四吉手中有貴人，見雙祿得財帛之照顧，太陽在巳巨門拱照，「手足都是白手起家創業者」。落陷且夜生人不利手足關係，更有羊或化忌，主「多爭不和」，或手足意外傷害。

事業財通論：

為「英星入廟」格。毅力強、氣魄大，事業心強，如得吉星，祿曜而不見煞，以正業為宜，若會煞則求偏財傾向，甲年生人在午宮以正財為佳，如更有火、鈴、空、劫，傾向求偏財發達。癸年生人在子宮雙祿齊會，利正行，如見火、鈴、空、劫，有求偏財傾向。

橫財方面，有橫發之命，但冒進過度致先發後敗，福不長久，最忌廉貞化忌，更有羊同度或拱照，投機賭博破敗。

第二節　命宮在丑未

一、命宮在丑未天機坐守：「主心慈性急」，若會昌、曲化忌則心術不正，雙面人。男女命主「機謀多變、多才多藝」，擅口才，遇昌、曲、科，天才尤確，遇空、劫、華蓋、天巫，更有宗教信仰，慈悲精神或佛緣，會祿馬乃一般經商之才，利零售生意，會昌、曲，或夾宮，稟性聰明，文章出眾，有才氣，化忌主多憂慮、神經質、游移多變、愈變愈壞，更見陰煞、天虛、天月，易旁門左道及精神衰弱。若會四煞，人生起伏大，以受薪為宜，宜有專業技術，另一特點有身兼數職，遇吉曜或魁鉞則兼職有前途，若得昌、曲、科、龍、鳳，為專門技能或藝術人士，天機入天梁、殺破之宮限，較不利易遇挫，致限內多變為不利之變動，更有六煞會，因困苦悶，與昌曲會，宜於大眾文化事業服務，須兩星併見，如傳媒、小說家、編劇、專欄創作，化忌逢昌、曲，或昌曲化忌，則喜使詐，詭計多端，若遇四煞，福德宮不吉，主虛驚，若父母宮不吉，田宅不吉，主祀出或他遷，若六煞齊會，更有天刑化忌，主「夭壽」，如能避死關身體也虛耗，女命且輔弼，性情剛強助夫益子，見昌、曲，有大智慧，不宜更見桃花雜曜，易感情用事起波瀾，女命會六吉祿馬，精於頭腦生財，可從事零售批發，女命化忌更有六煞刑者，為「繼室、小三、遲婚」，否則傷夫剋子。

二、父母宮在寅申紫微、天府坐守：見四吉主父母貴氣，見雙祿富裕，但雙親易控制子女財務狀況，見六煞不主死別主生離，與火同度，幼年與父母分離，與羊、陀同度更有刑、

忌，主父母有危症，或遭意外。

三、福德宮在卯酉太陰坐守：喜靜、好靜，性情文雅，入廟可心境安寧祥和。若化忌，外表寧靜內心不安定，常反覆無常，如月盈缺變幻，更有空、劫、耗，多不必要煩憂，空幻想而沒事實根據。與火陀同度，自尋煩惱，與羊、鈴同度，不滿足，更見化忌、空、劫，欲望深重，見空、劫，主空想，更有昌曲，主創意，入廟尤佳。

四、田宅宮在辰戌、貪狼坐守：主不吉，由好向壞的方向傾倒，大屋換小屋，新樓變舊樓，如不搬遷漸見破舊，火、鈴貪格主突然自置產業，與祿存同度或見三吉化，主產業豐厚，除非見天巫同宮主繼承，若有鸞、喜，主樓房美觀有裝飾家居的心得，見龍鳳尤確。貪狼主人口漸少，化忌易與鄰居不睦，見煞忌可引起官司，流羊、陀沖會原局大限之羊陀而大耗也要會入田宅宮，主火災。

五、事業宮在巳亥巨門坐守：主傳直銷、傳媒、娛樂、演講、教學等之口舌生財，或法律類、生技科化，見三吉化祿、馬、四吉曜，主創業。見六煞、刑，宜專業技能，在流年配合可自立門戶。巨門會昌曲、羊、天月、刑為醫師，若有化祿、權忌，更有羊、昌、曲、天刑，利法律。化權更有六吉可當政治家，若化權忌，吉煞並見輔、弼、羊刑會，主軍事專家，更有昌、曲可為軍師幕僚長，若化忌，事業受人爭議，更見雙祿、馬，更見輔弼，再見四煞，每為黑社會領袖發跡，若化權更有四吉、華蓋、天巫同度，可當「宗教先師」，若有昌、曲、科、天才，主超人頭腦，以辯才成功，

也可能為「社會聞人」。若化忌，宜以口舌生財，否則是非多，成中多敗，若與煞、刑、耗會，事業多犯官司，仇殺、牢災，一生大起落。

六、交友宮在子午廉貞、天相坐守：見吉有助力，見凶受拖累，廉貞化忌遇煞，主朋友陷害無助，也主受拖累，不宜合夥，會羊刑主官非，會空、劫、耗主損財，會陀、火、鈴、耗，受下人陷害破耗。

七、遷移宮在丑未天梁坐守：在外常得貴人助，與吉曜祿曜會，適海外經商發跡致富，化祿利經商，化權受人敬重，化科海外留學，會火鈴出外有災，會羊，爭奪不和，會陀遭小人陰謀。

八、疾厄宮在寅申七殺坐守：剛剋性質重，尤與羊同度，主「幼年多災傷」，亦主性情急躁易怒，主肝病，亦主呼吸系統、肺結核，與廉貞化忌同度，便有「咳血、癆傷」或外傷金創之傷，及跌打損傷，若煞重亦化忌，主癌瘤，與天府紫微拱照，主腸胃不和，煞重忌，如胃、胰癌，與羊同度，主出血症、腸胃炎，與火同度為肺病或目疾。

九、財帛宮在卯酉天同坐守：白手起家先苦後甘，事業財源由零開始，見雙祿可小富，更見天馬可經商，利零售批發生意。化權財運較穩定，以見太陰入廟見祿存為佳，化忌不利財運，如會六煞易有生意倒閉虧損，宜有一技之長，更見龍鳳擁有技藝優點。

十、子女宮在辰戌，武曲坐守：為子女少，見六煞忌，甚至膝下無子或無子送終，因貪狼拱照主遲得子，「四十之

後得子」，女命見煞忌，注意產前護理及健康檢查，見六吉子女雖多，但只得一子，煞重主生育過程恐難產、早產或夭折。

十一、夫妻宮在巳亥太陽坐守：在巳宮大多沒正式婚禮，須延宕一些時間方有正式婚禮以正名分，在亥宮易離異，且婚姻有缺陷，配偶缺點會逐漸出現，演變到夫妻無感，流年大運亦同，在亥宮不宜早婚，所以先遊戲人間，近中年後再找對象成婚會較好。在巳宮主配偶有崇高理想，待時運到可成名，故配偶宜有自己事業，且男命得賢妻，女命早嫁貴夫，皆主配偶忙碌多應酬，在亥宮主配偶多不切實際，愛幻想，無事忙且志氣不高，宜從事專業技能、專科工作。同時，皆主配偶才學不如己，常招麻煩、困擾。不喜陀、天馬在亥宮同度，皆有不安於室傾向，會鈴尤確。

十二、兄弟宮在子午，破軍坐守：主彼此不和，紛亂相爭，以分居為宜，更有四煞忌，則兄弟刑剋災病，另一特性，自己無論是否為長子、女，皆須負起照顧手足之責。如與吉曜會感情佳，但不宜合夥做生意。

事業財通論：

天機在丑未宮，格局低，進財能力弱（正、偏財一樣），受環境、個性影響正行幹不好，改而求偏財，但風險大，一再受煞忌沖會，即使得財也非福澤，丑宮比不上未宮，太陰坐福德宮，天機多變，不代表愈變愈好，內心不安定對事業感到苦悶，缺乏耐性，致事業無成，化忌更是如此，此命格

再會上煞忌時，在事業上有兩個選擇，一則在正行中變來變去，到老無成，只有力求穩定駕馭自己多變之心方為福。另一選擇，在多煞忌時，會選擇偏行，偏行事業亦不穩定，風險大福澤也淺，如遇煞忌而無吉曜，求偏財若多官司，特別是對宮與羊同度，一生多和警察、法院、律師、監獄打交道，如天機化忌，更會空、劫、天空、旬空、截空、天虛、陰煞，則行騙取巧作風很大，人生浮蕩，正、偏業均如此。

橫財方面，僅以天機化祿稍具財氣，未宮安命，乙年生人雙祿齊會在吉，利流年得橫財。

第三節　命宮在寅申宮

一、命宮在寅申紫微天府坐守：最喜祿馬交馳，財氣旺，加空劫則財來財去，此星系如從商，對自己訂立的目標策略可能會猶疑不決，顧前失後，自己是自己的敵人，故以公職或受薪工作較好，得昌曲宜教育、文化傳播工作，若祿馬會而無六煞同度，一生富貴，此星系的缺點是耳根軟喜討好之言、奉承，尤在巨門宮限守命之流年大運生效，如會桃花曜主好色，遇四煞人生艱苦或人緣不佳，易惹是生非，遇煞再遇吉，主紛爭中有成，若吉多煞少，可從事公職、政界，若煞多吉少受薪為宜，女命紫府多吉曜易受男人青睞，以管家較保守穩定，喜重視家庭生活，婚姻較好。

二、父母宮在卯酉太陰坐守：入廟佳，陷不利母，尤以夜生人及上弦月生人佳，廟旺不見煞忌，主父母雙全，見吉得父母護蔭及母愛，若化忌不利母，更有四煞、天月、天虛，主多災病意外。

三、福德宮在辰戌貪狼坐守：主生活奔波忙碌，為事業也為玩樂，故人生多采多姿，以見吉為佳，可在活動中享受，如見煞曜，好飲、賭、風月嗜好，一切白忙。更見昌曲，談吐有品味，見桃花雜曜喜說色情笑話，更見羊、陀、忌，則言語粗俗，性格風流好女色。女命好打扮，以性感之姿出現，到了中晚年亦是如此。若會羊、陀、空、劫、刑耗，福薄不安，如「火鈴貪」格，一面主物質生活充足，另一面性格氣躁，如命三方四正不吉，要收斂脾氣，否則有仇殺、官司、滋事、災厄及苦惱頻生。

四、田宅宮在巳亥巨門坐守：主產業不穩，常搬遷，產業得而後失，祖業不守，守亦不耐久，化權祿更見四吉，主不斷有物產變化，仍可自置或投資。化忌家宅不安，主多爭吵，無安寧之日，與煞曜刑相會，不宜置業，易有糾紛訟詞，家宅不寧，以長久租屋或寄人籬下為佳。

五、事業宮在子午廉貞、天相坐守：較難成大富貴之局，宜從事文教、公職，可得安定，也適武職，如廉貞化忌或會武曲化忌，更見羊、刑，如不從事武職反易有意外災厄，更得六吉，主「武職顯赫」，更有祿馬，主「富貴雙全」。

六、交友宮在丑未天梁坐守：主友少，下屬也不多，不過有四吉曜三吉化，主「正直之友」及「受手下人擁戴」，但見輔弼，主友多不一定有助力，會火、鈴，因友受災，受下屬拖累，與羊同度，糾紛是非，陀同度主遇小人，或有暗爭。

七、遷移宮在寅申七殺坐守：具霸氣殺氣，見四吉三吉化，主「在外有地位，有威嚴使人敬服」，如更有煞曜，可能在外霸道，有惡勢力欺人，天刑同度更見六煞，主生災。

八、疾厄宮在卯酉天同坐守：只要不見六煞忌沖，主災少，主膀胱包括泌尿、生殖、性機能，也包括了痔患。見四煞主生殖機能及性功能毛病，男子為前列腺炎，疝氣，女子主子宮毛病，更有桃花雜曜，主性病、淋病、梅毒。

九、財帛宮在辰戌武曲坐守：喜雙祿、天馬，可成大富（富商巨賈命格），如祿存同度，求財有受人爭議之處，手段過激，不喜羊同度，主爭財激烈，陀同宮，受人侵吞，或

「因財遭災」，受貪狼拱照，若成火、鈴貪格，有意外之財，適經商從事投資投機活動。若再見煞，發不耐久，不可投機，若武曲化忌，也不利商業及投資活動，也不利金融財經，反適刀劍利器、工業實業、軍警職業。

十、子女宮在巳亥太陽坐守：如有桃花雜曜，女多男少，入廟，「子女秀出」品格良好，性剛直，有事業心，獨立有成且孝順，如更有四吉三吉化，可得貴子，子女有地位，見昌、曲，主學有所成，兩代關係好。但又見煞，唯感情不理想，與火、羊同度，尤其管教多受氣。此星系好辯較有想法，幼年父母較難於教育，有會吉星不須過分壓迫，順其自然發展，太陽陷不利長子，尤其化忌，重則長子早產或有傷殘、早夭或一生體弱多病，或早年有災意外，更見煞尤確。如煞曜過重，或感情冷淡，沒有倫常之情，常有白髮送黑髮人。

十一、夫妻宮在子午破軍坐守：有破舊立新之性質，故主初戀及早婚必難完美，命宮三方見祿始主穩定，只要不見煞星，主與配偶關係穩定，但與配偶性格不契合仍難以化解，若夫妻宮與煞同度，則不論男女不宜對婚姻期望太高，主必無情無義、分道揚鑣，期望愈高失望愈深，若破軍化祿更見開創力，主兼有妻室而繼續貪新之傾向，不論男女主不利婚姻，破軍又化氣為耗，故第二段感情會比第一段好。另不喜文昌、曲同度，主彼此缺乏情趣，亦主配偶文不成、武不行的半浮沈性，若與羊同度，主孤獨或與配偶嚴重缺乏溝通，再逢鈴，主配偶欲念極重，再見桃花雜曜必有感情困擾，若成祿馬交馳，再逢煞，不論男女皆主見異思遷。貪新棄舊，

破軍不宜再與天鉞、右弼、文曲、天姚、鸞喜會照，否則極難一婚終老，此星宜遲婚或有年齡差距較佳，此星再婚離異機率大，但易復合，在好的流年克應，此星系一般指配偶沒情趣，唯不見昌、曲、輔弼，特別是不見昌、曲，方有情趣可言，女命要嫁年長之夫或曾同居，婚後立即分離兩地。此星系主有妻奪夫權之意，若年齡相近則刑剋重。

十二、兄弟宮在丑未天機坐守：更有鸞喜同度，多姊妹，此星主變化，見煞曜不吉，對宮天梁不利手足感情，同住多隔閡，意見不合，更有刑馬刑剋分離，重則災病。

事業財通論：

主性格有兩極化矛盾之處，有自命清高之特點，重視個人道德及名聲，一般不傾向求偏財，在不見祿曜時才主偏財，天府不會祿曜，更有空、劫、天空、旬空、截空令天府成空庫，物質貧乏，對他人的錢財便想據為己有，走正行正業收入有限，因此不滿，若有機會時，更主走偏財傾向，若天府不會祿曜，更有四煞，更為露庫，比空庫更加低下，財對露庫，失去安全感，個性小器易盈，作風鬼祟，破壞了天府、誠信本質，更有天府化科則更是偽君子，每每使用詐欺偏行手段生財，當財帛武曲、得祿，無論正偏財皆得利，在戌宮、事業宮有祿存同度，更利生財，其次是廉貞化祿或見財蔭夾印格。武曲化祿利事業生財，亦利從天而降之橫財運。若不見祿曜甚至武曲化忌，則事業難有發展，從事管理工作尚可，但難發，更見煞曜，領導欲更強於偏財，能發揮所長，若武

曲化權求偏財易獲利，從事之職業介於正與偏之間，受人質疑，武曲化科，為佳構，若不會煞不主偏財，事業宮為廉相，傾向處理人事問題，求偏財亦宜直接面對人之工作，所以具有風月行業性質，當更有桃花雜曜更適合，若事業宮成刑忌夾印格，正行生制肋壓力，而偏財也浪裡行舟不安穩，故求正財反順遂些，若為財蔭夾印，不主求偏，紫府性格較保守，要求橫財，要得雙祿為佳，而財帛宮對宮貪狼，須與火、鈴同度。

第四節　命宮在卯酉宮

一、命宮在卯酉太陰坐守：在卯陷宮為反背，六親緣有缺陷，稍見煞忌易流於奸詐，若得六吉三吉化可經商成大富，在酉宮會巳宮旺宮之太陽，陰陽皆旺，更見諸吉化能得富貴，見祿成富，見六吉得貴多為天祥，最喜自身化祿，會天同化祿僅為一般富足，在大限流年喜入太陰、武曲化祿之宮限。太陰會化科權，主「剛柔相應」，但太陰化權會天機化忌，則主多心眼，更見空、劫、陰煞、天姚，主心術不正、旁門左道，會昌、曲主文章秀發，更見煞忌女命感情受挫，女命入廟更有昌、曲、鸞、喜，美艷動人，更有一顆煞曜更是迷人，見昌、曲科天才、天機主聰明，見天同主俊秀，太陰會龍、鳳、天才，主有藝術技巧，若見鸞、喜、咸池便有花酒文章，男女以調情為樂，多異性友人。若陷坐命見煞忌刑等，主隨娘過繼，離祖外出，在身宮（遷移宮）亦同。若落陷且見六煞、刑耗、咸池，天月、天姚，主性格不良誤入歧途，女命易入風塵，落陷須得三吉化且最好太陰化祿更見祿馬，主富裕。若入廟見吉，得雙祿、天馬主富旺，得六吉主大貴，適合經商，女命入廟可嫁富裕之夫，見四吉重情感，端莊凝重，見昌、曲科，主聰明敏感，有自己事業者，可得富貴，見煞減等，若落陷會六煞刑，主傷夫剋子，家庭生活欠缺，晚年孤獨，更有昌、曲、天姚、咸池，較多情也「浮蕩」。

二、父母宮在辰戌貪浪坐守：主感情融洽，父母不太管教自己，但落陷且化忌更有羊陀，主刑剋災病、天月、虛尤確，但只要見四吉不主刑剋，若會桃花雜曜，主上一代感情

關係複雜。

三、福德宮在巳亥巨門坐守：見吉曜，勞苦中仍有成果，見煞精神壓力大，心境不安，化忌主易憂慮，心神不足，更見煞曜和天月，主長期失眠，會火鈴，主糾紛鬥爭，與羊同度，主口舌，陀同度，自尋煩惱多憂思。

四、田宅宮在子午廉貞、天相坐守：主破蕩不守祖業，若廉貞化忌，不宜再見六煞，主「產業而生災禍」，如化忌，與羊刑同度即是，以得祿為佳，更有天巫可繼承祖業，不喜空、劫、耗，有祖業也難守，自置也困難或會化忌或成刑忌夾印，主家宅不寧，更有天月，多病，更有災煞、劫煞、陰煞、天虛同度，多災劫。與羊同度主是非，更有化忌、刑，主涉訟、火鈴同度，主糾紛，陀同度，主災禍。

五、事業宮在丑未天梁坐守：見吉曜吉化可服公職，而多晉升機遇，與昌、曲、科、刑會，利司法或執法仲裁者。

六、交友宮在寅申七殺坐守：性剛而孤，易交小人，與火、鈴同度主遭陷害，陀同度主小人妒忌，羊同度受拖累，空劫同度，遭偷盜或利益受侵吞，與祿存同度，人緣不足小人傾擠。

七、遷移宮在卯酉天同坐守：主和諧安寧不忙碌，可出門得福，是閒福非發達之福，若入廟會六煞僅虛驚而已，會羊主口舌紛爭，會陀多煩惱，受小人侵吞剝削，更有化忌、陰煞、天虛尤確。見太陽化忌尤須注意小人，與羊、陀同度更會諸煞，主災禍，可能是交通事故等。若會火、鈴刑，主在外有人事惡鬥，更見羊、忌，防人謀害，以和為貴，與空、

劫、耗，見之不宜海外謀生，流年見之，主旅途失物。

八、疾厄宮在辰戌武曲坐守：不見煞忌也主呼吸系統，煞重有金創性質，或嚴重者傷殘，遇火主肺病，如煞曜不重，流月逢之，主流鼻血，若化忌會六煞刑，主「一生多災或因病手術」。

九、財帛宮在巳亥太陽坐守：入廟日生人見吉曜，也只作「財源豐足」論，一般不適經商，以從事文教、政務、專業、傳媒之生意為佳。若入廟，為樂善好施之人，對朋友每多接濟或作公益，但命宮太陰入廟，則利經商投資可為富裕，若太陽落陷也僅求財費心勞力，財來財去，有祿存可積存。

十、子女宮在子午破軍坐守：基本性質不利長子，稍見煞，主長子「有流產，不足月、破相」等情形，若遇桃花雜曜主得女。

十一、夫妻宮在丑未天機坐守：若會上天壽，主配偶與自己有大差距。此星系主別離，如見煞刑忌桃花，主離家出走，如海員、空姐等，女命忌見夫妻宮天機坐丑宮，主丈夫意志力薄弱，易為第三者引誘，若在未宮為夫妻宮則較佳，個性浪漫，帶有將一切加以美好化之個性。此星系主夫妻較易雞同鴨講，彼此思想互歧，仍會自圓其說，自我迷醉而甘於接受，是以酉比卯宮之太陰守命好。

十二、兄弟宮在寅申紫微、天府坐守：主兄弟近貴，多為長兄姊為貴人，雖得依靠，但要受駕馭服從地位，兄弟比自身強，同事亦是同論，若得輔弼之一，而父母宮同時有桃花曜，主有異胞兄弟姊妹，若會四煞，主關係不良，尤其注

意巨門宮限，見空、劫、耗，須資助手足。

事業財通論：

酉宮比卯宮優。乙年生人太陰化忌，偏財性強，與祿存同度成羊陀夾忌，以小手段生財，在酉宮事業發展佳，更會吉曜不主偏財，在卯宮即使會吉也主偏財。丁年生人以酉宮較佳，若煞曜多見，尤其空、劫、天空、旬空、截空、陰煞、天虛、劫煞，有玩弄陰謀權術性質，會傾向偏財。癸年生人太陰化科，才學不用正途，有可能高學歷、高智慧犯罪，在偏行中享有名氣。

橫財方面，只要太陰會上化祿、祿存皆主橫財，但在卯宮為一般橫財，在酉宮有機會得大財，最喜自身化祿，而天梁、天同化祿僅為小財。

第五節　命宮在辰戌宮

　　一、命宮在辰戌貪狼坐守：為正桃花曜，見羊陀，主詩酒菸、毒、賭，見華蓋空劫，主好神仙之術。若化祿或見昌、曲、魁鉞，主好動圓滑、八面玲瓏，此星亦具有軍警特性，見四吉，更握有軍警大權，最喜火、鈴，最畏羊陀，若成火、鈴、貪格，主「財高祿厚」，經商者主有突發機遇而發，也可能投機，賭博橫發，若更見羊陀忌則防橫破，尤不可投機，否則敗得很慘。若與羊陀同度，更見桃花雜曜便好女色，另外也不喜自身化忌或會忌。此星系均為入廟，若見火、鈴及四吉祿存易成大格局，但有「先貧後富」，早年艱苦，經奮鬥而有成，主三十五可發，不過少年享受，多逍遙遊，則三十五歲後反坎坷辛苦，中晚年的成就也遠遠不如，若與天壽同度見吉主長壽，但無吉曜反見羊陀忌、天月、天虛相會則少年多災，命不長，因好色縱欲而亡。此星坐命外型骨格粗壯，形小聲高，若身宮在七殺遇煞星，男人偷情外遇，有違禮教，女命多與男人私奔，以命身宮見羊、陀、天姚、咸池為碓。當貪狼和「空曜刑」同度，反為清白格，即使見羊、陀、桃花曜，也為清白。貪狼在命身宮在財帛破軍坐守，則格局較低下，更見羊、陀，主男命狂醉豪賭，視色如命，物肉欲甚重，見咸池、天姚、沐浴，更是如此，女命「浮蕩」欠缺家庭責任感。見四吉曜、八面玲瓏、有領導力，可為軍警、政界或人緣事業，如娛樂、公共關係都適合。見昌、曲，更有陰煞、天虛則心術不正，作事虛而不實，恆心不足，恐走旁門左道，行偏鋒，若逢昌曲化忌更「善巧騙」，貪狼化

祿無煞，見四吉，宜政界或公關娛樂事業，若化權宜軍警保安，女命和男命一樣，有多嗜好，見羊、陀忌更確，見華蓋、天巫、科、空、劫、天空，則為宗教信仰或喜命理、神秘事物。女命入廟因夫得貴，得雙祿天馬、火、鈴主富，得四吉化科、權主貴，見三吉化吉曜，女命主丈夫性情剛毅，旺夫益子，若見昌、曲，及桃花雜曜，好打扮。

二、父母宮在巳亥巨門坐守：關係不和，欠缺天倫之樂，常口舌紛爭，如有雙祿沒刑剋，父母雙全但仍易生口舌爭端欠和，巨門吉化或見祿存可免刑剋，見天巫有遺產，更有魁鉞尤確，見煞刑主不和，紛爭衝突，沒有倫常，也主父母「傷害刑剋，不能雙全」，嚴重者，主在孤兒院或由他人撫養成人。

三、福德宮在子午廉貞、天相坐守：主人生快樂自在，能工作、生活、休閒兼顧享受快樂人生，但要見吉曜吉化而不見煞忌才是，和天福會，主「多福」，和天壽同度主「多壽」得雙祿則有富足之福。落陷化忌，終日憂慮不安。操心勞神、失眠等，與六煞耗會照，乃無福瞎忙。

四、田宅宮在丑未天梁坐守：能得祖蔭，不一定主繼承，更有天巫、魁鉞才主繼承。若會四煞，主置業多糾紛，和鄰里多是非，流年逢之不宜置業，但可炒賣地產。

五、事業宮在寅申七殺坐守：一般適合工廠實業，見空、劫，如不從事此業每每破敗，事業不濟，見祿可發。若會四煞刑，適軍警武職，更見輔弼三吉曜，可為領導階層，見吉而不會煞，宜實業管理、經商。

六、交友宮在卯酉天同坐守：主人際關係，人緣好，交友廣闊，朋友來自各階層，故人生不孤獨，不主有助力。入廟主有助力，見煞則無，若只見昌、曲，更有桃花雜曜，主風月吃喝豬朋狗友，有感情無助力，與羊同度「受友拖累或爭執」，與陀同度主「遭下人朋友不義之陷害」，與火、鈴同度，受悶氣，關係不良。會空、劫、耗，因友破財，破財與感情有關。

七、遷移宮在辰戌武曲坐守：只要不見煞刑耗忌等，主利在海外謀生發跡，此星系主「海外發跡，名揚四海」，見雙祿馬、魁鉞才是，若化忌則不利海外謀生，反遭破敗，有空劫尤確。更見四煞，流落他鄉，輕則是非糾紛，重者客死異鄉。

八、疾厄宮在巳亥太陽坐守：主血液循環或神經情志，包括腦功能、思維、情緒，也主高血壓引發的頭痛或血栓中風，落陷會羊、陀，主眼疾，太陽化忌，為眼部外傷。

九、財帛宮在子午破軍坐守：主變動，財源不穩，如得祿存、化祿權，主「富貴能發」，在子午宮可大發，若見煞，求敗多受挫，變動不利。

十、子女宮在丑未天機坐守：如更昌、曲、科、天才、龍鳳，為聰明機巧，若化忌則為狡猾，因性質多變動故不利子女運。如會六煞刑，皆主無子但卻可以有女，或子不孝順及災病刑剋，白髮人送黑髮人。如遲得子，可免刑剋，男命須四十，女命三十五歲以後。

十一、夫妻宮寅申紫府坐守：因命坐天羅地網宮，其原

有之桃花性質轉化為才藝而福德宮為廉相，若無其他煞忌，會做表面工夫或人前後不一，紫府有性情矛盾性質，主婚後有許多不足為外人道之痛苦，而其結合非愛情而是有其他目的，包括經濟，或某種利益，或特殊原因而結合，故有下列特徵：①婚姻有隱衷；②配偶之身世或本人有某方面與自己不登對，但在婚後才察覺出來。因此極易有二次婚姻，而第二次一定比第一次佳，唯一克制之道就是遲婚，等夫妻宮行至下宮位，最好是逆行命宮，在天機順行退到天梁時，再結婚，因機梁主遲婚與波折，但始終有好結果，若早婚多兩三次婚緣。

十二、兄弟宮在卯酉太陰坐守：入廟手足多，如陷主彼此感情有缺點，如太陰化祿，主手足有財可得經濟支援，如化權，受手足約束，見吉可依靠。化科主有才學，尤其在姊妹身上，若會六煞主刑剋，分居不和，落陷最不利，入廟則佳，如化祿遇空、劫、耗，財氣大減。落陷遇煞刑剋姊妹。

事業財通論：

此辰、戌宮位均為佳構，無論正、偏財皆可獲利，尤喜火、鈴強而有力且具魄力，求財心得利，事業成就快且盈利豐厚，更有羊、陀防橫破，求偏財更易破敗，紙上富貴。戊年生人善人際關係運用，會火、鈴財豐，戌宮會羊、陀，為進財多阻滯，偏財可發。辰宮陀同度，潛藏暴敗之機，求正財較安穩。己年生人戌宮得會雙祿，求財順利，會火、鈴，進財更快，若有昌、曲、化忌，則求財手段不正常，雖發也

要小心犯官非。癸年生人，物欲甚強，而財源多端，成多元化，在辰宮得雙祿財旺，偏財可發，須防發不耐久。

橫財方面，辰戌宮即使不見火、鈴，亦有橫財運，若得火、鈴、雙祿，突發更快，但見六煞，橫發橫破，切勿過貪反挫，發後即求穩定，在貪狼化權，會對宮武曲化祿最佳，其次是貪狼化祿。破軍化祿進財雖快，但貪狼化忌，暗藏暴敗之機。

第六節　命宮在巳亥宮

　　一、命宮在巳亥巨門坐守：以太陽入廟旺始吉利，但「口舌紛爭」、「人事鬥爭」是如影隨形，故凡以口舌進財或運用，即可減輕口舌是非之不利。若化權有語言天份，有「為人師表」之意，適教員、演說、教學工作，更見昌、曲、科、天才可隨心發展，太陽在對宮入廟旺吉利，故巨門居亥宮，主「光明磊落」，更見六吉有貴氣，見雙祿馬有財富，巨門在巳宮太陽落陷，對父親有刑剋，或自身幼年災病重令父擔心，更見諸煞刑、忌、耗，人生多挫折、不順遂與困厄，故宜「專門技能」，與祿存同度主收入豐，更見諸吉及吉化可成富，但不會揮霍且有點吝嗇，化祿利財，化權利口舌權威有魄力，及善創業，更有祿存、天馬，主大富貴，在亥宮吉化因太陽入旺有「鋒芒太露，志高而傲，人緣不足」之缺點，宜收斂反為福澤，可得人緣，若與四煞會，必有口舌紛擾，人生阻力甚大，成就大減。另巨門守命太陽拱照，主體毛較長，女命尤為克應，居廟，且見吉曜吉化，不見煞忌，主「面目清秀」，見昌、曲、科、天才，「善才、能急辯」，見四吉，主「正義感、個性忠厚」，見龍鳳、天才、科，主「專門技能」，見火、鈴無事奔忙，與羊刑同度，尤其化權利於「法律」，與空、劫、火、鈴、龍鳳宜「機械」，如羊、刑、天月、昌、曲、科會，宜「醫學」，若會昌曲或昌曲化忌，更有天巫、宜「星相」。若化權會昌、曲適師表，但化忌見四吉四煞、祿存，則為「黑幫大哥」，但巨門化忌煞輕「口舌連連」，煞重「災禍紛紛」，性格方面「多疑少決，舉棋不定」，不利人際關係，

若諸煞並見有自殺傾向，也主各種災禍。女命入廟得吉化，相夫教子之賢妻，能嫁良夫，有天福、天壽，則健康長壽，若化忌，為長舌婦，修口為宜。

二、父母宮在子午廉貞、天相坐守：不利六親緣分，主刑剋災病或父母不和，不見煞曜不主刑剋，見吉則有提攜蔭庇之力，最喜財蔭夾印，更見天巫則有祖業繼承，或家族事業（不刑剋之星曜，有輔、弼、魁鉞、解神、天德、天巫），不喜會天馬，主遠離父母，不得蔭庇，若有天虛及其他煞曜，則父母早喪，若與桃花雜曜會，主上一代感情複雜。

三、福德宮在丑未天梁坐守：主精神享受自得其樂，不見得物質豐厚，會四吉，主「福厚」，見雙祿主「祿重」，見煞，主勞心費神，對宮天機化忌，則「無福多煩惱」，這個煩惱也為杞人憂天，若無煞，必為喜悠閒之士，且入廟見吉尤確，落陷見煞，則為「懶惰拖延」，陀同度尤確。

四、田宅宮在寅申七殺坐守：主難有祖產，見吉也是奮鬥自購，受紫府拱照，更有四吉雙祿，主有貴人助而自購物業，若會武曲化忌，主投資地產失利或紛爭，廉貞化忌，主病災、是非、家宅不安，不宜會「火、陀」、「鈴羊」兩組煞星系。

五、事業宮在卯酉天同坐守：主白手起家，會吉曜吉化、祿曜則成功，會六煞、刑耗則失敗，若對宮太陰入廟再得四吉，主承繼事業也適合購買現成事業經營或併購經營，以太陰化祿為確，此星系主文藝及文化事業，如出版、寫作、藝術，更見昌、曲，在文化藝術中求進取，以得祿為佳，更有

龍鳳主和藝術有關之工藝，如昌、曲更遇桃花雜曜，適以異性為服務對象，見火、鈴，壓力大，見陀同度多糾紛，與羊刑同度，事業多訟，最畏火、鈴，多逆境，宜一技在身，空劫會不利商業，宜帶有藝術之工藝為佳，如設計、印刷等。

六、交友宮在辰戌武曲坐守：有孤之意，主朋友不多部屬也少，不見煞忌，為泛泛之交，無助益無傷，也主與崇尚物質之友在一起，更見桃花，主多酒肉之友，見「貪狼、咸池、天姚」，或鸞喜沐浴均視之吃吃喝喝豬朋狗友，無助益。

七、遷移宮在巳亥太陽坐守：主動，「主外動，不宜靜守」，只要不見煞，主「外地發展」，主適合在外奔波，居廟旺，「在外近貴能發跡」，主得貴人扶助，更見魁鉞更佳，見三吉化尤是。見化祿、祿存、天馬，利經商或專業生財，但只有太陽化，僅熱心助人與公益而開銷大，如落陷仍利出門，但在外多忙碌，不得安閒，不更見六煞忌耗刑，仍可忙中生財，見之不宜出門，居原居地發展，若化忌輕者「勞碌奔忙」，見煞、天月、天虛有病災、化忌又落陷又為夜生人煞氣甚重，如會羊、火、鈴，主多是非，會陀不安寧，會空劫主破耗。

八、疾厄宮在子午破軍坐守：主生殖機能早洩及性機能毛病。幼年有膿血之災常生疔瘡，如對宮、廉貞化忌為確，見桃花雜曜，主男遺精、陽痿；主女經期失調、白帶、婦疾，更有四煞忌，主性病，若羊同度，更見廉貞化忌，主意外傷害，若遇大限流年，見有太陽化煞在疾厄宮，主目疾，若原局不吉，有失明之虞。

九、財帛宮在丑未天機坐守：主變化，「東進西出」之兆，若吉煞不多，僅為不能積存，若吉曜多，主漸漸滾存，若煞曜多，則財來財去，日漸消磨，此星系適零售批發或現金交易行業，故喜得祿存、化祿、天馬，更適小生意零售批發商，在丑未宮會天梁拱照更會巨門，主財源不穩，常變動，費心勞力，若更有火、鈴、羊，多競爭，陀同度多暗鬥，巨門或天機化忌情況更明顯，由於對拱天梁，如更有化忌、陀、陰煞，主「謀財多巧計」，行旁門左道，如見吉為商界幕僚長或顧問智囊人物，善機變，若與六煞會更有大耗，財運受阻，尤畏空、劫、耗，絕不利經商。與祿存同度，主常有進財機遇，而小人垂涎，財來財去流入小人手中。

　　十、子女宮在寅申紫微、天府坐守：主子女秀出，但性情倔強不屈服，心高氣傲不饒人，若得三吉化，主得強父勝祖之子；但以遲得為宜，輔弼同度，且多子女忠厚，會昌、曲、科，子女聰明，遇魁鉞化權者，主貴子，逢雙祿，有財富之子，會天馬早年遠離家庭，若會六煞，宜偏房生子，若有羊同度，易破相，否則父子之情淡薄或無法在生前享受子女孝養，若會六煞忌，子女薄待父母，剝削父母，敗破家業，志氣高傲，行偏鋒，易犯官非，首胎為長子，但若有桃花雜曜，主先得女兒。

　　十一、夫妻宮在卯酉太陰坐守：居廟旺地，別具才華受人欣賞。對宮天同已有意志薄弱，任人擺布性質，基本性質為感情內向及性格內藏。且具浪漫與感情細膩，不論男女皆主多次的感情波折，在卯宮太陰落陷，須要人呵護，具孩子

氣及浪漫色彩，男命對愛情不忠，自制力弱，自身薄倖且性格涼薄，故用情不專。女命自身任人支配，依賴性重且庸懶，是小鳥依人之小女人，在酉宮夫妻宮之星系均為廟旺，是故人生多積極，忠厚具正義感，故有鋒芒過露、率直，氣勢凌人而不知檢討之缺點，在酉宮喜二人世界，深居簡出必與配偶之姻親感情淡泊，因太陰入廟，男命主得妻賢美，惟男命心向外慕之傾向，有納妾之可能，且妾外貌更勝元配，女命主夫與自己關係日漸冷卻，喜因小事發脾氣，太陽入旺有向外流連發展，主配偶不顧家，除非有昌曲或會化權性質轉好，無論如何，女命皆不喜輔弼，主丈夫有外遇，但以太陽在卯宮化忌為確。亦不喜單見魁鉞，主自身多有非禮或桃花困擾，若女命在卯酉單見輔弼，其丈夫外遇對象可能為其秘書或合作伙伴之妻。如輔弼在兄弟，加遇桃花星，便主與同事發生不正常關係。

十二、兄弟宮在辰戌貪狼坐求：各自有私心，助力不足，但關係仍和諧，必須見四吉主互相幫助，若化祿不見四吉，僅可同富貴不可共患難，與武曲拱照更有煞忌，往往是獨生子女，見桃花雜曜及輔弼，主異胞手足，若見煞曜，主孤單或刑剋不和，如見火、鈴，主手足突發，但自身未必受益。

事業財通論：

若求正財，亥宮比巳宮強，唯巳宮求偏財較濃厚。丁年生人巨門化忌偏財性質強，作風受人爭議，一生招是非，巳宮尤甚。辛年生人巨門化祿，巳宮可會祿存，若更會火、鈴、

空劫，天虛、陰煞，則巳宮較利偏財。癸年生人巨門化權皆利於偏財。

　　橫財方面，以巨門化祿太陽化權利橫財，會天機天同化祿亦有橫財次之。

第六章　紫微在寅、申宮（論廉貞天相在子午）

第一節　命宮在子午宮

　　一、命宮在子午廉貞、天相坐守：丙年生人廉貞化忌，在子宮受羊拱照，在午宮與羊同度，煞氣重有「橫發橫破」，更見空、劫、耗尤其不利。為人輕佻幽默風趣，重男女戀愛樂趣，又帶有血光煞氣，故適軍警武職及藝術、娛樂方面工作，若會六煞耗刑忌，主客死他鄉，必須得祿才能化解，若天月同度主病，在遷移宮病染外地，須再見四煞方確，見祿可化，在命宮會四煞刑忌主鼻孔朝天、顴骨突出或眉露骨，且心性不良，氣躁浮蕩，易起紛爭。見桃花雜曜，在男女間易大膽脫序做出越軌行為，會紫微再會雙祿天馬利經商，主富，見昌、曲、科主貴並好禮儀。廉貞化忌又落陷再見羊陀主膿血之災，廉貞天相、火、刑坐於陷宮，主人生有重大挫折，經不起打擊傾向自殺，須兼視福德宮是否吉利，女命見雙祿表勤奮、魄力、不屈不撓之優點，且得富貴得昌、曲、科，聰明機巧，遇輔弼相夫教子，貞潔之婦，會六煞刑，不利婚姻感情，為孤伶之命，由於與天相同坐，故喜財蔭夾印則榮華富貴，最忌刑忌夾印格則主災大厄、破敗、體弱多病、生活拮据不利外緣，孤老終生，若刑忌夾印再遇火、鈴、空、劫、刑耗又主「牢獄之災」，若見空、劫、華蓋、天巫始主信仰及修行，與火同度，主「性情易衝動」，此星系無論事

業如何宏偉，最好退居二位，若有天才、鳳閣主「多才藝」，若在陷宮更有羊陀同度，則格局低，宜發展一技之長，若刑忌夾印再會煞，主殘疾或刑剋六親，若見雙祿或財蔭夾印格，可增田置產，諸吉並照，更是田園旺茂，財產難以估計，若羊、陀夾或陀同度，易遇小人吉凶交雜，則吉中藏凶，凶中藏吉。

二、父母宮在丑未天梁坐守：主「蔭庇之福」，見魁鉞尤確，更見天巫主遺產，落陷刑剋父母，會天馬分離，遇四煞兩代不和，遇天機主分離但見吉化無煞，分離乃父母高薪厚祿，給家庭富裕環境而分離，若見煞忌則分離乃不得已或遭遺棄。

三、福德宮在寅申七殺坐守：女命不宜，七殺在福德影響婚姻甚重。男女皆主性格積極，不喜安閒，見吉積極賺錢，以腦力行事，不用體力勞動，做事有野心，有些高傲不易服人，人生多為事業錢財打拼，較無享受之福。

四、田宅宮在卯酉天同坐守：主白手起家，沒祖業繼承，有也不多，中年後可自置物業，須有吉曜吉化。會六煞耗無祖業，有亦破蕩，宜它方面投資。

五、事業宮在辰戌武曲坐守：宜武職、營利事業、金融、財務、推銷商品等工作，化權，掌經濟大權，化科則利財政策，化祿利投資經商，見祿馬更吉，會六吉宜商業及財經機構管理，化忌絕不利經商投資，以實業工業、武職為佳，否則進退不決。若會火、鈴羊，多糾紛，會陀多困難，會空、劫、耗多謀少成。

六、交友宮在巳亥太陽坐守：施惠與人則可有求於人則不得反遭友責怪及埋怨，入廟友人及下屬眾多，若落陷為朋友服務反招怨言，如更有六煞刑，則朋友恩將仇報且多口舌是非，若太陽、巨門化忌，口舌性質更嚴重，更有四煞，紛爭極重，若羊、刑同度，會涉入官非。

七、遷移宮在子午破軍坐守：主在外奔波，見吉有成，唯辛勞不免，不過命造一定要以技藝謀生，否則生活困難，留在原居地不是命吉者，經商亦可。此乃英星入廟格得化祿、權能富貴。

八、疾厄宮在丑未天機坐守：主肝及神經系統，或精神情志方面毛病，一般主高血壓、肝炎，更嚴重為肝癌、肝硬化，須注意流年疾厄宮變化，女命主婦科病如經期不準、經痛，煞重凶星多見主子宮癌或子宮頸癌，見桃花雜曜尤確，若會羊、刑、耗因病手術，或意外損傷。

九、財帛宮在寅申紫微天府坐守：與輔弼會，主多方面兼差財源，此星系主一生富足，但不見得是大富貴，與空、劫、耗會，主財來財去，經商易虧蝕。

十、子女宮在卯酉太陰坐守：主女多男少，且先花後果，入廟主女兒多，見六吉、祿存、天馬主子女富裕可發，若化忌有生離刑剋且性格狡猾，若落陷宜好好照顧和子女間的關係。

十一、夫妻宮在辰戌貪狼坐求：因入廟且入天羅地網，宮內除非有桃花雜曜，否則可說沒有桃花，但命宮為廉相對破軍，表感情有挫折之星系，其婚姻會有很大波折，會有一

次重大感情挫折，或因受挫打擊而結婚，見擎羊顯示貌美，配偶有特殊技能。

十二、兄弟宮在巳亥，巨門坐守：基本性質不和，有口舌鬥爭，更見四煞主刑剋，更見鸞喜、咸池、天姚、輔弼，主異胞手足，若太陽在旺宮拱照可免刑剋，會空、劫、耗，主「剝削」，不宜兄弟合作生意。在兄弟營業場所服務也不宜，更見昌、曲化忌，反受他們利用作廉價勞工，若遇孤辰、寡宿，主孤自身可能為獨生子女。

事業財通論：

此命格變化甚大，矛盾性強稍會煞曜亦正亦邪，有求偏財之傾向，無論財蔭夾印或刑忌夾印皆可求偏財，若無煞會吉，正偏行有成，若會煞忌則人生多風浪，正偏財也可得。甲年生人為三奇嘉會格，在午宮在正財有成，唯見火、鈴、空、劫，有挫折因急於賺錢而兵行險著。丙年生人命格因廉貞化忌，帶有偏門及血光之災，故有在法律邊緣謀生意味，有羊同度更確。丁年生在午宮為刑忌夾印，事業成就有限，人緣不佳，有偏財性質。辛年生人成財蔭夾印，不會六煞，正行有成。己年生人文曲化忌。辛年生人文昌化忌皆有成為刑忌夾印之可能，帶有巧騙的性質，為使巧詐以求財。

橫財方面，廉貞化祿或成財蔭夾印，最利橫財，對宮破軍化祿或祿存同度，亦為旺格，武曲化祿亦佳，只是性質稍弱。

第二節　命宮在丑未宮

　　一、命宮在丑未天梁坐守：性格上恐有懶散、隨便、輕浮、拖延的缺點，但會六吉三吉化則是有原則有決斷的果敢作風，是專業、執法人才，天壽同度能經歷生死風波而重新活過來，若見煞忌，則為帶病延年性質，遇天壽、天福更主長壽，若會魁鉞及入廟太陽可以護蔭他人，而時時助人，但此星在命人生必多經風險能逢凶化吉，不宜更見四煞、忌、刑、耗、天月、天虛等星，否則漫漫人生要多受苦楚，煞重亦主一生頑疾慢性病拖延。與空、劫、天空、華蓋、天巫相會，主宗教信仰，更有昌、曲、科、天才可為宗教領袖或修行者，在未宮，由於太陽落陷在亥宮，主外緣不佳，性情直爽，鋒芒太露易得罪人，為一大致命傷，且謹言慎行，不要太固執。若得六吉、三吉化主「清廉」，當政府高官或公共機構領導者，及司法執法者，見雙祿、天馬也不適經商，易招是非。但經商必定誠實童叟無欺。若創業經商，宜「以股份有限公司為宜」，讓合夥人出頭，自己退居二位為佳。天梁與羊陀同度煞重，天月同度主大病，天虛同度主一生體弱，與羊刑忌相會主牢獄之災，或在社會下階層黑暗面浮沈，與火鈴同度主虛驚，但煞重人生受挫有自殺之念，若流年、月，天梁火星同度更見流煞、忌主為火傷，與空、劫、耗同度不利財運，且「好遊蕩，無積存」，唯見祿曜不要經商可解財運不濟，宜一技之長，天梁會昌、曲，可以文藝才藝為生，女命見昌、曲、科、天才、龍鳳，主「多才多藝」，若會四煞皆主「孤獨」，不利六親，但所會太陽入廟則刑剋輕，僅主不和，女命遇空、

218

劫、耗為浮蕩之象，更有桃花雜曜，受物欲引誘，不安於室，易淪落風塵，會昌曲可在文化界、傳播界發展，多吉曜吉化可成專業研究員、大學教授。

二、父母宮在寅申七殺坐守：主無緣易遠離父母，見火星尤確，若命宮會火可視同一道理。

三、福德宮在卯酉天同坐守：主知足精神快樂，不一定物質幸福，見四吉主豐足，見昌、曲，品味高尚，有藝術愛好，最畏陀同度，主自尋煩惱，庸人自擾。

四、田宅宮在辰戌武曲坐守：在辰戌不見煞忌，主「能得祖產業」，三十五歲後可自置增產，但不見羊陀忌才是，成火鈴貪輕可突發置業，更見羊、陀、忌則置而難守，武曲化忌主「產業發生糾紛」，如價格、租金、維修金起糾紛，貪狼化忌因物業的業權糾紛，昌、曲、化忌恐因物業買賣而受騙。

五、事業宮在巳亥太陽坐守：太陽自身化祿或會祿宜從事商業，化權或會宜做管理工作，太陽化科或會宜投入專業工作或研究，若太陽與昌、曲同度更見輔弼，三台八座具領導力，是社會改革者，若僅見昌曲，其他不見主專業求財或文化教育界，不適管理從政，若太陽落陷，主辛勞，見吉勞而有成，見凶徒功無勞，見空、劫更有吉曜，可在技藝上成名。太陽入廟且見六吉而不見煞，「貴至一品，門徒眾多」，得輔弼多助力，見魁鉞多提攜機遇，得昌、曲利成名，或利專業資格考試。

六、交友宮在子午破軍坐守：主變動且耿直剛烈，易結

交壞人，更見四煞，主「施恩報怨」，煞重「因友遭牢災橫禍」，與羊刑同度尤確，會空、劫、耗因友破財，更有陰煞、劫煞、天姚、昌、曲、化忌，主陰謀侵吞。

七、遷移宮在丑未天機坐守：不見煞忌利出遠門或海外發展，亦可留在原居地，有貴人相助及蔭庇之力，見四吉更甚，若會空、劫主破財，會火、鈴主意外或虛驚，會羊，主口舌，會陀主暗爭。

八、疾厄宮在寅申紫微、天府坐守：主胃病痛、胃酸過多、打嗝，與地劫同度亦主胃，地空同度主頭昏或低血壓，與羊同度，男命有割包皮機會，女命主生殖系統炎症，若會鸞、喜，女命經期不準、白帶、子宮暗疾，男命縱慾而造成虧虛。

九、財帛宮在卯酉太陰坐守：居廟旺宮財豐厚，尤喜自身化祿、雙祿齊會更大旺，亦喜見天機、巨門、天同化祿，不喜天梁化祿反而不利經商，以專業求財，若得輔弼主財源多方面，見昌曲以名氣生財，見魁鉞多進財發展機會，不喜空、劫、耗會主「遭盜賊丟失之慮」生意不景甚至倒閉，見昌曲化忌，更有陰煞、天姚、劫煞主受騙。

十、子女宮在辰戌貪狼坐守：主多女子少，會桃花雜曜，主先花後子，正室恐有女無子，見四吉曜，主子女眾多，遇四煞皆有小產、早產傾向。

十一、夫妻宮在巳亥巨門坐守：以亥宮為夫妻宮比巳宮佳，陽梁主別離且與親家父母手足無往來，可能為話不投機之因，不喜見六煞，主婚前有變化，婚後亦同，男命配妻賢美，女命配夫才華亦有財，但為悲劇有生離死別之象，若巨

門化祿、化權而命宮天梁會六吉，則免刑剋。

十二、兄弟宮在子午廉貞、天相坐守：主「意見不和易爭吵」，見四煞方確，若有吉曜，手足有助力。

事業財通論：

乙年生人在未宮可會祿，丑宮不會祿存再遇六煞主偏財，不見祿存財不旺。己年生人主有頭腦，會諸煞則可利用頭腦在偏財上。壬年生人更會六煞受財有爭議，但偏財可發。丑宮傾向正財，未宮傾向偏財。

橫財方面，太陰入廟化祿有橫財，天機化祿財氣小，若見天機太陰化忌則不宜。

第三節　命宮在寅申宮

一、命宮在寅申七殺坐守：六親緣不足，性情剛烈強硬人生孤剋，但在事業方面肯積極、苦幹，就算不遇吉星吉化，反稍見煞且亦會有成，此命在寅宮為「七殺仰斗」，在申宮「七殺朝斗」格，主貴人提攜，更見四吉、祿馬且不見煞，宜實業工業方面，不見祿馬卻有煞，可從事軍警武職，但無論多大成就人生依然孤獨，時感心靈空虛寂寞，如對宮多吉星，則可減免孤剋且性格溫柔點，人生也較安定，若對宮弱，七殺性更剛猛則更嚴重。七殺與六煞忌相會，尤以武曲、廉貞化忌，常主肢體殘傷，若對宮吉多「外表果決，內實進退考慮」，無論見吉見煞多主人生艱苦奮鬥，只管打拼，男命宜福德宮，女命宜夫妻宮，多見些吉星，可人生較平穩，若見雙祿宜商，尤其工業實業，見輔弼主一呼百諾，事面業廣局面大，更見化權，利人事管理，與化科昌、曲會只利工業、科技專業，得祿可減少七殺性剛孤剋性，且事業發展順遂，財源充足。另此星坐命，命中註定一次大破敗，有祿則敗後尚有財源可捲土重來，再次發達。七殺會六煞型忌，主自身傷殘或死於意外、金創刀傷，性格剛愎自用，行事手段激烈，人緣極差，多行惡業，災害臨頭，以寅、申、未入廟最吉，若命宮見空、劫、耗，以從事實業工業為宜，為一技在身，不可投機，否則主大敗傾家，在命宮須見科、四吉利政界，見羊刑宜武職，更有四吉化權進升高階，此命人生必有缺陷，須檢視十二宮位，看弱點在何位置。七殺在寅申宮性格清高，見昌、曲科也利為人師表，若與四吉、化權及四煞相會，為

「黑幫大哥」。女命忌夫妻宮見煞多，本命已坎坷，夫宮又不吉有如雪上加霜。若見諸吉曜吉化，擅家務且性格堅強，和男人一樣可成就事業。

二、父母宮在卯酉天同坐守：無刑剋，與昌曲會兩代有情，會四吉主良好提攜照顧，對宮有煞忌稍與母有負面影響，若天同會四煞主刑剋，如天同化祿或祿存同度反不美，主子女較不能獨立多依賴。

三、福德宮在辰戌武曲坐守：品味庸俗一般，以吃喝玩樂為主，但不必為經濟煩憂，重視金錢帶來快樂，見貪狼咸池、天姚，用金錢購買男女調情之樂，流連風月場所、八大行業，女命則為男女感情花錢。會貪狼主快樂享受金錢所帶來的物欲之樂，若武曲化忌則費神，一生為財源找出路且不聚財多投資失敗。再見煞重，則物欲不能滿足。

四、田宅宮在巳亥太陽坐守：主變動，大換小屋，小屋變租屋，反覆來去，祖業亦復如此。得四吉、三吉化主敗退後自置安穩，如見煞仍不安定，另有因產業生明爭暗鬥之兆，以在亥宮尤甚。

五、事業宮在子午破軍坐守：若見四吉、化權、擎羊、天刑主「武職發跡，威震華邦」，若得祿、權，事業一展長才，化科較次之，更見吉曜在政府部門、商界也是行政人才，尤喜開創性事業，見四吉化祿、權，主事業宏偉氣象萬千，見空、劫，以「工廠實業」或一技之長為宜，更有四煞，除非一技在身，否則徒勞無成。

六、交友宮在丑未天機坐守：主變化，有各階層友人難

有深交，未能有好的助力，唯見四吉方有助力，與天梁會主得年長有助力之友或同事。與羊同度主朋友多爭，受其拖累，與陀同度遇上損友或眾叛親離，若天機化忌更遇陀、陰煞、天虛、天姚，或見昌、曲化忌，主小人陷害，與火、鈴同度主朋友愈多，紛爭愈大，反而獨善其身較佳。

七、遷移宮在寅申紫微、天府坐守：主在外有人面，受人敬重，多遇貴人，更得六吉曜祿馬，富貴雙全，與祿存同度，主得財但有小人垂涎，或受小人排擠，或因得財招致友人翻臉，若與羊陀同度，出門多糾紛麻煩，與羊同度，人緣不足，多口舌是非，遇火、鈴多是非，會空劫，主破財不安。

八、疾厄宮在卯酉太陰坐守：主生殖、性機能系統，與六煞會主腎功能，如糖尿病、水腫，與桃花雜曜會或流年入貪狼，或廉貞宮限，而帶桃花星系，主縱慾過度引起腎陰虛，女命主冷感。

九、財帛宮在辰戌貪狼坐守：主富，喜得雙祿主「財祿豐盈」，財源必可細水長流衣食無缺，宜經商，與火鈴成格，主橫發或意外之財，若更見羊、陀、忌則橫破，紙上富貴，貪狼化忌，求財多競爭，勞力費神，會武曲化忌有虧損、破敗之兆，若更有羊、陀、刑主因財生災，與空、劫、耗會財來財去，更有四煞暴發程度大，但迅速破敗難捲土重來，切忌賭博或金融投資活動，否則傾家，若會桃花雜曜，因色破產，如見雙祿天馬、三吉化，適以服務異性生財之行業，亦可從事娛樂業，與天月同度更見羊、陀、忌，因病損財，若有雙祿火、鈴，可經營藥業、保健有關生意。

十、子女宮在巳亥巨門坐守：主兩代不和，主刑剋長子，見煞忌不是幼年多災即早夭、早產或生而傷殘，不過三十多歲得子可免刑剋。而女兒不剋，巨門居亥太陰居廟位可減口舌刑剋，且子女秀發更有諸吉強祖勝父，如會六煞主刑剋孤獨，一生無子嗣，若化祿又得祿存及四吉，因子女帶財且富貴，自身亦受益，但感情未必佳。

十一、夫妻宮在子午廉貞、天相坐守：此星系一般皆主無子有女，若兩夫妻恰巧都是廉相坐夫妻宮，見煞易產下弱智兒童，因與廉相和內分泌有關，或遺傳因子有關，若廉相雖不在夫妻宮，行經大運流年時遇上，再會上煞刑忌入夫妻宮，則生下的子女不甚聰明或孩子有遺傳疾病或皮膚敏感、糖尿病。廉相對破軍為劇烈變動，甚至背叛，所以見六煞、忌、昌、曲、輔弼，都會有感情變化離去，或配偶不忠實，如果煞重，無論男女主夫妻相互爭執厲害，不單感情變化，且包括多方面爭奪，如子女權、財產權等，另此星系之命宮為七殺仰斗或朝斗，均對婚姻不吉，惟獨三吉化能改善其性質，即使會六吉也不能避免，尤其昌、曲、輔弼更糟，甲、癸年人夫妻在子宮，丁己年生人夫妻宮在午宮，因得化祿或祿存，夫妻互爭、生離，配偶不貞之情況皆消失，但仍是有女無子。

十二、兄弟宮在丑未天梁坐守：只要不見煞，主感情融洽，但須見四吉主助力，如兄弟宮雖不見輔弼，但父母宮見昌、曲、魁鉞之一更有桃花雜曜，主有異胞手足。天梁不見輔弼，而有陀同度，主暗爭，有羊同度主傾擠，因三方見太

陰再更有鸞、喜，主有姊妹無兄弟或女多男少。

事業財通論：

此為管理能力很強的星系，若得祿少見煞，不如在正行打拼最為吉利，求偏財風險不小，如會六煞忌，則有求偏財賺快錢之傾向。

橫財方面，寅申宮皆具橫財運，以祿存同度，或拱照較佳，其次貪狼化祿，若破軍化祿亦會上貪狼化忌較易暴發暴敗。

第四節　命宮在卯酉宮

一、命宮在卯酉宮天同坐守：為福德宮之主，其福為辛勞過後之清福，僅晚年得喘息而已，精神較高尚。天同化忌對感情傷害及神情意志傷害甚大，通常此類人較不清是非且白目。此命較柔弱怕事，難承擔精神壓力，得昌、曲、科，主思想聰敏，能學能成，但有點不務實，女命容易精神空虛，但內心感情很豐富多情，故對現實不滿，多對感情幻想，經不起誘惑，多沉淪情海反覆多變，會昌、曲更加感性，更經不起誘惑，不過女命得四吉可相夫教子，得雙祿可嫁賢夫或自身經濟獨立，因受太陰拱照影響，故「喜修飾美容」愛裝扮，若太陰入廟更是美麗，體態迷人，稍見一顆煞曜，可稱絕色佳麗，不過婚姻反而不美，化祿感性溫柔，財順遂，化權利事業性格也剛強，若會六煞、空、刑，女命人生多苦，婚姻刑剋離異，也主事業不濟坎坷潦倒，見桃花易入風塵。

二、父母宮在辰戌武曲坐守：主兩代感情不和或互動冷漠，見煞曜忌主「刑剋父母」，主多病災或事業不順，或早成孤兒，武曲入廟，若過繼或不同住者，已算刑剋之驗，化忌亦主少年祖產破耗家道中落，如見雙祿則沒破耗，家境富足。

三、福德宮在巳亥太陽坐守：主動、熱烈、外向，喜參與群體活動，多社交生活，太陽入廟旺，更有六吉主好動在外外緣好，反之落陷見煞忌，只是徒然忙碌感到辛苦，受巨門拱照影響，有勞心神之性，主多粗勞，見四煞尤確，若化忌更甚，在亥宮主忙碌，見吉可勞而有成，女命福德太陽在

生理對性有極大需求，也可遇上喜閨房樂趣之夫婿，如魚得水，見六吉尤確，但更見桃花雜曜，則因慾求不滿，夜夜春宵，如夫妻宮不吉者，恐有數度婚姻或婚外情，只為一個床第之事。

四、田宅宮在子午破軍坐守：主除舊更新，破壞舊物業換得新物業，更有祿存化祿主豐厚，適營建業或翻修房屋，注意命宮天同屬發於晚運，故中晚年置業，遇六煞祖業破敗。

五、事業宮在丑未天機坐守：主一生事業種類多變，也常一年換十二個老闆，以致歲月蹉跎，中晚年難有成就，應力求穩定，減少不必要變動，以見化權尤佳，較安穩。喜見輔弼主兼業兼行，多門生意，不見煞忌主發展良好，會昌曲化科有宜文化、出版、傳播、編劇、小說家撰稿及文字創作之工作，與天月同度與醫藥有關，中醫師、物理治療師、復健、護士等，或這方面作者，若昌、曲、化科，更有天巫、華蓋、空劫，則利風水命相之作者或技藝，因在丑未落陷，宜於公民營機關任職或大公司服務，見煞忌也力求減少變化，以獲安全感，始得三吉化更有昌、曲、龍、鳳、魁鉞，宜自由業變化的是顧客，而事業並沒變化，若會四煞，主無根流動之職業，如流動小販、船員，若不如此，事業不穩到老無成，如會空、劫、耗，宜實業工廠，以受薪為宜，不可投資，如兄弟、夫妻宮吉可考慮合作，但不宜金融、地產、股票之事業，否則傾家。

六、交友宮在寅申紫微、天府坐守：主交友廣闊友眾多，相交滿天下，但會小心擇友，故損友少。化祿可生財，化權

助事業發展，不宜見紫微化權，會受制於人，能力不如人，化科利學習，見雙祿有忠誠之友，如見六煞，主結交小人受侵吞、傷害，會四煞刑主友以德報怨，只是友人好壞各半，與陀同度為友義氣相挺自身招惹麻煩，不再見其他煞曜影響不大，如有陰煞、天月、天虛，主代朋友相挺而受騙，如作保，朋友跑路，自身需擔負責任，若有桃花雜曜捲入朋友桃色糾紛中，或受異性友人所累惹禍上身，會昌、曲化忌，受朋友下屬所騙，會廉貞化忌，主傷了和氣動干戈　會武曲化忌因財務之事而翻臉。

　　七、遷移宮在卯酉太陰坐守：朋友多來自各階層，見魁鉞主有貴人，見昌、曲，異鄉成名，如落陷雖友多，但君子少，小人多，見煞忌為小人侵奪受拖累。見火、羊會勞而無成，見鈴陀，小人侵吞，見空、劫主破財，不利投資。對宮天同更見六吉、三吉化，可在外創業致富，以太陰入廟旺尤確，若化忌不利財運，在外不宜投資投機，更有陰煞、天虛、天姚，主在外謀生手法不當，有受人非議之爭，落陷見四煞、煞輕忙而無成，重則生災，遇劫、空、耗，主「出外破耗」，此星系在外不喜與人鬥爭，一旦逼急狗急也會跳牆，並且反擊強烈。

　　八、疾厄宮在辰戍貪狼坐守：主肝膽，亦主性機能毛病，見桃花雜曜尤確，與煞曜對主痔病，若貪狼與陀同度，對宮武曲與火同度拱照，主肺病。

　　九、財帛宮在巳亥巨門坐守：鬧中取財，適武市之生意，基本為勞神費力，競爭得財，以「憑腦力及口才」，生財如

教學、傳播、演說、推銷、寫作、策劃之工作可發揮生財，若有三吉化六吉曜，主白手創業，遇祿馬更確，不見僅糊口渡日，有一特點，在得財後，「趾高氣揚，財帛盡露，不可一世，因人事不和而破了財運」，巨門在財帛宮，若子女宮不吉且見空、劫、耗，每主為子女敗耗，在亥宮獨坐受巳宮太陽入廟拱照，適合海外之財，得異國人士之賞識，如與外國人做生意，進出口業務，外國機構任職或上司為外國人，均利財運，否則宜從事專業研發，醫師、會計師之類，與羊同度，求財多競爭，適商業活動，陀同度財遲得，須耐心耗時，會羊、陀更有火、鈴刑耗，因財有糾紛涉訟，會火、鈴、空、劫、耗，遭人侵奪財物。

十、子女宮在子午廉貞、天相坐守：若見桃花雜曜，主女多，孩子有岳父母相，如不見煞刑忌，兩代情深如朋友一般，若化忌多病災破相，或遭意外，遇六煞，主刑剋，若見空、劫、耗有敗家子或受子女之累而破財，若有煞曜忌夾宮，兩代有情無緣，更見天馬主分離。

十一、夫妻宮在丑未天梁坐守：以丑宮較未宮佳，丑宮天梁會巳宮太陽不主感情變化，小心配偶災病，如四煞並照又見化忌，則帶疾延年，怕見天月主慢性病，如天月、天虛、陰煞、劫煞、大耗、月德、天刑齊照，丑、未宮之天梁，主配偶癌症，一般女為乳癌，男則胃癌，以會上五～六顆為準，若天梁與天壽同宮，可轉危為安或許不是癌症，或早期發現可醫治。

十二、兄弟宮在寅申七殺坐守：彼此冷漠，性質不壞仍

和諧，不相爭甚至手足品格清高，見三吉化主才幹，可在經濟上給自己助益，若會煞曜，只要不多見也不主生離死別，僅是冷淡，落於陷宮，易爭吵及生離死別。

事業財通論：

卯宮天同優於酉宮天同，如會煞忌多有求偏財傾向。丙年生人天同化祿事業較穩定，祿存在巳宮為酉宮天同所會有財氣，發於中晚年運，少年坎坷潦倒，若天同化祿不見火、鈴、空、劫，不主求偏財，雖早年職業變動大，宜走正行。丁年生人四化齊因財帛巨門化忌，主招事非或財源受議，如不見火、鈴、空、劫，激發力不小，求正偏財均有利。庚年生人天同化忌，再會上火、鈴、空、劫，才主偏財，但格局低下，若不更會吉曜，求偏財多挫折，且風險大，反不如正財順遂。

橫財方面，以廟旺太陰化祿拱照為佳，落陷則薄弱，以得旺宮太陽化權會照為佳，另天機、天同化祿均小橫財，巨門化祿以小賭為宜。

第五節　命宮在辰戌宮

一、命宮在辰戌宮武曲坐守：武曲乃求財之星，意為開創得財之意，得祿曜更得天馬，主富裕，若化忌不利財運，但可利用金屬利器生財，如屠夫、工業、軍警、外科醫生均吉，不宜財務、經濟、金融投資生意。亦不喜見空、劫，將財氣耗掉，若六煞會齊，則不可收拾。最喜自身化祿、貪狼化祿，可交際生財或利投資。在辰戌宮易成就大事業，會三吉化及六吉曜是上格，不過沒四吉曜則不宜見昌曲，否則易造成三心二意、優柔寡斷欠缺成大事者之決心。若會四煞有一技在身為宜，否則生活艱苦，再遇天刑宜武職、屠夫，化忌在命宮壽元夭短，有意外血光之災，若武曲化忌，貪狼對拱，更有羊、陀同度或對拱，主「夭壽」、「少年有病災甚重」或意外傷殘，也可能是肺病患者，或少年犯法即進監獄。若武曲、貪狼均不化忌，主「三十五以後始發」，但少年享受不努力，三十幾以後恐不能發。女命武曲不利婚姻，因性剛男人退避三舍，得輔弼可為女中豪傑，但愈不利婚姻，遇三吉化又有天刑為「社會聞人」，因軍事聞名，逢四煞者，幼年離開父母或感情不佳，不利婚姻臨交男友，欠子女緣，最喜雙祿、魁鉞可經努力而握經濟大權或財政要員也可因機緣而發，若會昌、曲，欠四吉流於優柔寡斷，適文化、出版、教育、採訪，以金融經濟、汽車工業題材為主，遇火鈴為上格，主暴發突發，若更有羊、陀、空、劫忌，則橫破，若祿存同度，主性格不善損人利己致富，若得輔弼，外剛強內忠厚，有良好品格，得人緣，女命吉曜吉化愈多成就愈大，婚

姻愈不利婚前，而婚後奪夫權或刑剋丈夫即減少，女命化忌落陷，會昌、曲桃花主行為輕蕩，生活放任婚姻不忠，如見三吉化及天刑，可自律，且事業有成，不過潛意識上仍喜挑逗男人，男命逢之因色遭災，中年後流連風月，有婚外情。

二、父母宮在巳亥太陽坐守：以入廟為佳，主與父母關係良好，以不見六煞忌尤確，會輔弼，主父母能承擔照顧之責，會魁鉞得父母幫助，在養育方面尤是，會昌、曲，兩代感情佳，尤其父愛，以日生人為確，入廟六吉齊會，主貴，更見祿馬主富，若化忌或更有四煞，則刑剋父親或多病痛，事業不順生意失敗。

三、福德宮在子午，破軍坐守：主安樂少憂慮，得雙祿、化權，主行動積極，勇敢果決，胸襟光明磊落，喜好刺激新事物，見吉多創意，會六煞，煩惱不安定。

四、田宅宮在丑未，天機坐守：除非從事炒賣投機，否則不宜多變，主祖業敗退，自置又失去，如見化權及輔弼較安穩，若化忌，愈變愈壞，大變小屋，小變租屋，若命格吉，可投資物業，可有作為，若得雙祿可在變換中積聚財產，若與祿存同度，更見火、鈴忌，主與鄰舍有紛爭，不和睦，若與六煞忌會，不是物業有問題，就是鄰里不和，天機落陷吉曜不多，主和吵架居住環境有緣，煞多常生怨。

五、事業宮在寅申紫微、天府坐守：具備管理能力，若財帛宮，廉貞化祿或祿存同度，可名利雙收大富貴，不見煞見諸吉可位居高位，府相朝垣事業穩定有表現，名利權貴，若紫微會雙祿不會天馬，應為受薪階層，財務經濟有出色表

現，可任財政長管、會計、精算師，若武曲、羊、刑同度，辰戌宮為軍警之星象，為領袖之才，若紫微化權，更會四煞尤忌弄權，否則弄巧成拙，與空劫會一吉一凶，凶者事業破耗運勢起伏，吉者宜往工廠之實業發展。

六、交友宮在卯酉太陰坐守：居廟旺，多益友，遠小人，益友以見四吉為確，小人以見化忌、陀、陰煞、天虛、天姚尤確，太陰因天機、昌曲化忌，受小人陷害，引入歧途，會空、劫、耗，主「因友破耗」，見火、鈴會僅增加一些困難，但見羊、陀和小人有關。

七、遷移宮在辰戌貪狼坐守：主交際，在外多社交應酬，見吉曜得財得助力可享福，見凶曜煞忌及桃花雜曜，因社交生災或沈迷花酒色欲以致破敗，也主在外多友來自五湖四海，見四吉多且有助力或遇貴人易享受應酬之樂，更見三吉化受人尊重，若化忌與羊、陀同度，主多好賭、投機之友，會空、劫、華蓋、天巫化科，主「多宗教方面應酬」，會輔弼更會煞忌，主友多是非也多，若化祿主大方花費受人歡迎，若會羊、陀，主「在外有災」或「遭盜劫偷失」，會空劫耗主失敗。與桃花雜曜會好色，若再見羊陀忌，主因色遭災，若見昌曲化忌、陰煞、天虛，主陰人陷害，若化忌又見昌曲、桃花雜曜，主被人奪愛。

八、疾厄宮在巳亥巨門坐守：消化系統主脾胃相互影響，若見羊、陀、忌刑為胃癌之兆，更見天虛、耗為陰疽、腐爛腫脹，若化忌，陀羅、天刑、天虛、耗在原局而流年遇武曲化忌，火同度，則與肺疾有關，見太陽化忌主高血壓、目疾、

頭昏，若同度或會雙祿為飲食過量，消化不良、胃痛。

九、財帛宮在子午廉貞、天相坐守：廉貞有商業性質，更見祿曜利經商，人際關係好，見吉有發展見煞艱辛，此星系是投資、投機商業命格，有暴發性質，但命之三方四正見空、劫、耗則不主富發展受限，與化忌空、劫、羊、陀會，主訴訟破財，與天刑羊同度尤確，與陀、化忌同度，因財生災或煩惱。

十、子女宮在丑未天梁坐守：主子女少，若有桃花雜曜，主全女，見昌、曲、科，主子女聰明多才，有天巫更有吉星吉化，主子女能繼承自身事業財產，若更有六煞主「小產、早產」或幼年多病或殘傷，會化忌尤以太陽太陰化忌最嚴重，更見孤辰寡宿，主孤單。

十一、夫妻宮在寅申七殺坐守：其人福德宮為破軍，對廉相代表有挫折、變化、反叛，故主遲婚，因易對象眾多，三心二意，女命丈夫要年長七至十歲，男命妻要年少七歲。配偶事業忙碌，少有家庭生活情趣。三十歲感情較穩定，配偶常為已婚人士追求，更見桃花雜曜尤確，此星系最易貌合神離，若命宮成「鈴、曲、陀、武」不利男命，女命武曲七殺坐夫妻宮，最不利，易受男人所累，故不宜太早情定一生，寅宮比申宮佳，因太陽入廟可解巨門暗晦。

十二、兄弟宮在卯酉天同坐守：入廟主手足多，與六煞刑會輕則不和，重則災病夭折，或幼年分離，唯分離少紛爭。

事業財通論：

辰戌守命，正偏財均有利。甲年生人戌宮因有雙祿較辰宮佳，一般不主偏財，但更會火鈴，可經由偏財行業起家，可大發。己年生人戌宮可有祿存較辰宮佳，正偏財皆吉，唯更會火、鈴、昌曲化忌，求偏財可發。庚年生人武曲化權，性情剛強，辰宮可會祿存比戌宮佳，一般主取正財而捨偏財，若火鈴同度或在對宮與貪狼成格，正偏財均吉，求財手法多樣化，可發，但不宜見空、劫、耗，否則財氣大減。壬年生人，武曲化忌在辰宮，要注意若貪狼與陀同度，即使成火、鈴貪格，亦為破格，在戌宮有陀同度，多是非挫折，正財難成，即便求偏財也僅糊口。

橫財方面，以貪狼、成火、鈴貪格為佳，但武曲不宜更會羊、陀、忌、空、劫、耗，否則橫發橫破。

第六節　命宮在巳亥宮

一、命宮在巳亥太陽坐守：在巳宮為幽微有早露鋒芒之象，利在外鄉異地海外成名或受外國人敬仰。在亥宮為「玉璽」，主藏名而得利，默默發展而成功，在亥宮更有雙祿馬反利經商發達，且沒財務負擔，若太陽化忌更有四煞，主眼睛不對稱。入廟性格具硬朗的男子氣卻有溫柔心，雖志高氣傲，但不失君子風度，見昌、曲、化科，更具遠見，見諸吉宜投入公職、從政，如經商成就較低，在亥宮須得雙祿天馬主富，但不利父親，化忌不利父親及眼目，有火同度尤確，且情緒暴躁失控，會四煞，橫發橫破，富貴不久，如與火、鈴同度，人生多挫，與羊同度易有糾紛，與陀同度有暗爭，落陷尤其如此，女命太陽居廟旺和男人一樣具爽朗不拘，個性心直仁慈，未免欠女人魅力，見昌、曲科，聰明，會天福增福澤，會輔弼增加慈祥及量寬的情操，在亥宮多進多退，性情急躁，情緒管理須加強與火同度更確。無論太陽廟陷與火同度，皆主性剛率直，人緣不足，做事不能圓滑，太直接使人有壓力感，如更有鈴、羊陀，每因這種性格惹來更重大波折事故，落陷不利，化忌更不利，每因感情玉石俱焚手刃情人或自殺，化忌在女命對男親刑剋最大或有緣無分，再遇煞，有寡婦跡象，或丈夫長期患病，中晚年常有白髮送黑髮人之事，另入破軍宮限，有非禮成婚之象。入廟但會六煞刑忌，為服務社會或普渡眾生，受人敬佩，入廟尤其如此。在亥宮化忌且見四煞，眼有一大一小之克應。

二、父母宮在子午破軍坐守：即使不見煞忌也主無緣分，

感情不佳，或父母不關心命造，見煞主刑傷。

三、福德宮在丑未天機坐守：機變靈活，與昌、曲科會，心思活絡不呆板，不受傳統侷限，主心思多變化，對事物無固定喜好，學問也博而不專，若見六煞，學而無成，無法成專業，若天機化忌，再見六煞，主自尋煩惱，精神壓力大，精神病患及生活壓力大而厭世者，便為此類。若見煞不多，主做事不知重點欠效率，且常服安眠藥，若與羊、陀同度與上述有相同性質，僅程度較輕，但化忌又見羊、陀則嚴重，如只見火、鈴、空、劫、刑耗，主勞碌奔忙，福薄心煩。

四、田宅宮在寅申紫微、天府坐守：宜購山地或住在地勢較高的地方，如大樓宜住較頂層，也主高尚幽靜之住宅區中，會雙祿宜置產業以高地為宜，與火同度更見羊、陀、空、劫、耗，主火災之驚，再遇流年羊、陀沖便主克應，忌見空、劫、耗及會武曲化忌、廉貞化忌，主破耗，與羊陀會主置業有糾紛，也主鄰里不和，流年田宅宮與昌、曲會再有流昌、曲，也會入主家人有名聲、名望之事發生，高中、考試名列前茅。

五、事業宮在卯酉太陰坐守：宜從事財務、金融、投資行業，與祿會尤佳，若會昌、曲，利教學、學術研究，會輔弼宜政界發展，再見魁鉞尤佳，盡量避免變動　成就較大，太陰會昌、曲、龍鳳，主「藝文界露頭角」，創作能力好，如會空、劫、耗不利財運，宜投入工廠實業，可做研究發明，雖事業有起落，但能有結果。

六、交友宮在辰戌貪狼坐守：主友多，相交滿天下，不

見煞忌刑耗則無損，多為吃喝玩樂，不致生災，見六吉友更多，應酬更廣，但不主助力及貴人，不宜見桃花雜曜，再見陀、陰煞、耗，除主酒肉之友且受其拖累，更不喜火、羊、忌，主受友陷害或手下人拖累，武曲化忌主為友破財失敗，貪狼化忌主朋友、下屬反成自己的競爭對手，遇桃花雜曜為「桃色而爭」，見空、劫、耗，劫煞主「錢財而爭」，天巫遇魁鉞主慷慨施予，恩光主名氣，天福主個人福氣，三曜並見則自身既享朋友之樂，也因對朋友仗義疏財，而受尊崇，若會煞、空劫，更有劫煞、大耗，因友破財，非自願付出。

　　七、遷移宮在巳亥巨門坐守：喜自身化祿、化權，利海外創業發跡，更見祿存尤佳，化權利海外憑才幹建立地位，能名利雙收，更有昌、曲、科尤佳，巨門欲主「司法人才」，以化權並見羊、刑、昌、曲、科相會，欲主「外交人員」，以太陽入廟會巨門，更有昌、曲、科、權、魁、鉞，就是不作外交事務也必派駐國外擔任文化經濟官員，或在本土處理外國事務，太陽巨門會昌曲，必擅外國語文，欲主商業必須有雙祿、天馬、魁鉞可為「公司營業負責人」。若巨門化忌主「出外口舌糾紛」，更有四煞則糾紛更多，更有天刑，防有官非，化忌與陀同度，主「進退不決，多疑不定」，化忌與夫妻同度或更有火、鈴為忙碌，勞而無成，巨門、太陽見雙祿主意外成果，但太陽在巳宮拱照巨門，反有才華或優點過露以致遭小人排擠，若化忌或見陀、陰煞、蜚廉、天虛、天月尤確。會四煞天刑主少人緣，多是非，嚴重者橫死他鄉，或官司牢獄。

八、疾厄宮在子午廉貞、天相坐守：主腎、膀胱之疾，更會桃花雜曜，主性病，須更見煞刑忌尤確，不見主好成人影片「遺精手淫」，會空劫或夾宮，更有天虛，「身體虛弱虧損」，女命經痛，會羊、陀刑轉化為外傷骨病，或時常心悸或心臟衰弱，此星系亦主腎結石、膀胱結石。

九、財帛宮在丑未天梁坐守：主貴不主富，會雙祿主有財氣可致富，見天巫可繼承祖產，若會化忌或太陽化忌會主因「財多紛擾」，和太陰化忌會，主因財而生精神隱憂，見煞尤確，與六煞耗刑會主破產傾家，或因財涉訟破耗，如有吉曜先苦後安，或寅吃卯糧度日，挖東牆補西牆。

十、子女宮在寅申七殺坐守：入廟旺，會六吉，主子女富貴但以先花後果為佳，或遲得子為佳，見煞忌主刑剋災病，不得子，空劫會因子女破耗。

十一、夫妻宮在卯酉天同坐守：卯宮天同宜早婚，酉宮宜遲婚，否則婚姻不美，但這兩宮位皆主配偶移情別戀，當命宮太陽在巳宮逆行到第四宮位（寅）夫妻宮為廉相對破軍，是一組背叛之星，會演變移情別戀，若順行第四宮位（申）夫妻宮為破軍對廉相，有可能配偶移情別戀，須見桃花雜曜才應驗，否則僅是感情上起變化，不一定是移情別戀，最關鍵在天姚沐浴所在之宮位。天同居卯酉俱主追求浪漫，再遇桃花便主追求閨房樂趣，若科文星聚集，主高尚，主配偶具音樂才藝，浪漫、詩情，生活有品味享受，但命宮太陽亥宮守命，夫妻宮天同煞星交疊，又有桃花雜曜，當鈴星天馬入福德宮，不論男女，在大運流年，俱會主動沈溺色慾追求。

十二、兄弟宮在辰戌武曲坐守：主不和睦有孤剋性質，較少互動，化忌更嚴重，且受手足侵奪，不適合作生意，如六煞並會主孤獨或為獨生子女。

事業財通論：

太陽在巳宮優於亥宮，亥宮即使吉曜化為日月反背，亦有偏財傾向。甲年生人太陽化忌，事業帶有爭執官非色彩，在亥宮更會六吉在偏財行業中可獲財，但風評不佳。乙年生人亥宮會太陰化忌，又形成羊陀夾忌格局低下，更有空、劫、旬空、截空、陰煞、天虛，則行業中有行騙使詐之性，財源穩定。丁年生人對宮巨門化忌，在亥宮人生多是非爭端，作風不正派，正行難成，偏財能得財利。戊年生人有名有利，但正行中辛苦，更有煞曜符合偏財。辛年生人在亥宮格局稍差，但也能獨當一面，若不見吉曜，卻有火、鈴、空、劫，可行偏行。

橫財方面，太陽居巳見入旺整太陰較吉利，也易得橫財，尤見太陰化祿，其次為巨門化祿拱照化權，再其次為太陽化祿或祿存同度。

第七章　紫微在卯、酉宮（論太陽在子午）

天相　巳	天梁　午	七殺 廉貞　未	申
巨門　辰	紫微在卯酉表		酉
貪狼 紫微　卯			天同　戌
太陰 天機　寅	天府　丑	太陽　子	破軍 武曲　亥

破軍 武曲　巳	太陽　午	天府　未	太陰 天機　申
天同　辰	紫微在卯酉表		貪狼 紫微　酉
卯			巨門　戌
寅	七殺 廉貞　丑	天梁　子	天相　亥

第一節　命宮在子午宮

一、命宮在子午太陽坐守：在子宮為「天宜」，富感情卻不會太感情用事，但承受力較弱卻不會衝動生災，易生貴子，須參看子女宮吉凶曜，在午宮為「日麗中天」，氣魄非凡，多奔忙收入高，支出也大，在此宮限近視或散光，若化忌更有四煞，主眼睛不對稱，在午宮，性格硬朗，具男子氣慨有溫柔之心，對他人仁慈，不失君子風度，更有昌、曲、科眼光獨到，宜公職，從政可順遂，從商成就不如從政，更見雙祿天馬主富貴雙全，但須為日生人且不會煞方合，在子宮作事勞碌，人緣不佳，虛浮不實，以經商或一技在身為佳。太陽化忌不利父親及眼目，有火同度尤確，且情緒暴躁，若會火、鈴同度，人生多挫，與羊同度易有紛爭，落陷尤確，若四煞全會「橫發橫破，不耐久」，女命午宮坐守，爽朗不拘小節，心直仁慈，但陽剛重，欠缺女人魅力，會三吉化貴為夫人。但是也有獨當之一面，聰明慈祥，福大量寬，不過事業及財務壓力也大，見昌、曲科，聰明會天福增加福澤，會輔弼慈祥量寬，在子宮「做事不果斷，性情躁急」，與火同度尤烈。不管如何，太陽與火同度主性剛率直，人緣不足，做事不能圓滑，更有鈴、羊、陀、忌，更因此性格惹來波折事故，每因感情誤事，因妒成恨，玉石俱焚及自殺，女命化忌與男親有緣無分，少年剋父、夫，老年剋子，宜遲婚。太陽會六煞、刑宜為服務社會，太陽入廟尤是如此，太陽會空劫，每多宗教思想，受天梁拱照更是如此，佛家、道家、基督教之傳人或修女或在宗教組織工作，太陽會鈴、羊、陀，

性格嚴肅拘謹，腦袋直，不擅男女調情，多寄情福利事業。

二、父母宮在丑未天府坐守：喜見祿星，主父母經濟良好，更有天巫同度，能繼承遺產，但若與祿存同度，主父母反而管控子女財務，不輕易從其手中流出分毫，與羊同度，主兩代不和，為男命自然是父子不合，女命為母女不合，與陀、火、鈴、空、劫，刑相會也主父母災病刑傷，不同居可免刑傷。

三、福德宮在寅申天機、太陰坐守：在申宮喜靜趣，不喜喧吵人多之場合，若會煞曜，則心中所欲不能如願，求靜反多心煩不安閒。若有昌、曲，主品味高雅、頭腦敏捷，見空劫精神空闊，多新奇創意，精神爽快，若太陰化忌，內心不安，更有空、劫、天空，多不必要煩惱，空幻想無益之事，與羊鈴同度，主多欲不滿足，更見空、劫、化忌則更嚴重，且精神壓力大或精神疾病，做事欠效率，須服安眠藥。

四、田宅宮在卯酉紫微、貪狼坐守：主由美好向損壞方面變化，搬遷每況愈下，大變小，新變舊，即使不搬也漸見損壞，與火、鈴同度可突發自置產業，但也主流年火燒星系，流年羊、陀、沖會原局大限之羊陀才是，而流年大耗也會入田宅宮。與祿存同度更有三吉化，主產業豐厚，須自置，天巫同度主繼承，若有鸞、喜，主樓房美觀，見鳳閣對裝飾家居有心得，貪狼化忌主競爭，流年入田宅宮主是非或鄰里不和，重者引起官司，會六吉曜或雙祿可購山坡之高地，居住半山區或高樓頂層，宜炒賣地產，物業投資。

五、事業宮在辰戌巨門坐守：最宜口舌生財或為是非生

財，前者如推銷、演講、教學、傳播、娛樂事業，後者為法律，若想創業，必須見科祿權、祿馬、輔弼、魁鉞才是，如見六煞刑主格局低宜一技傍身，若想習醫，需巨門會昌、曲、羊、天月、刑，若想成為律師、法律家，需巨門有化權、化祿、化忌，更有昌、曲、天刑、羊。若政治家為巨門化權，更有六吉其人辯才無礙有說服力，若巨門化權或化忌且吉煞並見輔弼、羊、刑並會主軍事家，若化忌更見雙祿，邊緣求生致富發跡，若化權更有四吉、華蓋、天巫可為宗教宗主，凡巨門遇昌、曲、化科、天才，主頭腦敏捷，在善辯口才上得成功。巨門遇雙祿，天馬可為商業鉅子，巨門吉化遇昌、曲、科為社會聞人，巨門與煞刑耗會煞氣甚重，行旁門左道生財，觸犯官非刑法，一生起伏。

六、交友宮在巳亥天相坐守：不見輔弼助力不足，不見煞忌主友善、和諧關係，見祿存主友忠誠，見三吉化主朋友多才幹，因受武破拱照，易被友人恩將仇報，見四煞尤確，見空、劫、耗，因友破財或遭友侵占。

七、遷移宮在子午天梁坐守：出外謀生得遇貴人，更見魁鉞，主得貴人扶持，若會吉旦祿曜相會，反適合海外經商致富，天梁化權在外受人敬重，化科利海外升學，但在午宮因子宮太陽落陷，雖遠遊他鄉外緣差人緣不佳，易有紛爭，更有祿存同度，便為小人傾擠，更見陰煞、忌、天姚，在外更受人陰謀暗算，天梁會火、鈴，主出外有災，會羊，主爭奪不和，會陀主遭遇小人陰謀。

八、疾厄宮在丑未廉貞、七殺坐守：火星同度主肺疾，

廉貞化忌主吐血、腐爛膿包、亦主意外受傷、骨折傷殘，與羊同度主幼年多災病，性情急躁、易怒，也主肝病，若廉貞化忌，與七殺同度，再見煞重也主出血之病症及癌瘤，與羊同度也主腸胃出血、腸胃炎，煞重主瘤。

九、財帛宮在寅申借對宮天機、太陰坐守：天機主流動，太陰主生財，適合各種現金交易生意，如零售或其他服務生意，為白手起家或自身創業起家，不喜空、劫、耗會（流月逢之，主盜賊），大致上指生意不景收入減少倒閉、失業等，更見昌、曲、化忌，並有陰煞、天姚、劫煞主受騙，和諸煞會主因財糾紛，更見忌主破敗，太陰入廟旺以自身化祿，財氣最旺，與祿存同度，主有財而遇小人垂涎。

十、子女宮在卯酉借對宮紫微、貪狼坐守：主遲得，如與天壽同度更是如此，與子女年紀有很大距離，如會照、桃花雜曜，主先花後果，正室有女無子。此星系子女秀出，志高氣傲、性情倔強，若六吉三吉化相會，主品格高尚，並且有成，若會六煞忌，則子女剝削父母，破敗祖業家當，易犯官非，若得三吉化，可得強父勝祖之子。

十一、夫妻宮在辰戌天同坐守：因在天羅地網宮，天同難衝出，故戀愛會不斷的遭遇波折，且本人與配偶志趣不相投，因興趣性格不相投，其人自然會找一個不適合自己的人為配偶，女命宜長配，男命宜小配，與火、鈴會易分居兩地，再與羊會離異，與空、劫會難得結婚對象，會陀主不和，天同化忌更有地空、地劫、天空、旬空、截空、天虛、天月、陰煞等，主丈夫因病不能人道，有名無實。受巨門拱照，主

志趣不相投，精神不痛快，見空、劫，感情逐淡，貌合神離或同床異夢。

十二、兄弟宮在巳亥武曲、破軍坐求：主孤，不和睦無良助，若武曲化忌受手足掠奪，不宜合夥，以分居為宜，若吉曜吉化會可改善感情，仍不宜合作，若會六煞刑忌，主孤獨或獨生子女。

事業財通論：

太陽午宮性格光明磊落，作風豪邁不凡，無論求正偏財都是性情中人，即使是風塵女子也是義氣兒女，不過少見吉曜吉化之時，流於好浮華、好面子，虛而不實，無論廟陷皆可求偏財，但午宮比子宮優，若午宮會六吉，樂善好施，不會煞忌不主偏財，在子宮即便見吉曜，亦主偏財，太陽化祿為正財，若居子宮稍有煞，亦可偏財又會祿存，財氣大增，正財不如午宮理想，若偏財雖名氣不彰卻利致富，太陽化權，巨門化祿，從事業宮會入利口舌生財、外務工作，處理人的問題可得財祿又得名，但會照文昌化忌，帶行騙之味，偏財性更重，太陽化科，突顯了名氣，在子、午宮皆主名氣遠播，一則名留青史，二則惡名遠播，關鍵在會吉煞可行偏財獲利，但名聲不佳，太陽化忌人生多是非，求偏財更是招惹是非，易與人結惡緣，尤其子宮化忌更會火、鈴、空、劫為偏財之命，但福澤較淺，需多佈施行善添福報。

橫財方面，最好見財帛宮太陰化祿與天機化科同度。若

太陰化忌則一生橫財無望，須苦幹實幹自行打拼。

第二節　命宮在丑未宮

一、命宮在丑未天府坐守：主「財帛的庫府」故有保守、穩定本質，不過性質不良便會形成自私自利吝嗇的性格，由於性質保守欠缺創意，喜百官朝拱，與天壽同度主長壽，女命臉上都長一個豬膽鼻，天府性情忠厚，見輔弼尤確；見昌、曲、科聰明有毅力；善為人排解糾紛，見魁鉞尤確，更有三吉化事業成就極大，若天府會空、劫，則為空庫，主耗財人孤獨，女命六親緣分不足，見四煞乃「善謀好詐」，更會昌、曲、化忌、天姚、陰煞、天虛，更是偽君子一名，女命天府有了家庭便會以家為重，能得六吉、三吉化在事業可大展身手，又可維持家庭，女命六煞並見也非大奸惡之人，也可受人尊重，但卻在保守及人生安全感方面多做打算，欲深無法滿足，不利婚姻、六親，晚景孤獨。

二、父母宮在寅申天機、太陰坐守：在申宮可免刑剋，如天馬同度，主幼年離家，更有吉曜可能父母在外地工作，或自己海外求學，父母工作可能奔波全球，只要不見煞忌，主父母雙全，若化忌不利母親，更有四煞、天月、天虛，主多災病，此宮有紫府夾宮主貴。

三、福德宮在卯酉紫微、貪狼坐守：主自尊心強，好排場面子，不易服人如命宮不吉，因性格強烈運途起伏，會六吉主福深，若有昌、曲更有桃花雜曜，主風流，見煞招災，與陀同度，主自尋煩惱，與桃花雜曜會主為情欲而煩，會忌主多憂慮，會武曲化忌，為財、經濟而煩，會廉貞化忌，為感情倫常之情而憂，會貪狼化忌，更見空、劫、耗為財競爭

而煩，更見桃花雜曜，為情欲而煩，見昌、曲、化忌主心術不正或被騙而煩。此星系好酒、賭博、風月，更見羊、陀、忌言語粗俗，女命與桃花雜曜會必好打扮、性感，到了中晚年也是如此，有火、鈴同度，除主生活充裕，另一面「性急氣躁、遇事需緩」，若命宮不吉則有官司或仇鬥，要收斂脾氣，否則災厄到來。

四、田宅宮在辰戌巨門坐守：物業業權不穩常搬遷，得而後失，祖業不守，若化權化祿更見四吉則不斷有物產產權變化而可自置產業，巨門化忌主家境不安，多爭吵，會六煞刑不宜置業，易有糾紛官非或家宅不寧，以租屋維生。

五、事業宮在巳亥天相坐守：受武破拱照，主「事業有成有敗，時得時失」，當吉凶並見情況更是反覆，天馬同度拱照，宜流動生財或主事業多變動，會空、劫、耗，宜一技在身，再見吉、祿曜，方可創辦工廠實業。有龍鳳者宜從事藝術技能，即便會六吉曜，三吉化也宜退居二位勿當負責人。見吉曜適從政，見三吉化更佳，刑忌夾印多破敗，財蔭夾印必發達。

六、交友宮在子午天梁坐守：主友不多，但多正直有吉曜三吉化，主「正直之友」及「受手下人擁戴」，只見輔弼僅友多未必有助力，見火鈴因友受災，受下人拖累，羊同度，是非糾紛，陀同度主小人與暗爭。

七、遷移宮在丑未廉貞、七殺坐守：未宮比丑宮吉，皆主出外有名聲，見雙祿能發，廉貞化忌則是非多，但有羊刑主「出身軍警兩界」，也適合工業實業，在事業能有一番表

現，但此星系煞氣很重，四煞、忌會主「牢獄之災」，不行正路即驗，若天刑耗忌會，主客死他鄉意外身亡，流年逢之不出遠門為佳，切不可移民，若逢雙祿可發，在原居地反不能發揮此優點，但又見煞忌重重，又主死於道上，客死他鄉，與六煞忌會必有災厄，有劫、煞、耗主因財生災，更見桃花雜曜因酒色生災，不宜流連風月

八、疾厄宮在寅申借對宮天機、太陰坐守：主神經系統，更見桃花雜曜，主心理或精神機能引致不舉、陽痿，或女士性冷感，與六煞、刑會主腎機能如水腫、糖尿病，女命主經期不準、經痛，煞重子宮癌或子宮頸癌，須見桃花雜曜，如會羊、刑、耗，因病手術或意外傷，若天機化忌，見煞亦主高血壓、肝癌、肝硬化。

九、財帛宮在卯酉借紫微、貪狼坐守：因借星成「府相朝垣」，基本財運不低，與空劫會財來財去，不能聚集，得雙祿主財豐，一生有財可用，可經商。若火鈴貪成格，主富及橫發或意外之財，不宜再見羊、陀、空劫，否則橫敗，貪狼不喜會化忌，主求財多競爭勞力費神，會三吉化無祿存、火、鈴，還是財富不足，貴氣有餘，會羊、陀、空劫、耗，主賭博投機傾家，不宜做金融股票、期貨投資，會桃花雜曜，因色破產，若再見雙祿、天馬、三吉化，適合以服務異性生財，也宜從事娛樂業，與天月同度，更見羊、陀、忌「因病損財」，更有雙祿火鈴可經營藥業及健康保健食品、器具有關生意。

十、子女宮在辰戌天同坐守：為吉星性質祥和，兩代間

有感情，但子女性格柔弱，不能擔當大事或自主獨立，見化祿及祿存尤驗，在天羅（辰）地網（戌）宮見火星反增加突破局限之能力反可獨立。首胎見女為佳，孝順且有成，更見鸞、喜，主女多子少。見煞忌有刑剋。

十一、夫妻宮在巳亥武曲、破軍坐守：亥宮不如巳宮甚遠，「日破遇非禮成婚」，行經太陽居子為大運夫妻宮時，及午宮時為最確，多主無媒苟合，多主動移情別戀，太陽居陷卻有許多災難性，如鈴、刑耗交侵化忌主強姦遇暴，故注意交朋友，更不宜走夜路，出門有伴為佳。武曲有孤寡刑剋，破軍有除舊立新，故主與情人、配偶性格不合刑剋，當三方有化祿疊馬遇煞，便會對身旁人不滿，易受第三者追求誘惑。若無化權、化科而祿馬遇煞，女命縱格局佳，易因婚外情而移情別戀，亦主自身多桃花，武破動蕩不穩定，稍遇煞易分離，若見空、劫因窮困各自分離，見火、鈴得不到閨房之樂，夫妻有名無實，凡武破行經太陽、太陰宮垣遇煞忌，決主變化感情生波，若太陽、太陰落陷尤確，宜遲婚或同居，尤不利女命。

十二、兄弟宮有子午太陽坐守：日生人入廟不見煞忌，主兄弟有情，肝膽相照，更見雙祿主經濟支應，若夜生人或落陷，即使不見煞忌，也不利手足關係，羊同度或太陽化忌，主多爭不和，無依靠。

事業財通論：
甲年生人化祿在遷移，丁年生人財蔭夾事業宮，戊年生

人化祿在事業宮，未年乙年壬年生人皆可會祿存在丑宮，丙年戊年辛年生人皆可會祿存，故利正財。除無祿曜，則帶有偏財性質，尤會上空、劫、天空、旬空、截空、四煞、陰煞、劫煞、天虛，方主偏財。

　　橫財方面，天府不主橫財，如財帛宮成火、鈴貪格，才具橫財運。

第三節　命宮在寅申宮

　　一、命宮在寅申天機、太陰坐守：主感情豐富，「重感情」的特色，可是感情又藏而不露，加上天機多算計、機謀的本質，便發展為內斂及權術，喜運用計謀，以太陰化忌或天機化忌或會昌曲化忌尤確。此星系人比一般人較有直覺靈感，或許較有第六感能聽到、夢到他人心裡所想，或見靈異之物，尤得天巫、華蓋更確。在申宮形成紫府夾命宮，主貴人，有貴氣，以太陰化祿更驗，若化權為權重。女命主容貌美麗，富感情，善應對與待人處世，也易因感情而受挫，申宮比寅宮人美麗，若天機化忌更見昌、曲、鸞、喜，這類女人使男人神魂顛倒，加上美麗動人，唯感情易受挫，為「帶刺的玫瑰」。太陰在寅宮為「天昧」，主為人性多游移，進退不決，在申宮為「天潢」，為人福厚祿重，事業偉大或善應變，有權術，富幻想，有雄心，在寅宮不信任人，做事欠恆心，心大心細難成大事，以受薪行政工作為宜，在申宮主善應變，能處理事務，不乏愛感情幻想的喜好，女命多愁善感，感情關係多浮動，有失戀苦戀之味，太陰化權與天機化忌同度主權術，見吉星吉化「福深祿厚，事業光明」，太陰喜自身化祿，會天機化祿宜零售，會天同化祿僅富足，太陰會化權、化科主「剛柔相應」，若太陰化權會天機化忌，主多心計，更見空、劫、陰煞、天姚，主心術不正，旁門左道　會昌、曲，文章秀發，亦增感性一面，更見煞曜忌反易受感情挫折，女命尤是如此。此命格為機月同梁格，適仕途官員從政，或公職等，若會四煞，人生起伏大，以受薪、一技在身，若遇四煞，有

落地他遷、祀出、虛驚等遭遇，參看父、母、田宅宮亦不吉者，主祀出或過繼他人領養，會六煞齊會更有刑忌，主壽夭，女命見輔弼性剛強，持家有方，若會齊六吉，及祿馬則精於頭腦生財，或零售批發業。

二、父母宮在卯酉紫微、貪狼坐守：主無刑剋，輕鬆幽默，沒代溝但互動不深各自有私心，父母不太侷限自己，若見桃花雜曜，主有繼父母或多外遇，若會六煞，主父母對子女過嚴苛，與火同度，主幼年與父母分離，若羊、陀同度，更有刑忌，主父母有危症，或意外。

三、福德宮在辰戌巨門坐守：主「勞心力，費精神」，見吉曜吉化亦是如此，但勞而有成，若見煞，則精神壓力大，心境不安，若化忌主「憂慮」，心神不定，更見煞及天月主長期失眠，會火、鈴同度，主糾紛及鬥爭，與羊同度主口舌，與陀同度主「自尋煩惱，多憂慮」。

四、田宅宮在巳亥天相坐守：以得祿為佳，更有三吉化吉曜主產業豐厚，不喜空、劫、耗，祖業難守，自置亦困難，在巳亥宮受武破拱之影響，家產祖業逐漸退去，若會化忌或刑忌夾印，主不同克應，如巨門化忌，主口舌事端，天月同度多病，災煞、劫煞、陰煞、天虛同度，主多災，諸煞並見家宅不安寧，羊同度主是非，更有刑忌主涉訟，火、鈴同度主糾紛，陀同度主災禍，何種災禍須看遇何星雜曜，若成財蔭夾印可因地產大發。

五、事業宮在子午天梁坐守：見吉曜吉化可服務公職多晉升，受人提拔，與昌、曲、科、刑，會利司法或執法者，

在午宮與四吉化權、化科相會，可為政界官員，會祿存、化祿、天馬、魁鉞、化權可為「商業鉅子」，會天馬、昌、曲、科，主「揚名海外」，會三吉化，輔弼，主「位高權重」。

六、交友宮在丑未廉貞、七殺坐守：主人緣廣結，見吉結善緣，見凶結惡緣，吉得祿存，更有六吉，主「因友得財」，下屬助力夠，在事業有得益，也主感情深厚，廉貞化忌遇煞，主與友感情不良，且受拖累，不適合夥，會羊刑主官非，會空、劫、耗主損財，兩星系合起來主官司破財，會陀、火、鈴、耗，受「下人陷害破耗」，七殺易結交小人，陀同度小人妒忌，羊同度，受拖累，空、劫同度，遭偷盜或受侵吞，祿存同度小人傾擠，火、鈴同度遭陷害。

七、遷移宮在寅申宮借對天機、太陰坐守：欲在外做生意以得祿為佳，若與太陰、祿存、化祿相拱照主「出外得財」，更見馬同度或拱照，為「祿馬交馳」，尤適國際貿易，如不見雙祿僅見天馬，為旅行之命，居無定所，更有諸煞奔忙不定，異常勞碌。太陰入廟旺，主友眾多，易交朋友，來自各階層，得吉曜尤佳，見魁鉞，出外近貴，見昌、曲、科，他鄉成名，落陷，君子少小人多，受拖累，見火羊相會主勞而無成，見鈴陀，小人侵吞，且空劫，主破財不利投資，見耗同度尤確。太陰化忌在外不宜投資，投機更易破敗，更有陰煞、天虛、天姚，主在外手法有違法不正當性，有口舌是非，與天機化忌同度，主猶疑進退，太陰落陷見四煞，輕則忙而無成，重則生災，太陰坐遷移不喜與人鬥爭，看似較軟弱。

八、疾厄宮在卯酉借對宮紫微、貪狼坐守：主脾臟、消

化系統，亦主性機能毛病，主腎病，如不見其他桃花星及煞曜，僅主性欲強，女命須留意命宮及福德宮是否有淫亂之象，會天姚咸池，主手淫及遺精引起身體虛弱，會鸞、喜，女命經期不準、白帶、子宮暗疾，男命性欲旺盛而虧損，如會羊，男性主包皮動手術，女命生殖系統炎症，若會羊、陀、鈴刑為動手術之象，亦可能意外受傷，與火同度主皮膚病。上年紀人注意風濕痛，與地劫同度主胃疼，與地空主頭昏或低血壓，與貪狼化忌同度，主虛火引起性功能亢進，引起腎虛寒之象，如腰膝痠軟、遺精、滑精，主陽痿，這是縱欲過度，女命較輕，主經期病，貪狼與煞會主痔病。

九、財帛宮在辰戌天同坐守：白手起家，主先苦後甘，事業財富由零開始，中年積存，見雙祿主白手起家成小富，尤利經營零售生意，化祿為富足，化權財運較穩定，以更見入廟，太陰或見祿為佳，化忌不利財，其損失和感情有關，會六煞不利財運易倒閉，宜一技之長，更見龍鳳便擁有技藝優點。

十、子女宮在巳亥武曲、破軍坐守：主兩代不和，難相互理解，見煞忌，主子女刑剋災病，或子女破相，且僅得一子，遇忌、四煞、空、劫者，無子，有亦多刑剋，也主生育有難產，或早產夭折，男命多有花無果，對長子較不利。

十一、夫妻宮在子午太陽坐守：午宮比子宮佳，夫妻宮居午宮不論男女，主配偶性情爽朗、樂觀，喜熱鬧。午宮日麗中天，婚前火速熱戀，婚後傾向喜在外活動助人及不顧家室之狀況，定主配偶辛勤、天真、活潑，陽梁主別離，主配

偶沈迷助人，反而忽略家庭，在外忙碌少閨房之樂，容易傾向發展婚外情。太陽居子為夫妻宮，主配偶易招惹是非、困擾，尤主與配偶家之兄弟不和。另有「寅吃卯糧」之困境，也帶有任由事情惡化也不去補救，即使明知配偶愚忠，自己也甘為配偶一起捱窮，明知受人屈辱也會維護配偶，子宮反映出配偶與自己都毫無人生遠慮，且人緣不足，不論在子午宮，在行經破軍或巨門運限為夫妻宮時，易生問題，不論男女凡太陽化忌在夫妻宮，皆主男性不利，女命尤主受男人所累，男命可做自身命盤來解讀，尤其大限流年遇之。

十二、兄弟宮在丑未天府坐守：見輔弼助力大，魁鉞主可依賴，見昌、曲主才藝，若會六煞、刑忌耗，主刑剋不和或手足少，反要濟助手足。

事業財通論：

申宮比寅宮佳，為「機月同梁作吏人」，故適受薪，無論見吉見煞，能規矩打工固定領薪，可平穩渡日，但多見煞忌則格局較低，易偏財路線，更見祿曜，可獲利，以寅宮會煞較向偏財，若天機化祿和太陰化忌同度，雖財來財去，適合零售批發買賣，利於貨品買賣，如不從事此業，不利財性質便會發揮，若更有空、劫、天空、旬空、截空、天虛、陰煞，則帶行騙性質，作風不正，雖可獲利，亦為福澤淺薄，尤以寅宮有陀同度為詐騙行事，天機化權變動性較小，在寅申宮辛勞紛爭，是非難免，偏財不易賺取，但能白手興家，天機化科與太陰化祿同度，可憑正財發展，在寅宮得雙祿，不主

偏財，見火、鈴、空劫，則進偏財，財源穩定，天機化忌，有行騙性質，鑽牛角尖，具煞，旁門左道生財，太陰化權同度，落陷反弄權，手法不光明。

橫財方面，天機祿曜利生橫財，在投機市場或賭博中獲利，更得昌、曲、科尤吉，可用精確計算分析之方式得橫財來源，如賽馬、股票、地下六合彩等可帶橫財，如會煞曜則機會少，甚至人生多破財陷阱，博橫財當心損失慘重。

第四節　命宮在卯酉宮

一、命宮在卯酉紫微、貪狼坐守：為「桃花犯主格」，在酉宮為陷地苦多吉少，而無煞忌亦成佳構，喜百官朝拱，得輔弼有強大領導力，及事業有表現，魁鉞增加機遇，昌、曲增才智，若無四吉則流於風流多情，喜祿馬適經商，見火、鈴，人生艱苦辛勞，不安閒，羊、陀會性格暴烈，手段激烈，會空、劫想法不俗，不易為人了解，精神上比較孤獨，會化祿以財改運，化權以權柄地位改運，化科以才學名氣改運，若見空、劫、天空、華蓋，乃為出世之士，亦可是精研宗教、哲學博士，或精通五術的大師，見四煞，更有吉星吉化，主在紛爭中卓然有成，若吉多煞少可任公職從政，若煞多吉少以經商為佳。但與羊同度，易有「官非口舌」之災。另一缺點即耳軟心活，喜討好之言、奉承、聽信小人，尤在巨門守命之宮限，若與桃花雜曜相會，主好色及無所不好之性格更烈，若更有羊、陀、忌、昌、曲，為至淫，易因色招災或沈迷肉欲破敗家業，若破軍為身宮，則格局低下，更見羊、陀、忌，男命狂醉豪賭，視色如命，更見咸池、天姚沐浴則更是如此。女命浮蕩欠缺家庭責任，由於容於情欲深重，更顯淫蕩不羈，當遇昌、曲，更有「天虛、陰煞」，則「心術不正」、「作事虛而不實」，空有計劃，不實踐，耐心不足，走旁門左道，行偏鋒，若更有昌曲化忌，善巧騙，無煞見四吉，且貪狼化祿，宜政界及公關娛樂，若化權則宜軍警保安，女命與男命同多有嗜好，善公關交際，見羊、陀忌，嗜菸、酒、賭，見華蓋、天巫、化科、空劫、天空，則「宗教信仰」且

喜愛命相，女命見吉曜、三吉化主有「丈夫之志性剛毅」，旺夫益子，見昌、曲、桃花雜曜，則「好裝扮」。會火鈴成格主意外之財，亥、卯、未年出生者，貪狼坐命在卯宮，主貪心品行不正，有嗜好傾敗家產，或偷盜行為，且不明是非，恩怨不明，無理智，見吉曜減輕。

二、父母宮在辰戌巨門坐守：主關係不和，口舌紛爭，欠家庭天倫之樂，有雙祿刑剋父母雙全，見祿又見煞忌，可得經濟支持，但天倫之樂較無福分，易生口舌，見天巫可得遺產，有魁鉞尤確，若見六煞刑，除了不和外也主傷害，刑剋父母不能雙全，嚴重者，在孤兒院或由他人撫養。

三、福德宮在巳亥天相坐守：有擔當，能負責但易隨波逐流，受外界環境影響，與雙祿會富足，見輔弼能知足常樂，與化忌同度，或成刑忌夾印，主思緒不寧，見煞尤甚，此宮即使不見煞忌也主「奔波勞碌」，天馬同度心思多變，煞重勞而無成，與空劫會或夾宮，主「多夢幻想」，多想而不行動，命吉者也影響成就，不佳者，更是坎坷，自我設限，若會六煞則欠恆心、毅力，無法成就事業。

四、田宅宮在子午天梁坐守：能得庇蔭，更得天巫、魁鉞，始主繼承祖厝，若會四煞，主置業多糾紛，及鄰里多是非，流年逢不宜置業，但可投資炒賣地產。

五、事業宮在丑未廉貞、七殺坐守：一般適「工廠實業」，若見空劫，不從事此業反多破敗，見祿可發。若會四煞刑，適「軍警保安」，更有輔弼、三吉化，可位高層領導，見吉曜吉化適實業管理或從商，若廉貞化忌，宜一技之長或武職，

此星系化祿可經商，但見四煞刑忌，煞氣很重，主「牢獄之災」，因事業犯官非。

六、交友宮在寅申借對宮天機、太陰坐守：若天機會忌或太陰化忌，更遇陀、陰煞、天姚或見昌、曲、化忌，受小人誣陷，最嚴重或誤入歧途，此星系主多友但未必有深交，若太陰入廟旺多益友，在陷宮則多小人，以見忌、陀、陰煞、天姚為確，若見雙祿主朋友多，幫助生財，宜合作事業，與火、鈴同度，友愈多爭鬥愈多不和。

七、遷移宮在卯酉借對宮紫微、貪狼坐守：在外必有排場人面，受人敬重，會輔弼有貴人扶助，與祿馬會可在外經商，再見化祿財氣更大，但若貪狼化祿無其他吉曜，可能在外風花雪月，若與祿存同度主「受人排擠」，出門多麻煩糾紛，與羊同度，人緣不足，口角是非，在外會入較輕，若有火、鈴同度，主橫發，但見羊、陀、空劫，亦主橫破。此星系在外多朋友，見吉因多社交應酬而得財力享受，不吉因社交生災或沈迷酒色招致破敗，若見三吉化受人敬重，友多，貪狼和羊、陀同宮，主好賭好投機之友，會空、劫、華蓋、天巫、科，主「多宗教之活動」，貪狼化祿主大方花費，受人歡迎，與桃花雜曜相會不見煞忌，主風流，見煞忌「因色招災」，若見陰煞、昌、曲、忌、天虛、天姚，則「陰人陷害」，貪狼化忌再見昌、曲、桃花雜曜，主被人奪愛。

八、疾厄宮在辰戌天同坐守：福星不論是否入廟，只要不見煞忌，沖主災少。主膀胱、泌尿、生殖、性機能，也包括痔疾，見四煞主生殖性機能，男子前列腺炎、疝氣，女子

主子宮婦女毛病，若見四煞更有桃花雜曜，主性病，因受巨門對拱影響，亦主肢體傷殘、筋骨病、中風癱瘓，以見四煞尤確。

九、財帛宮在巳亥武曲破軍坐守：主求財甚為艱辛，不穩定，波浪起伏，財來財去，若見祿曜始能積儲，不見反有六煞化忌，則大風大浪中破敗，最不喜與羊、陀會；羊會，主爭財激烈，陀會受人侵吞，若武曲化忌，主經濟有困頓易支調借錢，不利經商及投資投機活動，反利刀劍利器生財，從事「工業實業」或武職、屠宰業，再見空、劫、耗更不利，多忙碌而少成。

十、子女宮在子午太陽坐守：在午宮子女秀發，品性良好，性剛直，早獨立有成，再見四吉曜三吉化可得「貴子」，有社會地位。得昌、曲學業有成，兩代感情佳子女賢孝。但見羊、陀主受氣，在子宮更不利長子，逢化忌更驗，輕則感情不和，重則早產、傷殘、早夭或一生多病災或早年災害意外，更見煞尤確，刑剋甚重，子女多卻「一子送終」，或感情冷淡，沒有倫常之情。

十一、夫妻宮在丑未天府坐守：男命一定娶妻賢淑，但有二種情況變化：①仍有妾侍或外遇，而妾侍及外遇不論才、貌都不及妻子，②仍得賢妻，但會離婚再娶第二任妻子，比首任更聰明、美貌、能幹，且有助自己事業，首任賢淑但無事業錢財助力，有外遇與離婚再娶性質不同，首任與第二任妻子亦有所不同，易有二次姻緣，其外遇只為追求物質生活享受，女命沒上述之性質，主配偶謹慎守財，有工作能力，

為人寬厚，主夫年長而富有，但女命對夫多不滿，不一定會離或有來往，藕斷絲連，早婚有刑剋，不見祿感情較有變數，平淡、缺少驚喜，物質是足夠，但精神則不足。

十二、兄弟宮在寅申天機、太陰坐守：更有鸞喜同度則多姊妹少兄弟，天機落陷或見煞均不吉利，更有刑馬主刑剋分離，太陰落陷彼此感情有缺點，此星系關係比較無緣，見煞忌易分離，各有心機，太陰化祿可得經濟支持，化權受手足管束，有吉可依靠，化科主有才學，克應在姊妹，落陷太陰化忌見諸煞刑剋姊妹。

事業財通論：

此星系為「殺、破、狼」格局性質強烈，若求偏財人生風浪也很大，「桃花犯主」有很深情欲，更有昌、曲、桃花雜曜，則從事行業涉及色情、風月場所，若少見吉而煞重，女命便為酒店舞女或娼妓，若紫微化科更有昌曲，為人有內涵才識，見煞雖在三教九流中混，卻具有領導才能，如更有左輔、文昌或右弼、文曲夾宮，主智謀、氣魄兼備，在偏行中成名致富，若貪狼化祿長袖善舞，人緣甚廣，適酒舞場所或夜店、娛樂場所有關偏財行業，貪狼化權，太進取強硬，再見火、鈴尤確。財帛宮武曲化祿利生財，吉曜多見不主偏財，貪狼化忌易有暴敗傾向，如經營賭場、典當，貸放款反佳，但有官非問題需小心。

橫財方面，以火、鈴貪格有橫財。

第五節　命宮在辰戌宮

一、命宮在辰戌巨門坐守：此星為晦暗星，能見太陽入廟始為吉利，但在十二宮均主口舌是非「明爭暗鬥」，故不宜再見煞曜化忌，相反地，若以口舌之運用即可趨吉避凶變吉，巨門化權主語言權威，有為人師表之兆，適教職、演說、教學工作，更見昌、曲、科、天才，說服力更大，與祿存同度，主收入豐厚，更有吉曜吉化，可成富，但為人小氣吝嗇，化祿利財運，化權有口舌權威，皆「有魄力，善創業」，再見吉曜，主富貴，在辰戌宮，天同拱照，吉化見祿存為富格，而對宮天同吉化次之，見昌、曲主才華，有說服力，能服眾，若四煞相會必起口舌紛爭，對人生阻力甚重，入廟旺，且吉曜吉化，不見煞、忌，主「面目清秀」，見吉曜有正義感，忠厚，見龍鳳、化科，主「專門手工藝技能」，見火、鈴，無事而忙，在事業與羊、刑同度，或更有巨門化權，利法律司法或法務工作，與空、劫、火鈴、龍鳳相會，宜機械設計，與羊、刑、天月、昌、曲、科會宜醫學，若會昌、曲或昌、曲化忌更有天巫，宜命理，巨門化權會昌曲，宜教育工作，若化忌更見吉煞曜並參、祿存，為黑幫社會領袖，巨門化忌，輕則口舌糾紛，重則災禍連連，多疑少決、舉棋不定，不利人際關係。再見諸煞，有自殺傾向，也主各種災厄，女命入廟得吉化為相夫教子，更有天福天壽，則健康而長壽，若化忌，為長舌婦，餘與男命同論。

二、父母宮在巳亥天相坐守：沒煞曜或惡曜夾宮，主和諧，見昌、曲有良好溝通，且財蔭夾印格尤佳，見天巫有祖

業可繼承，或承襲家族生意。

三、福德宮在子午天梁坐守：此星為蔭星，見天壽星壽命長久，一生福報遇險能化災，主安樂享受，但不主物質豐厚，乃精神愉稅，會四吉主「福厚」，見雙祿「祿重」，乃為喜悠閒之士，即名士風趣，老年人流年遇之有災厄可避。落陷遇煞則懶惰拖延，陀同度更甚。

四、田宅宮在丑未廉貞、七殺坐守：見煞曜祖業難守，卻可自置家產，以見雙祿才是，未比丑吉，見六煞主破盪，廉貞化忌不宜見六煞，主因「產業而生災禍」，與羊刑同度因房地產興訟，若與「火、陀」、「鈴、羊」會煞氣尤重。

五、事業宮在寅申借對宮天機、太陰坐守：主事業多變動，但應克盡人事減少變化，專志一行一業能可成就。此宮乃紫府夾宮有貴人助，可從事零售及流動事業，包括海、空、陸運輸，或四處走動洽談業務、推銷員或商旅，見天馬更吉，若機陰見三吉化，宜實業，其具專業、科技的意義，可當工程師，會昌、曲鳳閣、天才龍池，主「藝文界嶄露頭角」，創作能力好，與空、劫、耗會不利財運，如從事「工廠方面」則可能轉化創意有工業發明，由空想、幻想中成就事實，如發明家、研發團隊，與昌曲會可從事「文化事業」，會輔弼宜政界，再見魁鉞尤佳，與祿曜相對，對財務、金融、投資有關之行業尤佳，若有昌、曲、科、天巫、華蓋、空劫，利風水五術行業。

六、交友宮在卯酉借對宮紫微、貪狼坐守：有屬下能力過強，不易掌控之缺點，愈見吉曜吉化多下屬更強、有才能，

但自己能力不夠反遭輕薄，自己的意見常遭抵制，與陀同度，為友強出頭招遇糾紛麻煩，更見煞忌尤甚，如見陰煞、天月、天虛，主受騙，為人作保人，自己承擔責任。如見桃花雜曜，捲入友人桃色糾紛或受異性所累，或交上好色友人，流連風月，惹禍上身，與羊同度主友不和，是非紛爭，手下無義，更有火、鈴傷害損失更大，與空、劫、耗，則遭侵吞自身利益，會化忌與羊性質同，會昌、曲化忌防詐騙，會貪狼化忌，主友成為自己最強競爭對手，會廉貞化忌，傷了感情或因故動干戈，會武曲化忌也主動干戈因朋友而損財，若會煞更有天月、劫煞、大耗，因友破財侵占。

七、遷移宮在辰戌天同坐守：主和諧、安寧不奔忙，會羊主口舌紛爭，會陀多煩惱，受小人侵吞剝削，更有化忌、陰煞、天虛尤確，若與羊刑同度，更會諸煞，主災禍，為交通意外或非人為災厄，若會火、鈴、刑在外有人事鬥爭，更見羊、忌，防遭人謀害，以和為貴。若見空、劫、耗，不宜海外謀生，流年遇之主「旅途失財」，會諸煞可減其凶虛驚為主，若凶氣重仍不宜外地討生活。

八、疾厄宮在巳亥武曲、破軍坐守：武曲主呼吸系統或刀傷外創事故，亦主傷殘，不喜火星主肺病，見天馬反覆發生。流月逢煞曜不重，主鼻血，若會六煞且化忌、天刑同度，主「一生災病或動手術」，甚至傷殘，破軍主腎、生殖機能及性機能毛病，幼年膿血之災，與武曲化忌同度，主幼年意外受傷、骨折、傷殘，更有桃花雜曜，主陽痿早洩、經期失調、白帶，更有四煞忌主性病。武破且武曲化忌，大限流年遇之

主「牙病拔牙」，大限見此十年內多牙齒脫落，與羊同度，主意外、刀劍金創、骨折之傷。

九、財帛宮在子午太陽坐守：入廟，見吉曜吉化也主財源豐足，並不利經商，以文教、政務、專業傳媒事業為佳，在午宮主「樂善好施」，多作公益服務社會，如子宮落陷，僅主「勞心費力，財來財去」，得祿可積存，若化忌競爭尤甚，更見對宮天梁、擎羊、天刑，主因財官非小心排解。

十、子女宮在丑未天府坐守：子女多感情深厚，個性內向敦厚，見昌、曲則子女聰明多才，會六煞刑主刑剋，主自身與子女關係不良，或子女「性情倔強」，但見昌、曲化忌須對子女人格教育多注重，否則易品性不端。

十一、夫妻宮在寅申天機、太陰坐守：命宮巨門對宮天同主多是非，有兩特質：①配偶在政府或公營機構工作，②配偶與自己有感情上波折。命與夫妻宮均會天同，主感情隔閡，如會煞，因小事爭吵有一段時期生感情挫折，除非見化祿化權吉曜，才沒感情挫折，天同會吉，僅主文采風流，有閨房情趣，故此夫妻宮可以很好，也可以很差，若借天機太陰居夫妻宮比不借星好，因不借，命宮巨門，主人緣不利，主夫妻有風波，若借星命宮為天同，主個性易滿足不計較，容易遷就配偶，也較妥協不爭，天機主思慮思考，太陰主收斂，故不明白配偶心思，思想必然分歧，當桃花會集亦主夫妻極懂得享受閨房樂趣，尤以借星之夫妻宮更確，又與咸池、耗同度最為溺迷，與天姚同度，喜色情書籍圖片或仿效。

十二、兄弟宮在卯酉紫微、貪狼坐守：更見鸞、喜，則

女多男少，見吉曜，手足可依靠，見煞則受限及侵吞。此星系主關係和諧，但各有私心，若貪狼化祿不見四吉，主可共富貴，不可共患難，見火鈴主手足突發，自身未必受惠。紫微星長兄長姊為弟妹之貴人，雖得依靠，但要受其指使駕馭，見魁鉞多助力。

事業財通論：

主偏財性，見煞忌更可作此論斷。丁年生人為三吉嘉會，但作風甚受爭議，尤以辰宮巨門會子宮太陽偏財更強勢，戌宮可得太陽會照，另財帛有祿存，事業局面佳，更會吉曜，求偏財也順利，但受人爭議。辛年生人巨門化祿在戌宮必有羊同度，在辰宮會羊、陀，更會火、鈴、空、劫為偏財性且進財豐厚，反而求正財多運滯。癸年生人更會諸煞，求偏財更強烈，且作風也激烈，易招是非妒忌。

橫財方面，巨門化祿較利橫財。

第六節　命宮在巳亥宮

一、命宮在巳亥天相坐守：「化氣為印」逢吉則吉，逢凶則凶，此星細看夾宮比三方四正還重要，逢財蔭夾命主「榮華富貴」，若祿存與天梁夾宮，必有羊同度為破格，若成刑忌夾命主刑剋、災厄、傷殘、破敗之性，若化忌與羊夾宮，祿存與天相同度卻弊大於利，化忌與天梁夾天相亦入格，只是煞氣稍輕，若化忌與羊和天相同度，煞氣之大可與刑忌夾印同論，刑忌夾印主自身有刑傷、體弱多病，事業坎坷，婚姻早離多嫁娶、人緣不好、半生孤獨，再見煞、刑、耗，主「牢獄之災」。當見空、劫、華蓋、天巫，始主信仰及修行，與火同度主「感情易衝動」。此星之人無論事業再好也最好不要居最高領導地位，否則進退失據，就算見盡吉曜化祿馬，仍只宜位居第二把交椅，天相只要逢羊陀同度，格局較低，宜專業資格一技之長，更有鳳閣、天才，其技藝與藝術有關，在巳亥刑忌夾印會諸煞，主自身傷殘或刑剋六親，人生孤獨，見天馬人生漂泊。女命甘讓男人出頭，夫婿當家，但見四吉或財蔭夾印也主「丈夫志」，見昌曲，「聰明持重」。

二、父母宮在子午天梁坐守：主「蔭庇之福」，見三吉化魁鉞尤確，更見天巫始主遺產，落陷且見煞忌主刑剋，會天馬較早離家或寄人籬下，遇四煞兩代不和。

三、福德宮在丑未廉貞、七殺坐守：主忙碌，吉忙而有成，不吉徒然辛勞，廉貞化忌主多煩惱，恐有不倫或有失倫常感情困惱，也須注意在不吉之大小限有官非。此星系主短慮，對於小事心感不安，難得安寧，唯得昌、曲、科，才能安寧。

四、田宅宮在寅申借對宮天機、太陰坐守：主「物業變動」「時進時退」適不動產炒作，但要適可而止，見好即收，若見太陰、天機化忌或更有空、劫、耗，反宜靜不宜動，減少變化為佳，若太陰化祿與祿存會財氣大旺，適多置產業以適置產保值，尤適房地炒作買賣生意，不喜與空、劫、耗會主房屋破耗，與火同度，三方見鈴、羊、陀更有流年羊、陀照入，主火災，太陰化忌，主口舌是非，家宅不寧，流年見此星系有外遊機會，更見天馬同度對拱尤確，此天馬指（歲驛）更有大限，原局天馬相疊沖尤是。

五、事業宮在卯酉借對宮紫微、貪狼坐守：此星系宮位為「府相朝垣」格，故再差也為中上，在卯酉宮得吉曜，主文武皆宜，領導力強，若不會吉煞反見桃花雜曜，或更有羊、陀、忌為桃花犯主，男人吃軟飯賺女人錢，女人淪落風塵，但會煞也不見得為兇，如見羊、陀、忌也僅增加事業競爭性而已。見空、劫宜「創設工廠實業」或與科技工藝有關行業，貪狼會四吉曜三吉化，宜外交、政界，見祿馬不會空、劫、耗宜營利事業，會昌、曲、桃花曜宜娛樂，會火、鈴，主可財富突發，利營商或推銷、金融投資工作，以不見羊、陀忌才是。若紫微化權，以權術壓制人非以德服眾，若會四煞操弄權勢反成拙。

六、交友宮在辰戌天同坐守：利人際關係，友來自五湖四海，人生多玩樂享受不孤獨，但主不助力，若只見昌、曲或更有桃花雜曜主風月之友，與羊同度主受朋友牽連，與友吵架，陀同度主遭手下人、朋友不義陷害侵吞利益，與火、

鈴同度，主「受悶氣」，會空、劫，會主「因友破財」。

七、遷移宮在巳亥武曲、破軍坐守：主剛剋性強，在外人緣不足處世不圓融，易有紛爭，在外心神不寧，更見煞尤甚。若武曲化忌和六煞、刑、虛會，輕則是非糾紛，錢財調度，人生多不順遂，嚴重者客死他鄉，此星系較利於專業謀生，更有空、劫、桃花曜，宜藝術工作，街頭藝人或海外演藝人員，逢武曲科祿者可經商牟利或財政財經研究發展。

八、疾厄宮在子午太陽坐守：主血液循環、腦血管血壓病變或神經情志毛病，亦主腦功能、思維、情緒，由高血壓引發頭痛或中風、血栓，若子宮會羊、陀，或午宮，主各目疾，遇化忌，眼部外傷。

九、財帛宮在丑未天府坐守：為財庫喜入財帛田宅宮，主能節約積存，不隨便揮霍，能積穀防飢，不過得雙祿則財庫豐盈，但與祿存同度過分吝嗇而少人緣。與輔弼、雙祿會便有大富潛質，輔弼主多方財源，魁鉞求財多機遇，且貴人扶助，昌、曲以名求財或名利雙收，若與空、劫、耗會得財必有破耗，更有諸煞忌，主經濟危機。

十、子女宮在寅申天機、太陰坐守：如更有昌、曲、科、天才、龍鳳，為聰明機巧，唯天機或太陰化忌，則為狡猾，此星系女多子少，有生離刑剋之意，太陰落陷，宜好好培養與子女間關係，若見六吉、祿馬，主子女富裕，可發達。

十一、夫妻宮在卯酉紫微、貪狼坐守：如是借宮，夫妻宮之紫貪為「府相朝垣」之格局，紫貪為桃花犯主，為至淫特別不宜女命，因其天相坐命又為天梁、巨門夾宮，對宮又

為武破，更容易內心不滿易受環境影響，而較多口舌是非，故無論任何環境皆不會安於現狀。女命為追求刺激、物欲享受，追求一種情慾，故為淫邪，以離婚收場，故紫貪在夫妻宮很可能淪入風塵，或不安於室，也可說無論嫁夫如何稱心，也會對婚姻不滿，原因在其命宮為天梁、巨門所夾，再加上福德為廉、殺浮動之星系，對情緒不穩定。男命主妻有丈夫之志，一定有刑剋或不安於室，宜遲婚配，見煞主風月，見桃花有外遇，但終會迷途知返。女命主夫有才藝，見昌、曲為風流浪子，但仍對家庭有責任感，風流浪子與女人風月同論，故丈夫即使納妾、外遇，對家庭有責任感，仍愛其妻不會離婚，喜納妾、外遇乃因為其人喜追求情趣所致，故女命見此星系可推定其夫有納妾之兆，唯遲婚可免，或配年長之夫（十六歲），若借宮坐夫妻宮，且四煞並照夫妻宮，而羊、鈴與紫貪同度，不論男女主終身無家室之樂，若無正曜又不見煞，又為「府相朝垣」，女命主丈夫榮顯，男命則妻子是女強人，凌駕丈夫，但不見得淫蕩。

十二、兄弟宮在辰戌巨門坐守：基本性質不和有口舌鬥爭，見四煞主刑剋，更見桃花曜、輔弼始主異父母生之兄弟，會空、劫、耗主「手足剝削」，不宜合作生意，或在兄弟公司工作派遣也不可。如見昌、曲化忌，當心又受他們利用徒勞無功，巨門會諸煞，又見孤辰寡宿，主孤甚至自身為獨生子女。

事業財通論：

丁年生人成刑忌夾印在巳宮,有陀同度不吉,但有偏財之兆,更會火、鈴、空、劫,偏財更濃。

　　橫財方面,天相會借宮之紫貪成火貪格最佳,成財蔭夾印亦佳。

第八章　紫微在卯、酉宮（論天梁在子午）

第一節　命宮在子午宮

一、命宮在子午宮天梁坐守：此為蔭星，主一生有庇蔭福報，天梁守命其性格缺點有懶散、隨便、拖延，但如會六吉、三吉化則反是有原則、決斷力、果敢作風，是專業執法或司法人才。此星系主壽能歷經風波活過來，遇天福天壽更確，但遇諸煞忌類帶病延年，多病又老而不死，喜會魁、鉞可護蔭他人，人生必多風浪又能逢凶化吉，但不宜更見四煞、忌、刑、耗、陰煞、天月、天虛，否則要受盡苦難，煞重一生帶頑疾，與空、劫、天空、天巫、華蓋會主「宗教信仰」，更有昌、曲、科、天才為宗教傳人，若居午宮，因太陽落陷故人緣不佳，「性情直爽、鋒芒太露」，易得罪人宜慎言行，不要太過固執，若祿存同度亦主少人緣也不適從政官員，不宜再見羊陀否則因財務糾紛，可能涉及貪污瀆職。如能得六吉、化科化權，主「為政清廉」可為政務官或公共機構領導人，亦適公正無私司法人員，此命非經商格，見雙祿、天馬亦是如此。若經商再見吉曜吉化，必經商誠實，若在子宮太陽入廟，卻因才華太露有損人緣，此星系若創業宜合作，「以股份有限公司為宜」，自己稍置身事外，減少風波是非，在午宮入廟見六吉及化權，適監察工作，監察政府運作、法例實施、財政運作、證監會人員，在子宮亦是如此。大小限逢

之更有煞忌，主風波災險但又逢災化解，若在老年於福德宮會煞刑忌，則為死限。在午宮除人緣不佳外，卻可明察秋毫，見六吉化權、科可主貴，「敢直言正義挺身」為司法執法者之才，在子宮更佳。若與羊、陀同度為災難，重則生命之憂，天月同度主大病，天虛同度主體質虛弱，與羊刑忌會主牢獄之災，有犯法傾向。與火、鈴同度主「虛驚」，重則人生遭挫，有輕生之念，要參看福德宮、流年，天梁與火同度更遇流年化忌，主火傷，與空、劫、耗同度，遊手好閒，無積儲。唯見祿曜不經商可助財勢，但宜一技之長。會昌、曲，憑文章秀出筆墨為生，女命與男命同，見昌、曲、科、天才、龍鳳，主多才藝，若會四煞主「孤獨」不利六親緣，在子宮較輕，僅主不和，若不見吉，便有懶散好玩之性，更有空、劫、耗及桃花曜，則欠財源，又流於逸樂，受物欲引誘，婚姻多不幸，易淪落風塵，晚運不吉，女命會昌、曲，見煞不見吉主「技藝謀生」，也可主文化、傳播，多吉曜吉化也可成專業人士、研究員、教授。

二、父母宮在丑未廉貞、七殺坐守：主無緣易遠離父母，見火尤確，命宮有火同度亦是，此星系主刑傷，見廉貞化忌與雙親無緣，自身有可能早產或剖腹出生。見煞不利父母或祀繼，若桃花雜曜會，主上一代感情關係複雜而自己遭人棄養或由祖父母養育。

三、福德宮在寅申借天機、太陰坐守：在申宮喜靜趣，不喜喧吵人多之場合，若會煞曜，則心中所欲不能如願，求靜反多心煩不安閒。若有昌、曲，主品味高雅、頭腦敏捷，

見空劫精神開闊，多新奇創意，精神爽快，若太陰化忌，內心不安，更有空、劫、天空，多不必要煩惱，空幻想無益之事，與羊鈴同度，主多欲不滿足，更見空、劫、化忌更嚴重，且精神壓力大或精神疾病，做事欠效率，須服安眠藥。

四、田宅宮在卯酉借紫微、貪狼坐守：主由美好向損壞方面變化，搬遷每況愈下，大變小，新變舊，即使不搬也漸見損壞，與火、鈴同度可突發自置產業，但也主流年火燒星系，流年羊、陀、沖會原局大限之羊陀才是，而流年大耗也會入田宅宮。與祿存同度更有三吉化，主產業豐厚，須自置，天巫同度主繼承，若有鸞、喜，主樓房美觀，見鳳閣對裝飾家居有心得，貪狼化忌主競爭，流年入田宅宮主是非或鄰里不和，重者引起官司，可購山坡之高地，居住半山區或高樓頂層，宜炒賣地產，物業投資。

五、事業宮在辰戌天同坐守：此星雖為福星，但不喜居官祿宮位，因好逸惡勞欠缺動力，辰、戌宮為天羅地網宮位，最好有火鈴同宮有鬥志激發潛力。主白手起家中年發展，會吉星吉化祿曜成功，會六煞則失敗，見昌、曲化科，利文教、文化事業，天同化祿可經營零售批發生意。若對宮巨門化忌，最好宜口舌求財，否則欠人緣多是非，若得昌、曲，更有龍鳳，主與藝術有關工藝，更有桃花曜，適以異性為服務對象，與陀同度更會天馬，主「業務多變動」且多往不利方向變動，更見空、劫、耗，因事業變動破財，更見火鈴事業壓力大，若與羊刑同度，事業多官訟糾紛以和為貴，與火鈴相處事多逆境，宜一技專業在身，與空劫會不適商業活動，以帶藝術

之工藝為佳　以創意為佳，如設計印刷、電腦網頁製作等。

六、交友宮在巳亥武曲、破軍坐守：主「施恩反招怨恨」，武曲化忌尤確，見空、劫主利益受侵吞剝削，此星系益友不多，更見桃花曜，多酒肉之友，若與羊刑同度，因友遭官災橫禍，會空、劫、耗，因友破財，更有陰煞、劫煞、天姚、昌、曲、化忌，主侵吞侵占，除非見化祿則友有助力。

七、遷移宮在子午太陽坐守：主動不宜靜默，不見煞出外打拼吉利，適奔波之職，太陽居廟，在外得貴人助，更見魁鉞尤佳，見雙祿、天馬始吉利於經商，專業生財，若太陽化祿僅為熱心助人以致開銷大，落陷仍利出門多忙碌，不安閒，不見煞忌、刑耗，可忙中有獲，太陽化忌出門不利，輕則勞碌奔忙，見天月天虛則病災，逢陷又為夜生人尤甚之，會羊、火、鈴主是非，會陀不安寧，會空、劫主財來去財不積蓄。

八、疾厄宮在丑未天府坐守：主胃病，對宮七殺天刑同度主外傷，尤指意外傷害，若會華蓋、天才主反胃或虛驚。

九、財帛宮在寅申天機、太陰坐守：天機主流動，太陰主生財，適合各種現金交易生意，如零售或其他服務生意，為白手起家或自身創業起家，不喜空、劫、耗會流月逢之主盜賊，大致上指生意不景收入減少倒閉、失業等，更見昌、曲、化忌，並有陰煞、天姚、劫煞主受騙，和諸煞會主因財糾紛，更見忌主破敗，太陰入廟旺以自身化祿，財氣最旺，與祿存同度有財，小人垂涎。

十、子女宮在卯酉紫微、貪狼坐守：主遲得，如與天壽

同度更是如此，與子女年紀有很大距離，如會照、桃花雜曜，主先花後果，正室有女無子。此星系子女秀出，志高氣傲性情倔強，若六吉、三吉化相會，主品格高尚，並且有成，若會六煞忌，則子女剋削父母，破敗祖業家當，易犯官非，若得三吉化，可得強父勝祖之子。

十一、夫妻宮在辰戌巨門坐守：吉凶成敗須參看太陽廟陷，故戌宮巨門比辰宮佳，巨門若化忌坐天羅地網宮，主配偶幼年坎坷多病，不過仍有刑剋自己，及有婚後桃花外遇，因受對宮天同影響會因桃花惹是非，亦主配偶易有生離刑剋，女命可能由小三扶為正宮，男命便是將外遇扶正，見輔弼主配偶與自己感情不佳，婚姻有挫，生離或死別，至少一定有桃花外遇。

十二、兄弟宮在巳亥天相坐守：主關係和諧，喜會輔弼，但會輔弼若父母宮再有桃花性質，主異父母生之手足，且年齡相差頗多，見天壽尤確。若見煞刑主六親無靠，刑忌夾印尤確，與空、劫、耗會，除主孤獨，亦受手足所累破財。

事業財通論：

命在午宮太陽陷，若會煞、忌、祿曜時，偏財性質更濃，命在子宮太陽入廟多屬正財。乙年生人更會火、鈴，主偏財獲利。己年生人進財受非議，更會火、鈴、空、劫尤主偏財。壬年生人進財多是非。

橫財方面，橫財運不佳，財帛宮太陰化祿主有財氣，可

橫發。

第二節　命宮在丑未宮

一、命宮在丑未廉貞、七殺坐守：主命格有武職及血光性質，在未宮為雄宿乾元格，縱不見吉亦可事業發展，以廉貞化祿為入格，可富貴，但可能好色風流。若不得祿曜，在未宮見六吉，不見六煞，富貴雙全，見之事業多阻礙，成就稍減，若會六煞刑忌，煞多見主客死他鄉，見祿曜才能化解，若會天月主病，若天月在對宮，主他鄉重病，見四煞尤確，見祿曜可化解。此星系會四煞、刑忌，主鼻孔朝天，顴骨突出或眉露骨，會四煞主心硬性狠，暴躁浮蕩，易紛爭，見桃花曜尤好美色，在未宮宜武職，廉貞化忌見四煞或見天刑，宜軍警、海關、保安，保鏢，如見六吉祿馬或三吉化，適商業或在大機構擔任管理工作，在丑未宮見祿曜為上格，尤以未宮。若見煞、刑、忌，有死於非命之危機，交通意外或遭人謀害，女命無論見煞忌與否，主意志堅強且美麗，見煞同上論述，亦主婚姻波瀾，若會昌、曲則好禮儀，如更有桃花曜，主優雅但喜男歡女愛。此星系煞氣重，見吉曜吉化可有幸福人生，富貴雙全，但廉貞化忌並見四煞，主外遊凶險，不測之災，刑戮之危，也可能因病動手術而亡，女命須見輔弼，始主旺夫教子，貞烈之婦。

二、父母宮在寅申借天機、太陰坐守：在申宮可免刑剋，如天馬同度，主幼年離家，更有吉曜可能父母在外地工作，或自己海外求學，父母工作可能奔波全球，只要不見煞忌，主父母雙全，若化忌不利母親，更有四煞、天月、天虛，主多災病，此宮有紫府夾，主父母有貴氣。

三、福德宮在卯酉借紫微、貪狼坐守：主自尊心強，好排場面子，不易服人如命宮不吉，因性格強烈運途起伏，會六吉主福深，若有昌、曲更有桃花雜曜，主風流，見煞招災，與陀同度，主自尋煩惱，與桃花雜曜會主情欲而煩，會忌主多憂慮，會武曲化忌，為財、經濟而煩，會廉貞化忌，為感情倫常之情而憂，會貪狼化忌，更見空、劫、耗為財競爭而煩，更見桃花雜曜，為情欲而煩，見昌、曲、化忌主心術不正或被騙而煩。此星系好酒、賭博、風月，更見羊、陀、忌言語粗俗，女命與桃花雜曜會必好打扮、性感，到了中晚年也是如此，有火、鈴同度，除主生活充裕，另一面「性急氣躁、遇事需緩」，若命宮不吉則有官司或仇鬥，要收斂脾氣，否則災厄到來。

四、田宅宮在辰戌天同坐守：主白手起家，但沒祖業承繼，更得吉曜吉化可自己打拼自置田產，若會六煞耗，也不能自置，宜其他方面投資保值。

五、事業宮在巳亥武曲、破軍坐守：適軍警、營利事業、推銷商品及推銷各種服務，若更有天刑，其煞氣剛剋味重，宜軍、警、海關、出入境、保安，亦可工廠實業、機械利器謀生，若武曲化忌，以上述工作為佳，否則事業顛簸，進退不決，會火、鈴羊，多糾紛，會陀多困難，會空、劫、耗多謀少成宜一技之長。

六、交友宮在子午太陽坐守：施恩反不得回報、感激，反遭責怪、埋怨，主朋友、下屬多，以入廟尤確，若太陽化忌，更有羊、刑同度，便會涉入朋友訴訟中。如見四吉曜也可得

剛正之友。

　　七、遷移宮在丑未天府坐守：主「出外得福」，見雙祿尤確，更見魁鉞主在外遇貴，若與陀、陰煞同度主陰謀受小人侵占，與火同度出外有意外或交通意外，與羊同度，主人際關係不良，會諸煞更有天月，主海外染病。

　　八、疾厄宮在寅申天機、太陰坐守：主神經系統，更見桃花雜曜，主心理或精神機能引致不舉陽痿，或女士性冷感，與六煞、刑會主腎機能如水腫、糖尿病，女命主經期不準、經痛，煞重子宮癌或子宮頸癌，須見桃花雜曜，如會羊、刑、耗，因病手術或意外傷，若天機化忌，見煞亦主高血壓、肝癌、肝硬化、神經系統衰落，多驚嚇。

　　九、財帛宮在卯酉紫微、貪狼坐守：可經商，若火鈴貪成格，主富及橫發或意外之財，不宜再見羊、陀、空劫，否則橫敗，貪狼不喜會化忌，主求財多競爭，勞力費神，會三吉化無祿存、火、鈴，還是財富不足，貴氣有餘，會羊、陀、空劫、耗，主賭博投機傾家，不宜金融股票期貨投資，會桃花雜曜，因色破產，若再見雙祿、天馬、三吉化，適合以服務異性生財，也宜從事娛樂業，與天月同度，更見羊、陀、忌「因病損財」，更有雙祿火鈴可經營藥業及健康保健食品器具相關生意。

　　十、子女宮在辰戌巨門坐守：兩代不和主刑剋長子，如幼年多災病、早夭、早產或生而帶殘傷，見煞忌尤確，若三十六歲後得子可免剋，天同在對宮主不和，有心病，若化忌感情傷害更重，若會六煞，主刑剋孤獨，或一生沒子嗣，

巨門化祿更有祿存四吉曜，因子女得財，但感情仍冷淡。

　　十一、夫妻宮在巳亥天相坐守：若命宮有科祿權會即為清白格，天相居夫妻宮，女命主丈夫有作為，可創業，但須先經過大波折才能創業，故主遲婚，早婚會有一段日子聚少離多，整年在外出差事業忙碌。男命主妻可成內助且服從丈夫，最宜事業助手，為夫唱婦隨，以上為清白格之論述，若非清白格，女命因意志力薄弱而淪入風塵，但仍照顧家，也可視為賢內助。男命妻子易淪入風塵，或靠風塵收入來支應開銷成為內助，女命丈夫不振，不務正業且多嗜好，或許積極但也一事無成，若武破會三吉化，其命宮也可能為三吉化，影響甚大，逢天相居夫妻宮須檢視遷移宮之天府，若會吉曜，多數會離開出生地在外發展，故聚少離多，遲婚可免。女命除遲婚，另需配年長之夫即可，此星有一特徵，夫妻結識過程可能為親上加親；如求學時之同窗；過去工作的同事；或為舊識，不管為何當初首面未有交往，再次相遇才有火花。註（淪入風塵以現代社會而言亦為辛勤工作不一定指性工作者）

　　十二、兄弟宮在子午天梁坐守：主感情和諧，見四吉主助力，若父母宮見昌、曲之一或見魁鉞之一，更有桃花曜，主異胞手足，若不見輔弼更有陀同度，主暗爭，有羊同度主傾擠，見煞及天馬會照主分離，若與鸞、喜，主有姊妹無兄弟。

　　事業財通論：

此命格為人剛硬不屈服，作風甚強，尤在未宮事業必有表現，不過由於作風激烈，稍見煞忌便有求偏財橫發之性。甲年生人主進財有障礙，但可憑自身堅毅個性、魄力打開局面，更會火、鈴，手段更硬，就算正行業，暗中也會巧奪使用手段受人非議。丙年生人在丑宮因廉貞化忌破壞了格局，在未宮雖有大志，走正業卻挫敗不小難發展，在偏財中險中求勝，但有損福澤，注意官非。

橫財方面，以得祿為佳，故喜廉貞化祿，次之貪狼、武曲、破軍化祿亦佳，但會貪狼化忌有橫財終究破敗，若財帛宮火、鈴、貪成格，可以賭、投機、投資橫發，貪狼化祿尤確，但發後勿欲望無止須保守。

第三節　命宮在寅申宮

　　一、命宮在寅申借天機、太陰坐守：主感情豐富「重感情」特色，可是感情又藏而不露，加上天機多算計機謀本質，便發展為內斂及權術，喜運用計謀，以太陰化忌或天機化忌或會昌、曲化忌尤確。此星系人比一般人較有直覺靈感，或許較有第六感能聽到、夢到他人心裡所想，或見靈異事物，尤得天巫、華蓋更確。在申宮形成紫府夾命宮，主貴人，有貴氣，以太陰化祿更驗，若太陰化權為權重亦佳。女命主容貌美麗，富感情，善應對進退、待人處世，也易因感情而受挫，申宮比寅宮人美麗，若天機化忌更見昌、曲、鸞、喜，這類女人使男人神魂顛倒，加上美麗動人，唯感情易受挫，為「帶刺的玫瑰」。太陰在寅宮為「天昧」，主為人性多游移，進退不決，在申宮為「天潢」，為人福厚祿重，事業偉大或善應變，有權術，富幻想，有雄心，在寅宮不信任人，做事欠恆心，粗心大意難成大事，以受薪行政工作為宜，在申宮主善應變，能處理事務，不乏感情幻想喜好，女命多愁善感，感情關係多浮動，有失戀苦戀之味，太陰化權與天機化忌同度主權謀，見吉星吉化則「福深祿厚，事業光明」，太陰喜自身化祿，會天機化祿宜零售，會天同化祿僅富足，太陰會化權、化科主「剛柔相應」，若太陰化權會天機化忌，主多心計，更見空、劫、陰煞、天姚，主心術不正，旁門左道會昌、曲，文章秀發，亦增感性一面，更見煞曜忌反易受感情挫折，女命尤是如此。此命格為機月同梁格，適仕途官員從政，或公職等，若會四煞人生起伏大，以受薪、一技在身，

若遇四煞有落地他遷、祀出、虛驚等遭遇，參看父、母、田宅宮亦不吉者，主祀出過繼他人領養，會六煞齊會更有刑忌，主壽夭，女命見輔弼性剛強，持家有方，若會齊六吉，乃祿馬則精於頭腦生財，或零售批發業。

二、父母宮在卯酉借紫微、貪狼坐守：主無刑剋，輕鬆幽默，沒代溝但互動不深，各自有私心，父母不太侷限自己，若見桃花雜曜，主有繼父母或父母多外遇，若會六煞，主父母對子女過嚴苛，與火同度，主幼年與父母分離，若羊、陀同度，更有刑忌，主父母有危症，或意外。

三、福德宮在辰戌天同坐守：主有福，視知足快樂是生活中的趣味，非物質發達幸福，更見四吉才主富足，見昌、曲，主品味高尚，若有龍鳳，精手工藝品或樂器。

四、田宅宮在巳亥武曲、破軍坐守：性質動盪，更有空、劫、耗不守祖業，亦主置而後破，若武曲化忌，因產業發生紛爭，逢昌、曲化忌，因產業買賣受騙。

五、事業宮在子午太陽坐守：為官祿主喜入事業宮，入廟主前途光明，更有六吉不見煞忌，為官仕途登峰造極，見輔弼，主奴僕多助力大，見魁鉞，主多提拔機遇，見昌、曲利於成名或專業證照考試，不見煞忌才是。此星系較利專業及教學。化祿適商業活動，化權適管理工作，化科利專業、研究，入廟旺對社會均有貢獻，在午宮不可言大富，為中產之人，若在子宮，多主辛勞，見吉勞而有成，見凶則無功，會空、劫更有吉星吉化，可在技藝上成名或幻想中創立事業，不見則有一技在身為妙。

六、交友宮在丑未天府坐守：因保守個性會小心擇友，故君子多小人少，會化祿，朋友助命造生財，化權助事業發展，見雙祿主友忠誠，見六煞主小人侵吞傷害，更遇廉貞化忌則更嚴重，若見火、鈴、羊、陀、刑，主遭人恩將仇報，就是更見六吉祿馬也無法改變，只是友人中好壞參雜。

七、遷移宮在寅申天機、太陰坐守：在外做生意以得祿為佳，若與太陰、祿存、化祿相拱照主「出外得財」，更見馬同度或拱照，為「祿馬交馳」，尤適國際貿易，如不見雙祿僅見天馬，為旅行之命，居無定所，更有諸煞奔忙不定，異常勞碌。太陰入廟旺，主友眾多，易交朋友來自各階層，得吉曜尤佳，見魁鉞，出外近貴，見昌、曲、科，他鄉成名，落陷，君子少小人多，受拖累，見火羊相會主勞而無成，見鈴陀，小人侵吞，且空劫，主破財不利投資，見耗同度尤確。太陰化忌在外不宜投資，投機更易破敗，更有陰煞、天虛、天姚，主在外手法有違法不正當，有口舌是非，與天機化忌同度，主猶疑進退，太陰落陷見四煞，輕則忙而無成，重則生災，太陰坐遷移不喜與人鬥爭，看似較軟弱，但非不能鬥，逼急可死纏爛打。

八、疾厄宮在卯酉紫微、貪狼坐守：主脾臟、消化系統，亦主性機能毛病，主腎病，如不見其他桃花星及煞曜，僅主性欲強，女命須留意命宮及福德宮是否有淫亂之象，會天姚咸池，主手淫及遺精引起身體虛弱，會鸞、喜，女命經期不準、白帶、子宮暗疾，男命性欲旺盛而虧損，如會羊，男性主包皮動手術，女命生殖系統炎症，若會羊、陀、鈴刑為動

手術之象，亦可能意外受傷，與火同度主皮膚病。上年紀人
注意風濕痛，與地劫同度主胃疼，與地空主頭昏或低血壓，
與貪狼化忌同度，主虛火引起性功能亢進，引起腎虛寒之象，
如腰膝痠軟、遺精、滑精，主陽痿，這是縱欲過度，女命較輕，
主經期病，貪狼與煞會主痔病。

　　九、財帛宮在辰戌巨門坐守：基本為耗神費力，以腦力
口才生財，教學、傳播、寫作、策劃反易生財，若見六吉曜、
三吉化及祿馬主白手創業有成，不見僅糊口，切記在發達之
後，不可囂張高調而財露白，更不可一世，志氣高傲，否則
會因人事削弱財氣乃破敗之始。若子女宮不吉，更見空、劫、
耗主「子女敗耗」，若巨門或天同化忌更有六煞、龍鳳適「技
術性」。有桃花曜，適「藝術性」，巨門化忌更會羊刑，適
律師、法官，如天月同度適「醫師」，外科、骨科，與羊同
度求財多競爭，適商，陀同度財遲發，若會羊陀更有火、鈴、
刑、耗，主因財涉訟，若會火、鈴、空、劫、耗，主遭災損財。

　　十、子女宮在巳亥天相坐守：彼此關係和諧，但受對宮
武破拱照，刑剋較重，尤首胎更見羊、陀、刑、忌為確，女
命有流產、小產可能。

　　十一、夫妻宮在子午天梁坐守：男命妻宜年長，否則易
有災病，所以配偶會有名士氣質（懶散，不重視金錢），若
天梁見陀、空、劫，而命宮見輔弼之一，或夫妻宮見輔弼之
一，定主離異。

　　十二、兄弟宮在丑未廉貞、七殺坐守：在未宮主「手足
和美有助力」，在丑宮稍差，更見昌、曲、魁鉞尤佳，若見

六煞刑主「刑剋災病」。

事業財通論：

申宮比寅宮佳，為「機月同梁作吏人」，故適受薪，無論見吉見煞，能規矩打工固定領薪，可平穩渡日，但多見煞忌則格局較低，易偏財路線，更見祿曜，可獲利，以寅宮會煞較向偏財，若天機化祿和太陰化忌同度，雖財來財去，適合零售批發買賣，利於貨品買賣，如不從事此業，不利財性質便會發揮，若更有空、劫、天空、旬空、截空、天虛、陰煞，則帶行騙性質，作風不正，雖可獲利，亦為福澤淺薄，尤以寅宮有陀同度為詐騙行事，天機化權變動性較小，在寅申宮辛勞紛爭，是非難免，偏財不易賺取，但能白手興家，天機化科與太陰化祿同度，可憑正財發展，在寅宮得雙祿，不主偏財，見火、鈴、空劫，則進偏財，財源穩定，天機化忌，有行騙性質，鑽牛角尖，具煞，旁門左道生財，太陰化權同度，落陷反弄權手法不光明。

橫財方面，天機祿曜利生橫財，在投機市場或賭博中獲利，更得昌、曲、科尤吉，可用精確計算分析之方式得橫財來源，如賽馬、股票、地下六合彩等可帶橫財，如會煞曜則機會少，甚至人生多破財陷阱，博橫財當心損失慘重。

第四節　命宮在卯酉宮

　　一、命宮在卯酉宮借紫微、貪狼坐守：為「桃花犯主格」，在酉宮為陷地苦多吉少，而無煞忌亦成佳構，喜百官朝拱，得輔弼有強大領導力，及事業有表現，魁鉞增加機遇，昌、曲增才智，若無四吉則流於風流多情，喜祿馬適經商，見火、鈴，人生艱苦辛勞，不安閒，羊、陀會性格暴烈，手段激烈，會空、劫想法不俗，不易為人了解，精神上比較孤獨，會化祿以財改運，化權以權柄地位改運，化科以才學名氣改運，若見空、劫、天空、華蓋，乃為出世之士，亦可是精研宗教、哲學博士，或精通五術的大師，見四煞，更有吉星吉化，主在紛爭中卓然有成，若吉多煞少可公職從政，若煞多吉少以經商為佳。但與羊同度，易有「官非口舌」之災。另一缺點即耳軟心活，喜討好之言、奉承、聽信小人，尤在巨門守命之宮限，若與桃花雜曜相會，主好色及無所不好之性格更烈，若更有羊、陀、忌、昌、曲，為至淫，易因色招災或沈迷肉欲破敗家業，若破軍為身宮，則格局低下，更見羊、陀、忌，男命狂醉豪賭，視色如命，更見咸池、天姚沐浴更是如此。女命浮蕩欠缺家庭責任，由於容於情欲深重，更顯淫蕩不羈，當遇昌、曲，更有「天虛、陰煞」，則「心術不正」、「作事虛而不實」，空有計劃，不實踐，耐心不足，走旁門左道，行偏鋒，若更有昌曲化忌，善巧騙，無煞見四吉，且貪狼化祿，宜政界及公關娛樂，若化權則宜軍警保安，女命與男命同多有嗜好，善公關交際，見羊、陀忌，嗜菸、酒、賭，見華蓋、天巫、化科、空劫、天空，則「宗教信仰」且喜愛命相，

女命見吉曜、三吉化主有「丈夫之志，性情剛毅」，旺夫益子，見昌、曲、桃花雜曜，則「好裝扮」。會火鈴成格主意外之財，亥、卯、未年出生者，貪狼坐命在卯宮，主貪心品行不正，有嗜好傾敗家產，或偷盜行為，且不明是非、恩怨不明、無理智，見吉曜減輕。

二、父母宮在辰戌天同坐守：主溫和，父母雙全，會昌、曲，兩代有情，會四吉得良好照顧，此星系若見巨門、天同化忌，則有損感情，若會四煞忌刑剋。

三、福德宮在巳亥武曲、破軍坐守：更有陀同度，主「奔走忙碌」，若武曲化忌生活壓力大，若破軍得雙祿、化權主行動積極，勇敢剛毅，喜刺激，愛新玩意，見吉多創意，此星系重視金錢帶來的快樂，以吃樂為主，見桃花曜，主以金錢買男女調情快樂，男女均同論。

四、田宅宮在子午太陽坐守：不吉論主變化，小換大、失敗再換小，祖業繼承亦同理，若得四吉、三吉化，主敗後可安穩，再見煞又不安穩。

五、事業宮在丑未天府坐守：因保守無法宏圖大展，但見三吉化、祿馬，及六吉曜有驚人成就，但仍以舊有事業發展為宜，不適開創新事業，在丑宮，辛年生人更有吉曜主富貴。若會空、劫，儘管魄力大卻不利財運，宜「工廠實業發展」，若會四煞，盡可能避免人事糾紛與結怨，以和為貴，當天府化科，主受人信任，宜信貸、財務、保險工作。

六、交友宮在寅申天機、太陰坐守：若天機會忌或太陰化忌，更遇陀、陰煞、天姚或見昌、曲、化忌，受小人誣陷，

最嚴重或誤入歧途，此星系主多友但未必有深交，若太陰入廟旺多益友，在陷宮則多小人，以見忌、陀、陰煞、天姚為確，若見雙祿主朋友多幫助生財，宜合作事業，與火、鈴同度，友愈多爭鬥愈不和。

七、遷移宮在卯酉紫微、貪狼坐守：在外必有排場人面，受人敬重，會輔弼有貴人扶助，與祿馬會可在外事業經商，再見化祿財氣更大，但若貪狼化祿無其他吉曜，可能在外風花雪月，若與祿存同度主「受人排擠」，出門多麻煩糾紛，與羊同度，人緣不足，口角是非，在外會入較輕，若有火、鈴同度，主橫發，但見羊、陀、空劫，亦主橫破。此星系在外多朋友，見吉因多社交應酬而得財力享受，不吉因社交生災或沈迷酒色招致破敗，若見三吉化受人敬重，友多，貪狼和羊、陀同宮，主好賭好投機之友，會空、劫、華蓋、天巫、科，主「多宗教之活動」，貪狼化祿主大方花費，受人歡迎，與桃花雜曜相會不見煞忌，主風流，見煞忌「因色招災」，若見陰煞、昌、曲、忌、天虛、天姚，則「陰人陷害」，貪狼化忌再見昌、曲、桃花雜曜，主被人奪愛。

八、疾厄宮在辰戌巨門坐守：主脾胃、消化系統，也主呼吸系統，若見羊、陀、忌、刑為胃癌，更見天虛大耗為陰疽，而流年疾病宮為武曲化忌火同度，主肺結核，會雙祿或同度，飲食過量，引起脾胃病。

九、財帛宮在巳亥天相坐守：以得祿或財蔭夾印均利財運，見輔弼主財源穩定，魁鉞生財多機遇，見昌、曲，用文才謀生，以名氣得財，此星系受武破拱照，「時得時失」，

財源多起伏，天馬同度拱照更是如此，再見空、劫、耗主「寅吃卯糧」或借貸渡日，見煞同度因財起紛爭，煞刑忌重則人為財死或為財犯官非。

十、子女宮在子午天梁坐守：主子女稀少，如有桃花曜主全女班，得天巫，主繼承自身事業或財產，若會化忌，尤以太陽太陰化忌病災最重，見六煞、刑、忌、耗，主孤單，更見孤辰寡宿尤確。

十一、夫妻宮在丑未廉貞、七殺坐守：此星系只有遇三吉化始轉吉，遇六吉無助吉凶，遇六吉反視為婚姻易有第三者，六煞化忌重則感情挫折，此星系美好之事都會來的較遲，婚姻也不例外，男命妻媚而淫，惟見三吉化才能改良性質。見化祿女命主夫善理財，如與祿為同度，夫不但善理財更喜管錢，視才如命，吝嗇成性。因命宮無主星借宮，反而成府相朝垣格，故命較好，但桃花犯主之性仍在，但也可能重視物質享受，此一類婚姻需逐個大運看吉凶而定，此星系婚姻有問題，也可能因物質而發生感情變化。

十二、兄弟宮在寅申，借天機太陰坐守：更有鸞喜同度則多女少兄弟，天機陷或見煞均不吉利，更有刑馬主刑剋分離，太陰陷彼此感情有缺點，此星系關係較無緣，見煞忌易分離，各有心機，太陰化祿可得經濟支持，化權受手足管束，有吉可依靠，化科主有才學，克應在姊妹居多，落陷太陰化忌具諸煞刑剋姊妹。

事業財通論：

此星系為「殺、破、狼」格局性質強烈，若求偏財人生風浪也很大，「桃花犯主」有很深情欲，更有昌、曲、桃花雜曜，則從事行業涉及色情、風月場所，若少見吉而煞重，女命便為酒店舞女或娼妓，若紫微化科更有昌曲，為人有內涵才識，見煞雖在三教九流中混，卻具有領導才能，如更有左輔、文昌或右弼、文曲夾宮，主智謀、氣魄兼備，在偏行中成名致富，若貪狼化祿長袖善舞，人緣甚廣，適酒舞場所或夜店、娛樂場所等，有關偏財行業，貪狼化權，太進取強硬，再見火、鈴尤確。財帛宮武曲化祿利生財，吉曜多見不主偏財，貪狼化忌易有暴敗傾向，如經營賭場、典當，貸放款反佳，但有官非問題需小心。

　　橫財方面，以火、鈴貪格有橫財。

第五節 命宮在辰戌宮

一、命宮在辰戌天同坐守：雖為福星但較無衝勁，尤其在天羅地網宮更困住，如命宮更有火星或擎羊單顆同守，可激發士氣增強鬥志。主辛勞過後晚年得喘息之福氣，主精神比較高尚，能享福，天同化忌對人生感情之傷害甚大。丁年生人在辰戌宮，主經歷困苦艱難考驗而有大成就，在戌宮更利生財，成就更大，此命格比較柔弱怕事，較難承擔精神壓力。命宮得昌、曲、科，主能學能成，但流於感性，喜詩詞歌賦，反有點不務實，女命易感到精神空虛，內心感情卻很豐富，對現實不滿，尤對感情多幻想，經不起誘惑，會昌、曲更確，不過女命會四吉可相夫教子，不一定要見雙祿，但得雙祿可嫁賢夫或經濟獨立。化祿感情溫柔，化權，利事業，性格也堅強，若會六煞刑人生多苦，女命婚姻不幸，事業不濟，坎坷潦倒，見桃花曜更易入風塵。

二、父母宮在巳亥武曲、破軍坐守：基本為感情不和，煞忌多見主「刑剋父母」，主自身多病痛或事業不順，嚴重早成孤兒或寄人籬下，若不同居也算刑剋之一，亦主少年時祖產破耗家道中落，見雙祿則無破耗。

三、福德宮在子午太陽坐守：主動主熱烈，喜熱鬧和參與群體活動，多社交生活，入廟旺更有六吉，主好動性格，陷宮見煞忌，徒然忙碌，感到辛苦，在子、午有天梁對拱，有名士風度，愛悠閒，不願奔波忙碌，有時人生欠活力，故見四煞便主心想安寧，無法面對現實境遇。亦主不易與他人妥協，影響人際關係，女命見六吉對性欲重，也可得夫婿情

人之配合而得閨房之樂，但見桃花曜主性欲強烈，夜夜春宵，若夫妻宮不吉，則因性欲之欲求不滿而有婚外情或離異。

四、田宅宮在丑未天府坐守：為田宅主，是為庫主穩定能守祖業也主置業能長久，得雙祿主「增田置產」或有樓收租，忌見空、劫、耗，主不利與羊、陀會有物業糾紛或置業糾紛、鄰里不和，與火同度為火災，更見空、劫、耗另有流年化忌，及流羊、陀沖之主克應，另昌、曲同度或會再有流年昌、曲入，主家中有人金榜題名或考核升遷及加官晉爵。

五、事業宮在寅申天機、太陰坐守：主事業多變動，但應克盡人事減少變化，專志一行一業能可成就。此宮乃紫府夾宮有貴人助，可從事零售及流動事業，包括海、空、陸運輸，或四處走動洽談業務、推銷員或商旅，見天馬更吉，若會天機見三吉化，宜實業，其具專業、科技的意義，可當工程師，會昌、曲鳳閣、天才龍池，主「藝文界嶄露頭角」，創作能力好，與空、劫、耗會不利財運，如從事「工廠方面」則可能轉化創意有工業發明，由空想、幻想中成就事實，如發明家、研發團隊，與昌曲會可從事「文化事業」，會輔弼宜政界，再見魁鉞尤佳，與祿曜相對，對財務、金融、投資有關之行業尤佳，若有昌、曲、科、天巫、華蓋、空劫，利風水五術行業。

六、交友宮在卯酉紫微、貪狼坐守：有屬下能力過強，不易掌控之缺點，愈見吉曜吉化多下屬更強有才能，但自己能力不夠反遭輕薄，自己意見常遭抵制，與陀同度，為友強出頭遭遇糾紛麻煩，更見煞忌尤甚，如見陰煞、天月、天虛，

主受騙，為人作保人自己承擔責任。如見桃花雜曜，捲入友人桃色糾紛或受異性所累，或交上好色友人，流連風月，惹禍上身，與羊同度主友不和，是非紛爭，手下無義，更有火、鈴傷害損失更大，與空、劫、耗，則遭侵吞自身利益，會化忌與羊性質同，會昌、曲化忌防詐騙，會貪狼化忌，主友成為自己最強競爭對手，會廉貞化忌，傷了感情或因故動干戈，會武曲化忌也主動干戈因朋友而損財，若會煞更有天月、劫煞、大耗，因友破財侵占。

七、遷移宮在辰戌巨門坐守：最喜化祿或化權，化祿利國外事業發展，更見祿存尤佳，化權在海外憑口才能名利雙收，更有昌曲尤佳，若化權並有羊、刑、昌曲科相會，乃司法人才，若有雙祿、天馬、魁鉞可從商，若化忌主出外口舌紛爭，更有四煞，糾紛極重，更有刑同度，則官司訴訟，若化忌與陀同度，猶疑不決，化忌與天馬會更有火、鈴，主勞而無成。會四煞、刑少人緣，多是非，重則橫死外地或官司牢獄，更有流忌煞沖尤確。

八、疾厄宮在巳亥天相坐守：受武破拱照遇煞曜忌主傷殘，或破相對女命不吉，要見羊、陀忌才是，此星系泛指泌尿系統，膀胱及腎，也主生殖、性機能等症，若會空、劫或宮，更有天虛，主「身體虛弱虧損」，女命主月經或經痛，若會羊、陀、刑為外傷骨病。

九、財帛宮在子午天梁坐守：會雙祿有財氣可發，見天巫可承繼遺產，天梁子宮太陽入廟拱照，主「財有來源」收入穩定，支出亦大，難積存，更有煞曜，主「受剝削」，若

會化忌或和太陽化忌，會因「進財多口舌是非紛爭」，與太陰化忌會因「有財而生精神痛苦」。

十、子女宮在丑未廉貞、七殺坐守：主兩代感情不佳，見煞忌尤確，或子女不孝，利用父母、傷父母心，若見空、劫、耗，則有敗家子，為子女受累破耗。

十一、夫妻宮在寅申借天機、太陰坐守：命宮巨門對宮天同主多是非，有兩特質：①配偶在政府或公營機構工作，②配偶與自己有感情上波折。命宮與夫妻宮均會天同，主感情隔閡，如會煞，因小事爭吵有一段時期生感情挫折，除非見化祿化權吉曜，才沒感情挫折，天同會吉，僅主文采風流，有閨房情趣，故此夫妻宮可以很好，也可以很差，若借天機太陰居夫妻宮比不借星好，因不借，命宮巨門，主人緣不利，主夫妻有風波，若借星命宮為天同，主個性易滿足不計較，容易遷就配偶，也較妥協不爭，天機主思慮思考，太陰主收斂，故不明白配偶心思，思想必然分歧，當桃花會集亦主夫妻極懂享受閨房樂趣，尤以借星之夫妻宮更確，又與咸池、耗同度最為溺迷，與天姚同度，喜色情書籍圖片或仿效。

十二、兄弟宮在卯酉借紫微、貪狼坐守：更見鸞、喜，則女多男少，見吉曜，手足可依靠，見煞則受限及侵吞。此星系主關係和諧，但各有私心，若貪狼化祿不見四吉，主可共富貴，不可共患難，見火鈴主手足突發，自身未必受惠。紫微星長兄長姊為弟妹之貴人，雖得依靠，但要受其指使駕馭，見魁鉞多助力。

事業財通論：

　　一般皆主正行正業之受薪工作，但遷移宮巨門有惹是非之性，所以帶些偏行性質。丙年生人會傾向偏財，當會火、鈴、空、劫、天空、旬空、截空、陰煞、劫煞、天虛，則走偏財，以辰宮較重。丁年生人對宮巨門化忌，如會吉曜不主偏財，見煞方是。庚年生人天同化忌格局低，在正職行易失敗，更會煞忌，有求偏財之性。

　　橫財方面，太陰入旺宮且化祿較利橫財，巨門化祿次之。

第六節　命宮在巳亥宮

　　一、命宮在巳亥武曲、破軍坐守：武曲主財得祿曜更佳，會天馬成祿馬交馳，主大富有發展，若化忌則不利財，主事業敗耗，但利用金屬利器生財也可發，如武職、屠夫、工業、實業等，煞氣極重不可從事財務、經濟、金融投資，亦不喜空、劫、耗會及羊陀，若六煞齊會則浪蕩人生，一事無成。此星喜自身化祿亦喜會廉貞、破軍、貪狼化祿，利生財及投資，此星系因破軍波動性強主耗故較弱，宜一技之長則生活不愁，否則人生波動、浪蕩天涯，若會三吉曜、吉星則海外成名，若會四煞，則以技巧工作者為佳，或軍警、屠夫，若化忌在命易有意外血光，重則壽元夭短，見六煞刑尤甚。女命不利婚姻，性剛強，若得輔弼、魁鉞事業有成，但不利婚姻，若會三吉化、天刑則為「社會名人」，因軍警成名，若陷地逢四煞，主幼離雙親或不睦，難結異性，婚姻弱，晚年欠子女緣。最理想組合得雙祿、魁鉞可握經濟大權，財政界要員，會有機會而發，若得昌、曲而欠四吉曜，流於優柔寡斷，欠決斷力，可當文人從事文化出版、教育、編輯、採訪為宜，涉獵範圍以財、政、金融、汽車、工業為佳。在亥宮三方見貪狼更有化忌、火、鈴、羊、陀、刑耗者，主意外有溺水之兆，不可不慎，若福德宮不佳者，主水惡自殺，若與祿存同度，則性格不善以致損人利己致富，武曲、破軍，性格過剛致人緣不佳，易樹敵、多是非。若得輔弼「外剛內忠厚」。女命吉曜吉化愈多成就愈大，婚姻愈差，婚前異性難求，婚後妻奪夫權或剋夫，若化忌落陷會昌、曲、桃花曜，

則私生活放任、不忠誠，除見三吉化才有自律。男命則因色招災，中年後必有外遇或流連風月，此星系若見煞忌，主人外型有缺陷或產月不足，身型矮小，重則傷殘，會昌、曲矛盾、決斷力不足，常怨天尤人事業無成。

二、父母宮在子午太陽坐守：以入廟旺，日生人為佳，主父母關係良好，以不見煞忌尤確，會吉曜更受父母篤愛，尤其是父親，會輔弼，主父母能承擔照顧之責。得魁鉞，主父母提拔幫助，得昌、曲兩代感情佳，入廟會六吉更有祿馬，主父母富貴，若太陽化忌，且會四煞，則刑剋父親或事業不順，或多病痛，以夜生人更確。

三、福德宮在丑未天府坐守：主保守不喜冒險，會輔、弼、昌、曲，主心境安寧，會魁、鉞，受人照顧，風險更少，與火同度，心思運用過度，不能安閒，多杞人憂天，與陀同度，主小心眼生妒忌心，且記仇記恨，報復心重。與羊同度，坐立不安，無安全感，與刑同度尤確，會空、劫、耗主「忙碌」，尤為財而忙，缺安全感，若化科主有信用，受人信任，見祿曜，生活富足，若見昌、曲、化忌、天姚、陰煞是偽君子，心術不正易使詐術。

四、田宅宮在寅申天機、太陰坐守：主「物業變動」、「時進時退」適不動產炒作，但要適可而止，見好即收，若見太陰、天機化忌或更有空、劫、耗，反宜靜不宜動，減少變化為佳，若太陰化祿與祿存會財氣大旺，適多置產業　以適置產保值，尤適房地炒作買賣生意，不喜與空、劫、耗會，主房屋破耗，與火同度，三方見鈴、羊、陀更有流年羊、陀照

入，主火災，太陰化忌，主口舌是非，家宅不寧，流年見此星系有外遊機會，更見天馬同度對拱尤確，此天馬指（歲驛）更有大限，原局天馬相疊沖尤是。

五、事業宮在卯酉紫微、貪狼坐守：為桃花犯主格，主外緣佳，可從事公關，美容化妝品，珠寶設計等，若不會吉煞反見桃花雜曜，或更有羊、陀、忌為桃花犯主，男人吃軟飯賺女人錢，女人淪落風塵，但會煞也不見得為兇，如見羊、陀、忌也僅增加事業競爭性而已。見空、劫宜「創設工廠實業」或與科技工藝有關行業，貪狼會四吉曜三吉化，宜外交、政界，見祿馬不會空、劫、耗宜營利事業，會昌、曲、桃花曜宜娛樂，會火、鈴，主可財富突發，利營商或推銷、金融投資工作，以不見羊、陀忌才是。若紫微化權，以權術壓制人，非以德服眾，若會四煞操弄權勢反成拙。

六、交友宮在辰戌巨門坐守：主「口舌之爭」，見祿曜皆自主「創業多合作夥伴」，巨門化權，更見四吉友助力大，下屬「坦率勤勞」，見昌、曲、科，主「好辯有才」，可因友人奴僕之助扶搖直上，若巨門化忌或天同化忌，主友表裡陽奉陰違，口是心非，會陀、陰煞、天虛、天姚，結交小人，若單見化忌易犯口舌不睦，更見羊、刑主紛爭、官非，若見煞，受拖累不宜合夥，對人須提防，若會空、劫、耗，更有陰煞、陀化忌，則為「手下人所盜竊侵占」或暗自侵吞自身利益。

七、遷移宮在巳亥天相坐守：如命吉者不主外出，若有吉曜吉化，會在外有貴人助，尤得魁鉞更佳。且主「特殊機

遇」，得輔弼主受擁護，若會空、劫、耗主出外破耗，流年逢之，主外遊失竊丟失物品，若會四煞，主友不多、孤獨，見孤辰寡宿尤確，若交友宮吉可改善，更見刑、虛、耗，主小人災禍。

八、疾厄宮在子午天梁坐守：主胃疾，不過有災病而多轉危為安，流年逢之為之克應，與火同度，主腸胃炎，與羊、刑同度，主盲腸炎或腸炎，與羊、陀同會，手足肢體筋骨傷，若火、鈴同度亦主腸、胃癌，但須見天機、太陰、天同、太陽化忌才是。與空、劫、耗會，主關節肌肉毛病，風濕、麻痺、肌肉酸病。

九、財帛宮在丑未廉貞、七殺坐守：主競爭中得財，有事業野心大志，若廉貞化祿且會魁鉞、昌、曲，主大富，若廉貞化忌不利商，更有火、鈴有糾紛，與羊同度主競爭，因財官訟，陀同度因財生苦惱，若會空、劫、耗，防盜賊，也主失業、倒閉、投資失利，若得化權，利管理生財，得化科因名得財，稍見煞可得意外之財，但不耐久，但一生會經歷一次重大經濟困難，重則傾家破產，不可不慎，但見祿有解（歷經失敗可東山再起，或減輕失敗損失程度）。

十、子女宮在寅申借天機、太陰坐守：如更有昌、曲、科、天才、龍鳳，為聰明機巧，唯天機或太陰化忌，則為狡猾，此星系女多子少，有生離刑剋之意，太陰落陷，宜好好培養與子女間關係，若見六吉、祿馬，主子女富裕，可發達。

十一、夫妻宮在卯酉借紫微、貪狼坐守：如是借宮，夫妻宮之紫貪為「府相朝垣」之格局，紫貪為桃花犯主，為至

淫特別不宜女命，因其天相坐命又為天梁、巨門夾宮，對宮又為武破，更容易內心不滿易受環境影響，而較多口舌是非，故無論任何環境皆不會安於現狀。女命為追求刺激、物欲享受，追求一種情慾，故為淫邪，以離婚收場，故紫貪在夫妻宮很可能淪入風塵，或不安於室，也可說無論嫁夫如何稱心，也會對婚姻不滿，原因在其命宮為天梁、巨門所夾，再加上福德為廉、殺浮動之星系，對情緒不穩定。男命主妻有丈夫之志，一定有刑剋或不安於室，宜遲婚配，見煞主風月，見桃花有外遇，但終會迷途知返。女命主夫有才藝，見昌、曲為風流浪子，但仍對家庭有責任感，風流浪子與女人風月同論，故丈夫即使納妾、外遇，對家庭有責任感，仍愛其妻不會離婚，喜納妾、外遇之因，為其人喜追求情趣所致，故女命見此星系可推定其夫有納妾之兆，唯遲婚可免，或配年長之夫（十六歲），若借宮坐夫妻宮，且四煞並照夫妻宮，而羊、鈴與紫貪同度，不論男女主終身無家室之樂，若無正曜又不見煞，又為「府相朝垣」，女命主丈夫榮顯，男命則妻子是女強人，凌駕丈夫，但不見得淫蕩。

十二、兄弟宮在辰戌天同坐守：主手足甚多，若煞多見則主表面好和，卻有暗爭，更見羊、刑則興訟，尤見巨門化忌尤確，若會六煞、刑，輕則失和，重則災病夭折，或幼年分離，唯分居少紛爭。

事業財通論：

主作風剛烈，過剛則折，不為福論。甲年生人三奇嘉會

從事正行正業較佳，若更有空、劫、火鈴，則可求偏財，且局面不差。己年生人武曲化祿，正、偏行皆宜，再有文曲化忌同度，則有拐騙性質之生意。庚年生人求偏財好事多磨，較有利，若更會火、鈴須防過剛則折。壬年生人武曲化忌，巳宮較亥宮佳，望人生多風波，事業無常。癸年生人人生多困，求偏財，涉獵多種行業。

　　橫財方面，以事業宮紫貪遇火、鈴為佳，大限流年配合橫財到手，另武曲化祿、破軍化祿次之，若會祿存不逢化祿再次之。

第九章　紫微在辰、戌宮（論武曲天府在子午）

天梁　巳	七殺　午	未	廉貞　申
天相 紫微　辰	紫微在辰戌表		酉
巨門 天機　卯			破軍　戌
貪狼　寅	太陽 太陰　丑	天府 武曲　子	天同　亥

天同　巳	天府 武曲　午	太陽 太陰　未	貪狼　申
破軍　辰	紫微在辰戌表		巨門 天機　酉
卯			天相 紫微　戌
廉貞　寅	丑	七殺　子	天梁　亥

第一節　命宮在子午宮

一、命宮在子午武曲、天府坐守：武曲乃求財之星，天府仍儲財之星，最喜得祿曜更得天馬乃「祿馬交馳」，經商成巨富可發，主長壽見天壽尤是，遇武曲化忌則不是，且吉利性質減等，子宮若得吉曜天馬宜「遠赴重洋、海外發達」，若對宮七殺多煞，則留在原出生地為宜，若武曲化忌不利財，事業多成敗，若以金屬利器求財，則趨吉避凶，如屠夫、工業實業或武職，切不可從事財務、經濟、金融投資等，亦不喜會空、劫、耗財氣，其次為羊、陀，若六煞齊會，則一生破敗，浪蕩人生，最喜自身化祿，其次廉貞化祿。若會四煞，為技巧工作者，否則生活困難，或再會空、劫、刑、武曲化忌，煞氣極重，宜武職屠夫工作，且意外血光之災隨身，重則「壽元夭短」，女命最不利婚姻一面，即使多會吉曜吉化，事業宏偉、婚姻愈失利，婚前異性緣少，婚後妻奪夫權或刑剋極重，遲婚為宜。若會三吉化及天刑，可為「社會聞人」，因軍警而聞名，不見天刑則其他方面聞名，逢陷地四煞，幼年離開父母或感情不佳，亦不利婚姻，晚年欠子女緣，若會雙祿、魁鉞，可握經濟大權或財政官員，女命或許外表溫柔，但意志、立場很堅硬，武曲的六吉，除利武職，亦利財經、金融，昌曲更對財經走勢判斷更能掌握，是頂尖人員，但無四吉僅會昌、曲，則優柔寡斷，欠決斷力，可當文人從事文化出版、採訪、編輯，涉獵以金融、經濟、汽車工業為佳，若與祿存同度，則性格不善，吝嗇自私，損人利己致富，若得輔弼「外剛內厚誠」，女命落陷化忌且會昌曲桃花，主行

為浮蕩放任，婚姻不忠，且三吉化、天刑可自律。男命需防因色招災，中年後有外遇、風月生活，若會四煞再有昌、曲、化忌、天姚、天虛、陰煞則心術不正，陽奉陰違表裡不一。

二、父母宮在丑未太陰、太陽坐守：必是一入廟，另一落陷，故和雙親關係無全美，在丑利母，在未利父或以日、夜生人協助判斷。有時可判斷父母工作性質有日夜顛倒之趨勢，或個性也較兩極化。若化忌太陽、陰其刑剋也不一，但無論如何遇四煞、天月、天虛，主多災病，若六吉全會更有祿馬，主父母富貴。

三、福德宮在寅申貪狼坐守：主為事業求財人際活躍奔走，也為各種生活形式之享樂，人生多采多姿，以見吉曜為佳，若見煞一切白忙，又不得不忙，一般都主行為較不拘世俗或好飲、賭博、風月，但不見桃花曜，不會沈溺其中，見昌、曲，談笑有品味，若見桃花曜，則喜說黃色笑話，更見羊、陀、忌則言語粗鄙，若會桃花曜，性格風流喜歡女色，女命好打扮以性感之態出現，若會羊、陀、空、劫、刑、耗，福薄不安，與火鈴同度，一方面主物質生活充足，另一面主性急氣躁，若命宮不吉，則有拳腳刀劍官司訴訟，宜收斂脾氣，否則災厄苦惱頻生。

四、田宅宮在卯酉天機、巨門坐守：基本性質不利，主物業「起起落落，易立易敗」，更見天馬變動更大，若逢化忌置業多失利，巨門化忌家宅不安，多爭吵，若會煞刑，不宜置業，有糾紛官非之徵，家宅不寧，此星系常變化及搬遷，祖業不守，若巨門化祿、化權，更見四吉則不斷有物業之變

化，可自置產業。

五、事業宮在辰戌紫微、天相坐守：具有領導力也有事業野心，見四吉適管理高層或進軍政界，若財帛廉貞化祿和祿存同度，則名利雙收大富貴，若入廟，見吉不見煞，為一品官員，名利權貴若會雙祿不見天馬為受薪階級，但在財務經濟表現出色，可任財政司長、會計師、精算師，若紫微化權運用權謀治世，非以德服人，更會四煞，尤忌弄權反弄巧成拙，與空、劫會一生多破耗，宜工廠實業方面謀發展，讓幻想成事實，做別人不敢做之事反而有成。

六、交友宮在巳亥天梁坐守：主友少部屬亦少，不過有四吉曜、三吉化可得正直之友，及受手下人擁戴，見昌、曲，私交甚篤，若天同化忌更有陀同度，因感情用事受下屬友人拖累，天梁會火、鈴，為友受災，羊同度是非紛爭，陀同度小人或暗爭。

七、遷移宮在子午七殺坐守：具霸氣及煞氣，獨斷直行，故見四吉曜、三吉化，主「在外有地位，有權威，使人敬畏」，如有煞曜則可能在外霸道權謀使人生畏，與天刑同度小心官司，須更見六煞方是，與羊、陀同度，宜武職，否則少人緣，火星同度有意外之財，空劫同度以企業實業、工廠為宜，否則飄蕩。

八、疾厄宮在丑未借對宮太陰、太陽坐守：主血液循環或精神情志、腦功能、思維情緒之毛病，也主高血壓引起頭疼或血栓中風，太陽落陷會羊陀主眼疾，太陽化忌主眼部外傷，太陰主腎、生殖系統、性機能，與六煞刑會主腎虛，常

見有水腫、糖尿病、洗腎，若與桃花曜會或疾病宮入流年廉貞、貪狼之宮限，有桃花曜，因縱欲過度引起腎虛、陽痿、不舉，女命冷感。

九、財帛宮在寅申廉貞坐守：受貪狼拱照之影響，有橫發橫破之兆，但在陷宮，只要稍遇羊、陀、空、劫、化忌則財不長久，此星系主競爭得財，若命宮吉利可愈戰愈勇，喜化祿、遇廉貞化忌則因財生災，且多煩惱，與羊同度，主競爭也主因財訴訟，與空、劫、耗會須防小偷，在流年、月、日逢之克應，也主投資失利、轉業，若化忌羊、陀、空劫，會因官司破財。

十、子女宮在卯酉借對宮天機、巨門坐守：主僅獨生子女一人，會昌、曲、科、天才、龍鳳為聰明機巧，若化忌則狡猾，如會六煞刑，主無子可有女或兒不孝，多災病刑剋遲得，男三十八以後，女三十三歲後可免刑剋。此星系有了孩子，在幼年最好分居為趨吉避凶之道，巨門化祿更有祿存，更有四吉，因子女帶財而得財，子女富貴但感情未必親近。

十一、夫妻宮在辰戌破軍坐守：破軍入天羅地網，女命只要幫助丈夫之事業便沒什麼問題，或兩夫妻共同經營事業，反主配偶有家庭責任感，即使丈夫事業或許不理想，只要自己能同心協力會獲改善。男命破軍入天羅地網夫妻宮，要兼看命宮如見化忌（空、劫、天空、截空、旬空），輔弼便易離異，故女命比男命佳。特別廉貞化忌，會入命宮，離異可能性大，無論順逆行至第四個大運（天機、巨門）坐守命宮、夫妻宮，在此大限易出現波折。

十二、兄弟宮在巳亥天同坐守：主手足多，因受天梁拱照，如見羊刑，主手足表面和好，有暗爭，重則興訟，若與天煞刑會，主刑剋災病、夭折或幼年分離。

事業財通論：

以遇祿為佳，無祿遇吉命格也多缺點，若再遇空、劫、天空、旬空、截空為空庫，若能得祿從正行正業皆宜，若無祿曜正行難行，再會六煞忌時，則有走偏行之向。甲年生人午宮較子宮佳，財氣不弱，正行可獲豐利，如更有火鈴空劫，才主偏財行業發跡。己年生人財氣也旺，適經商，若更有火、鈴、空、劫、忌，主從偏財中獲巨益，若文曲化忌，從命宮三方會入，則經營事業便有不正當之偏財性質。庚年生人權力較勁更濃，宜武職或管理，如更有火、鈴、空、劫求偏財可行，但以和為貴，不可作風激烈，寬厚仁心待人，否則福澤短暫，招他人仇恨，樹敵眾多，煩惱接踵，而生在子宮偏財氣更旺。壬年生人這個格局比庚年生人更剛烈，除利武職外，他職無利可圖，亦不利自身安全、人際關係，如更會火、鈴、空、劫，尤以火同度，求偏財手法過度激厲，招惹仇家，有傷害破敗及牢獄之災，更宜以和為貴。

橫財方面，武府得祿正、橫財皆宜，尤以武曲化祿再會祿存財旺，對宮七殺得祿曜更有橫財，其次廉貞化祿更有祿存。

第二節　命宮在丑未宮

　　一、命宮在丑未太陽、太陰坐守：陰陽在丑未，主人性情忽陰忽陽不易捉摸，太陰在丑日月相會，性情豪爽，官高祿厚，太陽在未宮為天輝，主權重豪爽，太陰在未為天圭，性情爽直忽陽忽陰不利母星，在丑宮傾向有太陽心理缺點，而有太陰細膩優點，在未宮名大於利，性格不易捉摸，若太陽化忌更有四煞眼睛有不對稱之象。丑宮安命適熬夜或日夜顛倒作息之工作，未宮安命較勞心費力但勿熬夜工作。太陽入廟見吉，以從政、公職最佳，經商不利，屬貴氣重於富氣，太陽化忌不利父親、眼睛，有火同度尤確，且情緒暴躁，如與火鈴同度，人生多挫，與羊同度有紛爭，與陀同度有暗爭，落陷尤其如此。昌曲夾及輔弼夾均帶來貴氣，女命太陽入廟具男子氣爽朗不拘小節，心直而慈，欠缺女人魅力，雖聰明慈祥，福大量寬，但事業及財務壓力頗大，若丑宮多進退，脾氣躁急，與火同度更烈，皆主性剛率直，人緣不足，做事太直，感情用事。更有鈴、羊、陀，更因此性格惹重大事故，落陷又化忌更不利，每感情而誤事，因妒生恨，玉石俱焚或自殺。女命太陽化忌在命，對男親傷害最大，太陽會六煞，為社會服務普渡眾生之人物，婚姻不理想，甚而獨居，全心投入服務人群，尤以入廟尤確。太陰在丑宮，性格飄忽不定，且吝嗇自私，利大於名。在未宮性格也是飄忽不定。太陰會化權、化科主剛柔相濟，若太陰化忌更見空、劫、陰煞、天姚，主心術不正，旁門左道。太陰會昌曲，主文章秀發、博學多能，更見煞忌反易感情受挫，女命尤其如此。太陰入廟更有

昌、曲、鸞喜，主美艷動人，有顆煞曜更是漂亮，若見鸞、喜、咸池，便有花酒文章，男女皆多密友，私生活不檢點對象，太陰落陷且見煞刑忌，便有隨娘過繼，在身宮（遷移宮）也有此象，若落陷見六煞刑、耗、咸池、天月、天姚，主性格不良，誤入歧途，女人易淪落風塵，太陰落陷須得三吉化及雙祿、天馬方主富裕，女命落陷會六煞刑，主傷夫剋子，家庭欠缺，晚年孤獨。

二、父母宮在寅申貪狼坐守：基本性為和諧，如落陷且化忌，更有羊、陀，主刑剋災病，天月、天虛會尤確，見天馬主早離開父母，若見吉曜不主刑剋。若會桃花曜主上一代感情關係複雜，再見煞曜刑剋不免。

三、福德宮在卯酉天機、巨門坐守：做事欠恆心毅力，對事業發展不利，若天機化忌或會陀易衝動後悔也心眼小，為人敏感，此星系主勞心費精神，見吉勞而有成，見煞，精神壓力大、心境不安，會火、鈴同度主紛爭，羊角度主口舌，陀同度，自尋煩惱多憂慮。無福可享，但此星系有一優點，口才了得，思考有邏輯，說話能服眾，以見六吉為確，不見則為小聰明，無真才實學。若天機化忌，見又六煞，為精神壓力大，精神病患或不堪生活壓力而厭世者，便是此星系，若見煞不多，主精神不濟欠效率常服安眠藥，與羊陀同度與天機化忌類似，情況較輕。

四、田宅宮在辰戌紫微、天相坐守：因受破軍拱照，主家業動盪，祖業不安，更見六煞刑耗，賣田賣地，受薪者受排擠，經商有倒閉之兆，會六吉才能持家業，若會雙祿有祖

業繼承。做不動產投資宜小坡地或礦業高地，居住在地勢較高之處或高樓之頂樓。

五、事業宮在巳亥天梁坐守，可服公職多晉升機會，受人提拔，和昌、曲化科刑會利司法、法務或執法者，在巳宮會四煞主「特殊工作」，如諜報人員、外籍傭兵或黑幫大哥，人生常遇驚險，九死一生，事業多災難，若命多見吉曜吉化為非凡人命格，也可能是黑幫傳奇。

六、交友宮在子午七殺坐守：性剛而孤剋，易結交小人。火、鈴同度遭陷害，陀同度小人妒忌，羊同度受拖累，空、劫同度，遭偷盜或侵吞利益，祿存同度，主小人傾擠。

七、遷移宮在丑未借太陽、太陰坐守：太陽主動不宜靜守，只要不見煞，出門吉利，適經常在外奔波職業，若入廟旺，出外貴人扶助，見魁鉞、三吉化尤佳。見雙祿、天馬利經商或專業生財，單太陽化祿僅熱心助人開銷大，太陽落陷主外奔忙，不見煞仍忙而有成，太陽化忌不利遠門，見煞、天月、天虛有病災，太陰主朋友多，見四吉出外近貴，會昌、曲他鄉成名，但太陰落陷君子少小人多，見火羊會主勞而無成，見鈴陀小人侵吞，見空、劫、破耗不利投資，見太陰化忌，更有陰煞、天虛、天姚，主在外求財手法不當，受人非議。

八、疾厄宮在寅申廉貞坐守：主心、血循環系統、生殖、性機能系統，如高血壓、貧血、吐血、牙血、意外受傷、膿瘡傷出血症，女命經期血量失調，又主淋病、梅毒、過度手淫引起腎虧虛，煞忌多見，主生殖系統癌症。

九、財帛宮在卯酉借天機、巨門坐守：主財源多變，見

吉財來源多處，若吉煞並見吉化與化忌並見，則多進多出多變動，財來財去不穩定，若見吉不見煞，適推銷傳直銷工作。與羊同度求財多爭，適商業活動，與陀同度財利遲得須忍耐，會四煞刑、耗，主因財糾紛涉訟，會火、鈴、空、劫、耗，遭奪財或災禍損財，與祿存同度，主有財運而小人垂涎，流入小人手中。

十、子女宮在辰戌破軍坐守：不利長子，稍見煞即有流產、小產、不足月、破相之兆，故先花後果，如遇桃花曜則是，但生女亦有刑剋。

十一、夫妻宮在巳亥天同坐守：因受命宮太陽太陰之影響婚前戀愛多波折，且本人與太太多差異性，夫妻無論在體型、學識、財富、興趣均與自己不相配，甚至身分貴賤也不相配，另主親家也不和，男性利命宮在未宮之夫妻宮在辰，而女性利命宮在丑宮之夫妻宮天同在戌，若在丑宮太陽化科可增加丈夫之能力，太太可因丈夫學識高而敬重，見三吉化可調解。

十二、兄弟宮在子午武曲、天府坐守：一般主不好不壞，手足不一，須見六吉則和睦有助力，若見六煞、忌，主受侵奪，不利合作。

事業財通論：

此命格皆主個性兩極反覆無常，時積極時消極，或進取時退縮，財帛宮天機巨門，主浮蕩，財氣不穩，時有變動，故稍遇煞忌即走偏財路線。甲年生人，辛勞不可免，在丑宮

與陀同度，主心術不正，作風受人爭議，更會火、鈴、空、劫、陰煞、天虛，因偏財而福薄，獲利亦不持久。乙年生人，財帛宮皆有財氣，在丑宮利得偏財。丁年生人，太陰化祿在丑宮，求財過程多是非競爭，未宮走偏財路線，易犯官非。戊年生人丑優於未宮，有辦事能力，但得財必損及人際關係。庚年生人具偏財命格。辛年生人財氣雖多變動，但源源不斷，不會煞忌不主偏財，會火、鈴不會空、劫，可走偏財路線。

橫財方面，天機化祿財氣雖小但頻繁，賭博可發小橫財，但不主大額彩金，巨門化祿或太陰入廟化祿，財氣較大，大限流年配合橫財可得。太陰為計劃生財必涉及分析研究，就算中六合彩也必經過分析。

第三節　命宮在寅申宮

　　一、命宮在寅申貪狼坐守：此星系具軍警性質，見四吉可握軍警大權，最喜與火、鈴同度成火鈴貪格，最忌再會羊、陀為破格。貪狼化祿或見昌、曲、魁鉞，主好動圓滑，八面玲瓏，見羊、陀有不良嗜好，見華蓋、天巫，好神仙之術。利經商或投機、賭博而發，若三方四正見羊、陀忌橫發橫破。在寅宮與陀同度，為「風流綵杖」因色招災，若再更會桃花曜就更好色。與天壽同度見吉主長壽，若不得吉曜反會羊、陀、忌、天月、天虛等，主少年多災，命不長或縱欲而亡。外形骨格粗壯，形小聲高，若七殺在身宮，不論男女在情感有踰越之事，命、身宮再見羊、陀、咸池、天姚尤確，當貪狼與空曜、天刑同度即為清白格，僅主精神意識好色，而行為是規距的，與四吉會具領導才能，有人緣，主軍警、從政或娛樂公關行業。若身宮為破軍則格局低下，更見羊、陀、忌，主「男命狂醉，豪賭，視色如命」，更見咸池、天姚、沐浴更確。女命浮蕩，欠缺家庭責任感，肉物欲極深。若會昌、曲化忌更有「天虛、陰煞」則心術不正，做事虛而不實，空有計劃恆心不足，以致走旁門左道，若昌曲化忌，更善「巧騙」。在寅宮為少年得志星系，聰明好學，見昌、曲、化科、天才、龍鳳尤確，求學階段名列前茅，初入社會表現出眾，為「少年顯揚」，更見四吉尤確，但更有羊、陀、忌則防過分自信，趾高氣揚，反生牢獄之災，在申宮其行事方式受人爭議或流芳百世，也或許是遺臭萬年，有人視作偶像、傳奇人物，也有人唾棄，更見四煞其爭議更大，若見吉不見煞，

事業全由個人奮鬥而來，以見三吉化、四吉為確。見羊、陀、桃花曜則「享受淫樂」，肇致事業失去，且一生官非四海飄泊，女命與男命同論。女命見三吉化及四吉曜，主丈夫性情剛毅，旺夫益子，若見得、曲、桃花則「好打扮」。

二、父母宮在卯酉天機、巨門坐守：「幼年不利父母」，就是少見煞忌也主爭吵不和，見煞刑忌主不和紛爭衝突，也主父母不能雙全，嚴重者，在孤兒院或由其他親人撫養長大。

三、福德宮在辰戌紫微、天相坐守：主終身福厚但心境有時流於薄情，此星系主性格高尚，自尊心強，不易服人，若命宮不吉，則性格強烈，運途不濟，遇六吉主福深，品味不俗，若會昌、曲、桃花曜命造風流，受破軍拱照，勞心勞力，與陀同度主自尋煩惱，尤其自己想法與別人格格不入，更有桃花曜，主為情欲事而煩惱。會忌星主多憂慮，廉貞化忌是為感情及倫常之情而憂，武曲化忌為金錢、經濟生活而憂，若會空、劫主空想，不去實踐，若會四煞，再有空、劫，則欠恆心、毅力，無法成就事業。

四、田宅宮在巳亥天梁坐守：若更會空、劫多為人生飄蕩，一生都不置產租屋而居，即使有業也可能租屋而居且多搬遷，更有天馬尤確，此星系更有天巫、魁鉞，主承繼遺產及祖業，若會四煞主置業，多糾紛或鄰里是非多。

五、事業宮在子午七殺坐守：一般適「工廠實業」，見空、劫不從事實業，必招破敗，見祿曜可發，會四煞刑，宜武職，更見輔弼三吉化，可居領導人，若見吉而不見煞，適實業或經商，若會武曲化忌，宜一技之長或武職。

六、交友宮在丑未借太陰、太陽坐守：主友眾多非常好客，不吝請客宴會，不過不主助力，若見四吉或命宮，見四吉始主助力。更見昌、曲，友多益且私交甚篤，有困難時，可得仗義相挺，見雙祿主友及下屬幫助生財，見羊陀主小人，見空、劫因友破耗。

七、遷移宮在寅申廉貞坐守：一般主利於出門海外謀生，見吉人際關係良好，主友人助，見煞忌與人交惡，反目成仇。此星系受貪狼拱照，喜交朋友，人緣廣闊多應酬，費心勞神，若貪狼化祿更有桃花曜，則酒色財氣，好風月，若與六煞忌相會，必有災厄。

八、疾厄宮在卯酉借對宮天機、巨門坐守：主肝胃不和，腸胃多氣，心悶鬱結，或消化不良、胃痛，以化忌為確。見桃花曜亦主女命經期、經痛或重則子宮癌，若會羊、刑、耗，主開刀或意外損傷。

九、財帛宮在辰戌破軍坐守：主變動，財源不穩，若得雙祿、化權，主富貴能發或得祖產，若見煞求財多受挫，變動不利。若空劫同度寅吃卯糧，羊火同度橫得橫失，陀耗同度，糾紛多且剝削極重。

十、子女宮在巳亥天同坐守：兩代間感情深，和諧相處，不過子女性格柔弱較不能自立，若再見雙祿反不美，可能子女太依賴無法獨立，需花費太多精神與金錢。首胎見女為佳。見鸞、喜，女多子少，天同落陷見煞，刑剋必有，但不影響感情。

十一、夫妻宮在子午武曲、天府坐守：不論男女皆會嫌

配偶無趣欠缺生活情趣，但反過來說，可算是稱職伴侶，不過是無情趣罷了，但畢竟不流連在外。故此星系夫妻切勿再一起共事，否則工作理念不同，導致感情冷漠及衝突，若武曲見天姚主自由戀愛，不要經介紹結合，因與天府同度，主不忠厚及不擇手段，見天刑，武曲天府更格格不入更刻板無趣味，福德宮為紫相須有昌、曲、輔、弼來會照，否則主處事偏激剛烈，過於衝動，武府居夫妻宮喜科星來會，最怕天馬、陀、鈴、耗、天姚同度會合，主情人眾多。此星系七殺拱照必有一段時間受外來環境因素影響，而致夫妻感情挫折，如婆媳問題、事業取向、移民、遷居等問題，端視大運流年趨避。

十二、兄弟宮在丑未太陽、太陰坐守：日生人太陽入廟主有情義，見四吉手足中有貴人，見雙祿可得經濟照顧，落陷見煞刑忌，主刑剋或手足意外傷害，夜生人太陰入廟，手足眾多，若落陷，彼此感情有缺點，太陰雙祿主兄弟有財源，化權受兄弟約束，化科主有才學，尤以姊妹克應，若落陷太陰化忌，見煞則刑剋姊妹。

事業財通論：

會六煞主偏財，在寅宮少年得志，但易惹重大官非牢獄之災，在申宮宜修心養性，不可過分中庸之道較和諧。戊年生人貪狼化祿，人緣佳，長袖善舞，善公關而得財。己年生人，貪狼化權，求偏財，積極進取。癸年生人，貪狼化忌，偏財性重，在申宮偏財可生利。

橫財方面，以命宮火、鈴同度為佳，可橫發，但發後即刻收手，不可貪勝不知輸，更會煞曜橫破。

第四節　命宮在卯酉宮

　　一、命宮在卯酉天機、巨門坐守：天機主機變多端或見異思遷多計謀，適以頭腦生財，遇喜、昌、曲、化科、天才、龍鳳，讓才智有發揮空間，此星系也較操心操勞。天機巨門同度，眼神比較閃動，浮而不實，機巨、祿存同度在卯宮，若天機化祿，財氣更旺，主富。天機化忌必多憂慮，神經質，游移多變，且愈變愈壞，若更有昌曲、陰煞、天月天虛，主心術不正，若會四煞，人生起伏甚大，宜一技之長或受薪工作。也主他遷、祀出，虛驚之遭遇，若六煞齊會更有天刑忌，主壽短，若逃死限也必身虛體弱，女命見輔弼主性情剛強，旺夫益子，見昌、曲、桃花曜，感情易生波折，若會齊六吉、祿馬，可在事業出類拔萃，人才精幹，以頭腦生財，或批發零售業，但有一缺失，女命較易犯口舌、辯駁、不服輸，宜見昌、曲、科較能服人，巨門化權主語言權威。適合教師、演講、教學工作，更見昌、曲、科、天才，說服力更大，如與祿存同度，主收入豐厚，更見吉曜化可成富，但有點吝嗇，巨門化祿及化權皆有口舌權威，有雄心魄力及敢開創事業，再有祿存可為富貴，若會四煞必引起口舌紛爭，成就大減，巨門居廟旺且吉曜吉化，且不見煞，主面目清秀，此星系見昌、曲、科、天才，主善口才，見四吉富正義，性情忠厚，見龍、鳳、天才、科，主「專門技能」，但多學少精是機巨之特性。見火鈴無事而忙。與羊刑同度，若巨門化權，利「法律」，與空、劫、火、鈴、龍鳳會，宜「機械」，如羊、刑、天月、昌、曲、科會宜醫學，巨門會昌、曲，尤其昌曲又化忌，

更有天巫宜「星相」，若巨門化忌，更見四吉四煞、祿存，則為幫會領導，遊走法律邊緣，旁門左道中發跡，但因巨門化忌，其有口舌連連、災禍紛紛之克應，性格方面多疑少決，陰陽不定，不利人際關係，若煞重因人事挫折，有各種災厄或自殺傾向。女命尤其長舌婦，若不化忌能入廟吉化也可為相夫教子之命，見天福、天壽，主健康長壽。

二、父母宮在辰戌紫微、天相坐守：主無刑剋但父母對子女嚴厲，溝通上較難，多強壓性管教，若見財蔭夾印格，主父母經濟上能照顧自己，見天巫有祖業可繼承，或家族事業，如遇六吉，對子女嚴但感情佳，反之見六煞，關係更差。

三、福德宮在巳亥天梁坐守：主安樂享受，是精神享受，喜無拘束漂泊，會四吉主福厚，見雙祿主財氣重，若對宮天同化忌，見魁鉞並有陰煞、天姚、天虛、天月、天哭等，命造可能為弱智之人，或有問題無法自立之人。此星系且有名士風趣，喜悠閒入廟見吉才是，若落陷見煞，更成懶散拖延，陀同度更驗。

四、田宅宮在子午七殺坐守：主沒祖業繼承，見吉曜可奮鬥自置產業但艱辛，以得雙祿為佳，會武曲化忌小心投資房地產失利、或家運不和，最不喜遇「火、陀」、「鈴、羊」皆主負面影響，空劫同度，主破蕩。

五、事業宮在丑未借太陽、太陰坐守：見吉不見煞較適合財務經濟策劃，太陽入廟旺事業遠大，更有六吉不見煞，平步青雲可位居高層，奴僕部屬眾多，得輔弼主助力、門徒多，見魁鉞機遇貴人，昌、曲利成名及專業證照考試，不見

煞方確，見之減等，若太陽會化祿適商業，化權適管理，化科適專業、學術研究，若太陽落陷均主辛勞奔波，見吉勞而有成，會空、劫更見吉曜吉化，主技藝上成名，若會四煞宜一技在身，否則人生多波折。太陰喜財務、金融、地產、投資行業，和祿曜會尤佳，與昌曲會宜「文化業」，教學或學術研究，會四吉宜「政界發展」，與空、劫、耗會不利財運，經商破敗，如從事「工廠方面」轉化創意，可發明些東西，雖有起落，但能有作為。

六、交友宮在寅申廉貞坐守：見吉有助力多公務政府單位之友，見凶受拖累，喜化祿祿存，更有六吉曜，主因友得財且感情深厚，若貪狼化祿僅朋友多，不主助力，更見桃花曜，多好酒色賭博之友，欠助力，若廉貞化忌，主與朋友不和，另一面受朋友拖累，不宜生意上合作，若會羊、刑，主官非，會空、劫、耗，損財。兩星系皆有主因官非耗財，會陀、火、鈴，受手下人陷害。

七、遷移宮卯酉借天機、巨門坐守：不見煞忌均利海外發展，會空、劫主破財，會火、鈴主意外虛驚，會羊主口舌是非，會陀主暗爭，最喜巨門化祿或化權，利國外發展事業工作，若從商必須見雙祿、天馬、鉞魁為佳，若巨門化忌更有四煞，橫生枝節糾紛，更見天刑，防在外官司訴訟，嚴重橫死他鄉。

八、疾厄宮在辰戌破軍坐守：主腎、生殖及性機能系統毛病，更見桃花曜，陽痿、早洩、經期失調、白帶等，更有四煞忌，可能有性病。行經大限流年遇太陽化忌在疾厄宮時，

主目疾，原局與流年皆不吉者，有失明之虞。

九、財帛在巳亥天同坐守：主白手或薄資起家，先苦後甘，由零開始，中年發達，見雙祿可成小富，更見天馬，利經商、利批發零售業，會六煞不利財，有倒閉虧損，宜一技之長，更有龍鳳，可學習手工藝及技藝。

十、子女宮在子午武曲、天府坐守：武曲帶孤剋性質而天府能降輕不利性質，但如見煞曜忌，仍主刑剋，若遇化忌、四煞、空、劫，主生育有難產或早產夭折，且多刑剋，或有女無子，如會六煞刑，主雙方關係不良，或子女性情倔強，三十五以後得子較佳。

十一、夫妻宮在丑未太陽、太陰坐守：在丑宮太陰入廟太陽陷，主丈夫不顧家，自己可負起責任，在未宮太陰陷太陽入廟代表丈夫有一定地位，而對家庭沒責任，女命夫妻宮太陽太陰要有台輔封誥會，最為要緊，能助夫且自身地位也相對提高，不論男女皆主配偶自私，處處為自己打算。女命宜作繼室，在未宮很多為地下夫人（小三），配偶不太負起家庭責任，不論丑、未主配偶疑忌心大，以借宮為甚，亦主婚前婚後感情有明顯差距，此星系有一特性與親家不和，日月居夫妻宮而太陰落陷與羊陀會，主人離財散，往往是受外來引誘，導致破列，以甲、丁、己生人影響最烈。

十二、兄弟宮在寅申貪狼坐守：主關係和諧，但各有私心，助力不足，見四吉始主助力和睦，若貪狼化祿不見四吉，能共富貴不能共患難，貪狼、廉貞化忌，有刑剋，輕則不和更有桃花曜，則有異胞手足之兆，如見火、鈴，主兄弟突發，

但自身未必能受金錢相助。

事業財通論：

此命格性情浮盪，精計算取巧之象，天生帶有賭的劣性，即使會上吉曜，無煞亦有求偏財之性。天機化祿會上太陰化忌，適營利買賣，求偏財宜貨品買賣為佳，不過帶有欺騙性質，偷斤減兩作風不老實。在卯宮正偏財均獲利厚潤。天機化權酉優於卯宮財氣佳。丁年生人易招是非，走偏財易起爭執也多競爭，不過天機化權利用頭腦生財。戊年生人天機化忌，酉比卯宮佳，利進財。辛年生人正偏財皆利，並以口舌生財酉宮為佳，事業宮太陽太陰主多反覆大起落，正財謀生運滯，但福澤平穩，若行偏財風波自然不少，也應了太陽太陰之起落波動性，尤其化忌時，更是如此。太陽化忌雖可進財，但不免官非，樹敵眾多。

橫財方面，命宮機巨以得祿曜為佳，只要大限流年更有祿疊皆主利橫財，以巨門化祿為佳，太陰化祿次之。

第五節　命宮在辰戌宮

一、命宮在辰戌紫微、天相坐守：主有權威、有名譽地位，更見祿馬才主富，名利雙收，若更有六煞，則勞中生財，財來財去，此星系往往流於無情薄義，為達目的寧可犧牲他人，故見祿馬也是個精為算計以利為圖的商人，見煞尤確。另此星系受破軍拱照，精神方面易受打擊或天生心臟不健全或較差，如遇吉曜可化無情為有情，但人生一定曲折，過程不平凡，同時在有意無意中，表現出不說情面之態，此星系可富而不貴或貴而不富，只得其一。女命更見六煞，主淫巧、多夫，有財勢而多意見，與丈夫關係易決裂。由於強悍剛烈及思變個性使然，不是安份守己之女人，即便見吉曜也須注意感情生活，此一星系亦主偏見、主見、好爭權。遇火鈴主人生艱苦辛勞，會羊、陀，性格自私暴烈，手段激烈，會空、劫、想法不俗，精神孤獨，紫微見四煞更有吉星吉化主在紛爭中卓然有成，吉多煞少可從事公職、從政，擔任市民代表、議員，煞多吉少以商為宜，得昌、曲，宜教育界或傳播界工作，若與桃花曜會主好漁色，也喜聽討好奉承巴結之言，尤在巨門守命之運限克應，若得財蔭夾印，主富貴，若刑忌夾印，主災厄破敗或體弱多病，人緣不利，半生孤獨。

二、父母宮在巳亥天梁坐守：落陷見煞忌主刑剋父母，會天馬分離，幼年可能寄人籬下由他人扶養，見魁鉞主「蔭庇之福」，見天巫主遺產。

三、福德宮在子午七殺坐守：主性格剛硬積極不安閒，見吉曜以腦力行事有成，不用體力勞動，與六煞會，主費心

費神、勞心勞力，女命不宜逢七殺，在福德宮對婚姻影響至深，主剋夫、刑、傷、以遲婚、繼室為宜。

四、田宅宮在丑未借太陽、太陰坐守：太陽落陷主因產業而生明爭暗鬥，太陽主變化變動，有得而復失。太陰入廟居所環境怡人，更見四吉曜雙祿則樓房具商業價值，宜投資房地產增值致富，不喜會空、劫、耗，主房產破耗，若與火同度三方見鈴、羊、陀，更有流羊、陀會入主火災，太陰化忌主家宅不寧，口舌是非。

五、事業宮在寅申廉貞坐守：適公民營大機構當管理行政工作，也適「武職」，若見廉貞化忌或會武曲化忌，更見羊刑，若不從事武職，則多煞氣不吉，若更見六吉曜，主「武職顯赫」，更有祿馬，富貴雙全。受貪狼拱照，故善交際，有處理人際關係能力，故適一切處理人事工作，如外交、人力派遣、公關、生意洽談，也對視覺藝術有天分，見桃花曜尤確。若廉貞會昌、曲，而命宮有化權化科及輔弼，則文官能得大權，若命宮紫微化權，則防耍權弄勢遭反撲。若見財帛宮武曲見昌、曲，尤武曲化祿或廉貞化祿，可增商業契機，若不見祿曜則適文教或教育機構行政工作。

六、交友宮在卯酉借天機、巨門坐守：主一、口舌是非而分離。二、太唯利是圖精於計較而少人緣，多誤會失去朋友，尤以化忌性質更明顯。若會四吉可獲友吉助，與羊同度多爭，與陀同度遇上背叛自己的下屬。小人陷害中性質最強的，以天機化忌或與落陷太陰化忌，更遇陰煞、天虛、天姚，或見昌、曲化忌。與友爭鬥最強是巨門化忌同度，更有羊須

防他人，若遇空、劫、耗，更有陰煞或再遇陀、忌則為「下人所偷盜竊占」或暗中侵吞自己所得利益。

七、遷移宮在辰戌破軍坐守：主在外奔波，見吉可以有成，不過要以技藝為主，有一技之長方吉，否則困難，命宮吉利者，可經商，留原居地者可不必以技藝謀生。遇四煞，主外出破財，遇災厄少人緣。

八、疾厄宮在巳亥天同坐守：主福，只要不見煞忌主災少，此星系主膀胱，包括泌尿、生殖、性機能三系統，也包含痔患，見四煞男命主前列腺炎，女命主子宮毛病，再見桃花曜主性病。

九、財帛宮在子午武曲、天府坐守：雙財星坐財帛宮喜會雙祿、天馬可經商致富，但與祿存同度，求財較受人爭議，是因手段過激及些許吝嗇。若化忌不利商業活動、投資，亦不利財經金融，反適刀劍利器，即工業實業或武職，會空、劫，多忙碌少收獲，若輔弼雙祿會也具有大富之兆，只是人生起伏大。

十、子女宮在丑未太陽、太陰坐守：主子女眾多，如有桃花曜則女多子少，太陽入廟，主子女優秀，品格良好，事業心重，獨立有成，如更有四吉、三吉化，可得貴子，若有火、羊同度也會受子女氣，太陽落陷，不利長子，尤以太陽化忌輕則感情不和，重則長子早產或傷殘、早夭或一生體弱多病，早年有意外，更見煞尤確。若煞重，恐有白髮人送黑髮人之事，或感情成冰炭。太陰入廟主先花後果，其六吉曜祿馬主子女富裕，落陷宜注意與子女之親情關係，見煞刑剋極重。

十一、夫妻宮在寅申貪狼坐守：命宮在為紫相對破軍視為自殺星系，易生挫折須靠理智來控制，因意志力薄弱，有容易受人引誘傾向，故天刑在寅、申宮則可避免引誘，最忌僅見六吉曜星之單星，要見要對星均要見如昌曲、輔弼、魁鉞，否則有第三者介入，但配偶夫俊秀、妻美麗，見羊同度，配偶為專業人才，且桃花銳減。

十二、兄弟宮在卯酉天機、巨門坐守：一主分離，二主口舌，三主算計，故感情冷淡不和，更見煞曜、天馬同度主分離尤確，會空、劫，主「剝削」，不宜合夥，在手足公司工作也不宜。若會諸煞，再見孤辰、寡宿主孤甚至自身為獨生子女。若見四煞，更見輔弼、桃花曜，可能有異胞手足。

事業財通論：

有偏財亦具有橫發暴發之機遇，若成財蔭夾印且魁鉞夾宮不更見六煞，利求正財，雖手段激烈，人情淡薄流於冷酷，但可減少人生波動。求偏財橫生支節，起伏大。若成刑忌夾印格，從事正行，動盪性質強烈反不美，故較宜求偏財致富，唯更無人情可言且手段殘烈。壬年生人紫微化權，更加冷酷，為排除萬難更無情，只重利用價值，若從事正業，不能巧取豪奪，會受很大的牽制，但在偏財行業方面，不按常理出牌，更可發揮才華進大財，但福澤自然淺薄，故易患心臟血管毛病，或精神疾病，這乃由心性所致，雖財有利但人生更加空虛。此命受對宮破軍影響，具勇闖精神，人生多風浪，命若不吉，勇闖動力可成生財動力，卻風險高，唯破軍化祿或祿

存可減輕增吉。武曲化忌求財在刀口上,易招惹事非,特別財帛武曲化忌在子宮與羊同度,武曲化權與天府化科同度,得祿始利財運,否則正偏財壓力大,若事業宮之廉貞化忌,具求偏財之象,則從事之偏行可能帶有危及生命。

　　橫財方面,命宮以見祿曜為佳,最好是財蔭夾印格或財帛宮,武曲天府得祿,如對宮破軍、火同度,也有橫發之性,但守不住。

第六節　命宮在巳亥宮

一、命宮在巳亥天梁坐守：性格缺點：漂泊、懶散、大而化之、拖延，但會六吉曜、三吉化，則是有原則、決斷力、果敢作風，是專業、執法、司法之才。主有壽，能經歷生死風波活過來，故若見煞有帶病延年，多病折磨又不死，遇天福、天壽，主長壽，若會魁鉞，則可護蔭他人，流年入此宮限更有煞忌，主風波災險，但又逢凶化吉，在老年福德宮會煞刑忌，則為死限，故人生多風浪又能逢凶化吉，所以不宜更見四煞、化忌、天刑、大耗、陰煞、天月、天虛，否則要受苦難，煞重主一生帶頑疾，在巳宮一生多不平凡經歷。與空、劫、天空、截空、華蓋、天巫會，主「宗教信仰」，更有昌、曲、科、天才，則更是宗教名人，若得六吉、化權、化科，主為政清廉，或公共機關領導者或司法人員，最好不要經商，如要創業宜合作生意，自己退居幕後二位可減少是非。在巳亥宮均屬極浮蕩星系，事業不定安，人生也不安定，婚姻亦不安定，更有天馬則更主「飄泊」，沒家庭，單身到老或離異，更見孤辰寡宿尤確，不過再見昌、曲、科，主「旅遊、遊學各地」，若見雙祿則適海外謀生或流動生財（船員），若天馬同度拱照，更有桃花曜，則喜愛享受悠閒，不想工作，易沈溺色慾，就是不見煞忌，也在社會上過一天算一天，人無大志，女命易淪落風塵，再婚也不吉。與羊、陀同度為災難之兆，重則生命之憂，天月同度主大病，天虛同度主一生體弱多病，與羊、刑忌會主牢獄之災，有犯法傾向，與火、鈴同度主「虛驚」，煞重，人生遇挫有自殺之念，與空、劫、

耗同度，不利聚財，好遊蕩，唯見祿曜可改變遊手好閒生活，宜一技之長，在巳宮主有「特殊使命或職務」，更見吉煞並照，為特殊人物，如特工、特務、諜報工作、商務間諜或黑幫份子，以一份工作掩飾另一項任務。會四煞主孤獨不利六親緣分，如會太陽廟旺則輕，主不和，不見吉曜吉化即好玩懶散品格，更見空、劫、耗、桃花曜，則債務隨身仍流於逸樂，女命淪落風塵，女命會昌、曲，可在文化、傳播發展，多吉曜吉化，可成大學教授、研究員，見煞不見吉，主技藝謀生，男命亦同。

二、父母宮在子午七殺坐守：因星性剛烈主父母無緣，遠離父母，見火同度或會天馬尤確，命宮有火星也同論。

三、福德宮在丑未借太陽、太陰坐守：主能適應各種環境，動靜皆宜，其生活也較日夜顛倒或不懼熬夜，喜夜生活。若見昌、曲傾向靜態，見輔弼魁鉞四吉傾向動態，在丑宮不見煞也主忙碌有熬夜之象，若得吉曜勞而有成。女命見六吉能房事滿足快樂，但與桃花曜會，主性欲過強，恐有婚外情，太陰落陷，主心情起伏大，見煞尤確。

四、田宅宮在寅申廉貞坐守：主不求祖業須奮鬥自置，廉貞化忌主家宅不寧恐為倫常之事而煩，不宜更見六煞，易因「房地產生災」，或酒、色、賭或其他嗜好破產。

五、事業宮在卯酉借天機、巨門坐守：因有賭之性質主事業變動多端，難在一行業穩打根基，故成就受限，見吉化也是如此。唯天機化權，在經過一連串變化後，可穩定下來，見昌、曲、科、天才，可用頭腦生財。見空、劫，幻想多能

轉化為創意，創立嶄新事業，做獨門生意。巨門與諸煞刑耗會，旁門左道生財，觸犯官非刑法，一生大起大落，若見四吉曜祿馬，及三吉化可創業。

六、交友宮在辰戌破軍坐守：為破耗性質，易結交小人沒助力，主變動性情剛烈，更見四煞，主施恩遭怨，煞重為因友遭官災橫禍，羊刑同度尤確，會空、劫、耗為因友破財，更有陰煞、劫煞、天姚、昌、曲化忌，主陰謀侵吞。

七、遷移宮在巳亥天同坐守：主和諧不忙碌，沒是非煩惱，也沒太大上進心，只是悠活度日。會羊主口舌紛爭，會陀多煩惱受小人侵吞剝削，更有化忌、陰煞、天虛尤確。若見羊、陀，更見煞曜，主災禍可以為交通意外。天同會火、鈴、刑主在外有人事鬥爭，更見羊、忌防遭人謀害，見空、劫、耗不宜外出，流年、月、日主「旅途失財」。

八、疾厄宮在子午武曲、天府坐守：主呼吸系統，不喜火星，主肺結核，若會四煞、空、劫、刑，主一生多災或因病動手術，天府主胃病。

九、財帛宮在丑未太陽、太陰坐守：陽主放射，陰主收藏，故「先散後聚」，和煞忌會則財來財去，經商虧本破敗，以太陰陷尤確。太陽居廟旺，可以名氣生財，三吉化尤確。太陰入廟則財氣旺，利儲存，若太陽化忌更有羊、刑、火、鈴，恐因財官非破財。不喜空、劫、耗會主生意不景盈利減少，甚至倒閉、失業，見昌、曲、化忌，並有陰煞、天姚、劫、煞，主受蒙騙。太陽入廟旺，以從事文教、政務、專業傳媒生意為佳。

十、子女宮在寅申貪狼坐守：多先生女後生子，如遇桃花曜尤確，此星系正室可能有女無子，對宮廉貞化忌主「子女多災病」，如遇四煞刑皆易有小產、早產傾向。

十一、夫妻宮在卯酉天機、巨門坐守：此星系機巨主破蕩，卯比酉宮佳，主配偶在外地漂泊，見煞忌則配偶壽短，也主配偶有嗜賭或好色等不良嗜好，其有四種情形：①不論男女皆主自尊心強遇事內藏，不輕易向人吐心事，故彼此溝通與協調不足所致。②夫妻宮居酉主自己浪蕩不安本分，自己任由配偶關係惡化，而不去挽回補救③借卯宮去酉宮安坐，即天同亥宮守命，其人過分天真、浪漫、無知，其破蕩性是由於配偶有更高理想，而自己永不進步，造成夫妻落差所致；④借酉宮去卯宮安坐，其夫妻宮之機巨破蕩往往是自己易吸引異性，導致夫妻不和。

十二、兄弟宮在辰戌紫微、天相坐守：易有不和相爭之事，感情欠佳，更見煞曜始有刑剋或分產分居之事，若父母宮不吉，兄弟宮有吉曜，結構仍有缺點，可能有異胞手足，不過更有魁鉞夾宮三方四正見輔、弼、昌、曲主雙胞胎手足，會四煞主關係不良，有口舌紛爭，此星系長兄、姊可能為貴人，雖得依靠，但要有受駕馭，自身必須處服從地位。

事業財通論：

在巳宮性質最浪蕩，更會煞曜為人必不羈、慵懶，在巳宮人生尤多風浪、艱苦並不順遂，更會煞，偏財性質強烈。乙年生人正財行業較難生財，會煞走偏行。壬年生人帶有財

氣，但天梁化祿主進財有麻煩，受人非議，更會火、鈴、空劫，主偏財。

　　橫財方面，天梁、天同化祿為小財，唯財帛宮太陰化祿尤其入廟橫財最旺。

第十章 紫微在辰、戌宮（論七殺在子午）

第一節 命宮在子午宮

一、命宮在子午七殺坐守：七殺居午宮為雄宿乾元格，子午皆主性情剛烈強硬，人生孤剋，六親緣分不足，在事業因命造積極不辭辛苦苦幹，即使不遇吉星吉化或稍見煞，也會事業有成得名利富貴，七殺在命，無論事業成就多高，財富多豐厚，人生一定孤獨，唯見化祿或祿存則可減輕人生孤寂而婚姻多一些安慰，再則對宮天府多吉曜可平衡個性，人生也較安定無是非，若天府弱，遇剛則折，會使六親緣更差，精神更空虛。

七殺會六煞、刑、忌，尤其武曲化忌，主肢體殘傷，若對宮多吉同度，主外表果決，內實進退考慮，但不管會吉會煞，其人生必艱苦，只管向前衝，男命宜福德宮多見吉曜，女命夫妻宮多見吉曜，見雙祿利經商，尤其在工業實業，見輔弼主手下多，局面大，更見化權，利人事管理，與化科昌、曲照會利工業科技之專業，見魁鉞主事業得機遇，得祿曜，除利商，性格也較柔和或外剛內柔，另發展事業順利，財源充足，七殺必主人生有一次大破敗，敗後尚有餘力東山再起。七殺會煞、刑、忌，除自身傷殘或死於意外，性格剛愎自用，行事手段激烈，人際關係極差，多行惡業，災害臨頭見祿有解，在午宮最吉，即使見煞，雖有財破災禍、病災之凶險，

但事業也有成，見空、劫、耗，以實業工業為佳，一技在身尤要，不可投機。若見四吉化科宜政界，見羊刑，宜軍警，凡七殺坐命必有缺憾，須主十二宮之強弱斷之。女命最忌夫妻宮多煞凶星，若吉曜吉化多坐，除擅長家務，且性格堅強也和男命同論。

二、父母宮在丑未借太陽、太陰坐守：必一入廟旺另一落陷，故和雙親關係無完美，太陰化忌不利母，日生人及下弦月生人更不吉，更有四煞、天月、天虛，主多災病，若太陽入廟且六吉齊會，更有祿馬，主父母貴且富，若太陽化忌更有四煞，則刑剋父親或事業不順多病，以夜生人更不吉。此星系也可能父母之一脾氣怪異，或夜生活工作者及作息不定。

三、福德宮在寅申廉貞坐守：主「勞心勞力」，忙碌異常，見四吉忙而有成，且享受工作樂趣，見四煞主杞人憂天、無事而煩，逢化忌多有憂心不樂之事，以家庭倫常之事居多。

四、田宅宮在卯酉借天機、巨門坐守：基本性質不利，主物業「起起落落，易立易敗」，更見天馬變動更大，若逢化忌置業多失利，巨門化忌家宅不安，多爭吵，若會煞刑，不宜置業，有糾紛官非之徵，家宅不寧，此星系常變化及搬遷，祖業不守，若巨門化祿、化權，更見四吉則不斷有物業之變化，可自置產業。

五、事業宮在辰戌破軍坐守：見四吉化權羊、刑，主「武職顯榮，威震邊夷」，得化祿化權，事業一定有表現，更見吉可躋身政府公職部門，位居高職，在商界也會嶄露頭角，

利開創性事業，見空、劫以「工廠實業」或一技之長為宜，更有四煞如從事一般商業或金融投機投資，破敗不遜。

六、交友宮在巳亥天同坐守：交友廣闊，不挑人，來者不拒，人生不孤獨，但缺助力，入廟有助力，但見煞則無，若見昌、曲，更會桃花曜，主風月之交，有感情無助力，與羊、陀同度，不利朋友關係，羊同度受友拖累，與陀同度遭手下人不義陷害，與火、鈴同度，主「受悶氣」。

七、遷移宮在子午武曲、天府坐守：利海外開創事業，更見雙祿天馬更確，尤喜武曲化祿，見魁鉞出外得福，與陀、陰煞同度，主受小人陰謀侵吞，與火同度，出外遇意外損傷，與天月同度，海外染病，武曲化忌不利遠出謀生，宜在出生地，更見四煞，流落異鄉，煞重多是非糾紛，且客死他鄉。

八、疾厄宮在丑未太陽、太陰坐守：主血液循環或精神情志、腦功能、思維情緒之毛病，也主高血壓引起頭疼或血栓中風，太陽落陷會羊陀，主眼疾，太陽化忌主眼部外傷，太陰主腎、生殖系統、性機能，與六煞刑會主腎虛，常見有水腫、糖尿病、洗腎，若與桃花曜會或疾病宮入流年廉貞、貪狼之宮限，有桃花曜，因縱欲過度引起腎虛、陽痿、不舉，女命冷感。

九、財帛宮在寅申貪狼坐守：喜遇雙祿主大富，財源如細水長流，更見天馬，利經商，與火、鈴成格主「橫發得意外之財」，但不宜更見羊、陀忌，主發後即敗，而敗之時間會在該大限運之後二至三年，貪狼化忌，主求財事業多競爭，若遇廉貞化忌，有破敗之兆，更有羊、陀、刑，主因財生災，

與空、劫、耗會財來財去，會三吉化若無祿存，火、鈴，不主富，貴氣有餘。若會羊、陀、空、劫、耗，主賭博投機傾家，不宜金融投資活動，若會桃花曜，主因色破財，若更見雙祿、天馬、三吉化，適異性服務生財，也利娛樂事業，與天月同度，更見羊、陀、忌，主「因病損財」，若有雙祿、火鈴，則可經營藥業，或健康保健生意。

十、子女宮在卯酉天機、巨門坐守：主僅獨生子女一人，會昌、曲、科、天才、龍鳳為聰明機巧，若化忌則狡猾，如會六煞刑，主無子可有女或兒不孝，多災病刑剋遲得，男三十八以後，女三十三歲後可免刑剋。此星系有了孩子，在幼年最好分居為趨吉避凶之道，巨門化祿更有祿存，更有四吉因子女帶財而得財，子女富貴但感情未必親近。

十一、夫妻宮在辰戌紫微、天相坐守：主其人必與配偶感情非常好，但一定會遭逢一次意外之大突變，成為人生中很大的痛苦回憶。至於何時會出現挫折，須檢視大運流年。唯對宮之破軍化祿或祿存同度，而紫相見吉多煞少，方能倖免，若福德宮廉貞見祿存亦可倖免，但配偶薄情。此星系最怕行經太陰化忌或煞重之大運或流年，主有挫折及變化，可分二談論：①與配偶感情好，但人生無常恐有意外變化；②和配偶感情好，但配偶很無情，如福德宮廉貞化祿或對照財帛貪狼化祿，均主薄情，例如與配偶感情融洽，但私下也對另一個人同樣好。

十二、兄弟宮在巳亥天梁坐守：只要不見煞，主感情融洽，有可能自幼兄弟分居，須見四吉主助力，若父母宮見昌、

曲之一或魁鉞之一，更有桃花曜，主異胞手足，見陀同度主
暗爭，有羊同度主傾擠，見煞且和天馬同度拱照，主分離，
若更有鸞、喜，主有姊妹而無兄弟。

　　事業財通論：
　　主有主見，管理能力強，一生易有橫、偏財，無論見吉
見煞，需防橫發破，行偏、橫財皆富貴不耐久，但見祿能穩
守或敗後容易東山再起。己年生人財氣旺，局面不小，正財
行業有良好表現，更會火、鈴、空、劫，有求偏財傾向，但
應好好走正行，反為福澤，否則風浪不止。戊年生人傾向偏
財，須防破敗難以翻身，作風應留餘地。癸年生人財多競爭，
而偏財色彩強，亦應防破敗。從事正行正業，尤其是實業或
武職，或管理人力資源工作皆有出色表現，不必求偏財。

　　橫財方面，以見祿曜不見煞才能穩守，最喜武曲化祿，
其次貪狼化祿，破軍化祿。

第二節　命宮在丑未宮

　　一、命宮在丑未借太陽、太陰坐守：陰陽在丑未，主人性情忽陰忽陽不易捉摸，太陰在丑日月相會，性情豪爽，官高祿厚，太陽在未宮為天輝，主權重豪爽，太陰在未為天圭，性情爽直忽陽忽陰不利母星，在丑宮傾向有太陽心理缺點，而有太陰細膩優點，在未宮名大於利，性格不易捉摸，若太陽化忌更有四煞，主眼睛有不對稱之象。丑宮安命適熬夜或日夜顛倒作息之工作，未宮安命較勞心費力但勿熬夜工作。太陽入廟見吉，以從政、公職最佳，經商不利，屬貴氣重於富氣，太陽化忌不利父親、眼睛，有火同度尤確，且情緒暴躁，如與火鈴同度，人生多挫，與羊同度有紛爭，與陀同度有暗爭，落陷尤其如此。昌曲夾及輔弼夾均帶來貴氣，女命太陽入廟具男子氣、爽朗、不拘小節，心直而慈，欠缺女人魅力，雖聰明慈祥，福大量寬，但事業及財務壓力頗大，若丑宮多進退，脾氣躁急，與火同度更烈，皆主性剛率直，人緣不足，做事太直，感情用事。更有鈴、羊、陀，更因此性格惹重大事故，落陷又化忌更不利，每感情而誤事，因妒生恨，玉石俱焚或自殺。女命太陽化忌在命，對男親傷害最大，太陽會六煞，為社會服務普渡眾生之人物，婚姻不理想，甚而獨居，全心投入服務人群，尤以入廟尤確。太陰在丑宮，性格飄忽不定，且吝嗇自私，利大於名。在未宮性格也是飄忽不定。太陰會化權、化科主剛柔相濟，若太陰化忌更見空、劫、陰煞、天姚，主心術不正，旁門左道。太陰會昌曲，主文章秀發、博學多能，更見煞忌反易感情受挫，女命尤其如

此。太陰入廟更有昌、曲、鸞喜，主美艷動人，有顆煞曜更是漂亮，若見鸞、喜、咸池，便有花酒文章，男女皆多密友，私生活不檢點之對象，太陰落陷且見煞刑忌，便有隨娘過繼，在身宮（遷移宮）也有此象，若落陷見六煞刑、耗、咸池、天月、天姚，主性格不良，誤入歧途，女人易淪落風塵，太陰落陷須得三吉化及雙祿、天馬方主富裕，女命落陷會六煞刑，主傷夫剋子，家庭欠缺，晚年孤獨。

二、父母宮在寅申、廉貞坐守：主父母關係不和，見煞刑忌主刑剋，不喜會天馬，主遠離父母不得庇蔭，若有天虛及其他凶曜，則父母早喪，與桃花曜會，主上一代感情關係複雜。

三、福德宮在卯酉借天機、巨門坐守：做事欠恆心毅力，對事業發展不利，若天機化忌或會陀，易衝動後悔也心眼小，為人敏感，此星系主勞心費精神，見吉勞而有成，見煞，精神壓力大、心境不安，會火、鈴同度主紛爭，羊角度主口舌，陀同度，自尋煩惱多憂慮。無福可享，但此星系有一優點，口才了得，思考有邏輯，說話能服眾，以見六吉為確，不見則為小聰明，無真才實學。若天機化忌，見又六煞，為精神壓力大，精神病患或不堪生活壓力而厭世者，便是此星系，若見煞不多，主精神不濟、欠效率，常服安眠藥，與羊陀同度與天機化忌類似，情況較輕。

四、田宅宮在辰戌破軍坐守：主有祖產繼承後又變賣，落陷主房產破舊，與六煞會主敗破，入廟旺能自置。

五、事業宮在巳亥天同坐守：主白手興家會吉曜吉化、

祿曜則成功但格局不大，會六煞、刑耗則失敗。見昌、曲化科利文教、文化事業，天同化祿會天機化權，可經營小生意財源穩定，若天同化權，會太陰入廟，化祿則有名有利，更見四吉，主事業鼎盛。得昌、曲，更有龍鳳，主和藝術有關工藝，若更遇桃花曜，適以異性服務之行業，與陀、天馬同度，主「業務多變動」，但是往不利方向變化，且多糾紛，更見空、劫、耗，因事業變動而破財，更見火、鈴則事業的壓力大，與羊刑同度，主「事業多訟事糾紛」，須以和為貴。與火、鈴同度或相會必主事業坎坷，局面小，宜一技在身，與空劫會不適一般商業活動，從事帶藝術性質的工藝行業較佳，或「事業由幻想中發動」，即經營具有創意的生意，如設計、印刷並批發創意之物品。

六、交友宮在子午武曲、天府坐守：主奴僕眾多，更見六吉曜有助力，其朋友多與物質欲望強之友在一起，更見桃花曜，主多酒肉之友，吃喝玩樂。但其人天府有小心擇友個性，化祿助命造生財源，改善經濟，化權助事業發展，見雙祿主友忠誠，若見六煞主結交小人受侵吞傷害，會空、劫、耗，則受友人侵吞損失，更遇武曲、廉貞化忌則更嚴重，如會煞，主遭人以德報怨，即便更見六吉曜吉化，也不能改變，只是好壞各半。

七、遷移宮在丑未太陽、太陰坐守：太陽主動不宜靜守，只要不見煞，出門吉利，適經常在外奔波的職業，若入廟旺，出外貴人扶助，見魁鉞、三吉化尤佳。見雙祿、天馬利經商或專業生財，單太陽化祿僅熱心助人開銷大，太陽落陷主外

奔忙，不見煞仍忙而有成，太陽化忌不利遠門，見煞、天月、天虛有病災，太陰主朋友多，見四吉出外近貴，會昌、曲他鄉成名，但太陰落陷主君子少小人多，見火羊會主勞而無成，見鈴陀小人侵吞，見空、劫、破耗不利投資，見太陰化忌，更有陰煞、天虛、天姚，主在外求財手法不當，受人非議。

八、疾厄宮在寅申貪狼坐守：主肝膽，見桃花曜主性機能毛病、性病，與煞曜會主痔病。

九、財帛宮在卯酉天機、巨門坐守：主財源多變，見吉財來源多處，若吉煞並見吉化與化忌並見，則多進多出多變動，財來財去不穩定，若見吉不見煞，適推銷傳直銷工作。與羊同度求財多爭，適商業活動，與陀同度，財利遲得須忍耐，會四煞刑、耗主因財糾紛涉訟，會火、鈴、空、劫、耗遭奪財或災禍損財，與祿存同度，主有財運而小人垂涎，流入小人手中。

十、子女宮在辰戌紫微、天相坐守：若更有六煞、天刑主長子、女刑剋破相，或早產或一生沒有子女，即使有生育機會，每每小產或不育，若稍見吉曜可遲而得子，若為男命正室無子、女由偏房得子女、在辰宮，魁鉞夾宮三方四正見輔弼、昌、曲且無煞，則有雙胞胎之克應。

十一、夫妻宮在巳亥天梁坐守：由於星系破蕩針對婚姻而言，男命喜巳宮天梁，因沖會之太陰乃入廟，因太陰入廟主太太好，於婚有利。女命則相反，不論巳亥宮皆主婚前有單戀，同時此命盤遲早會上武曲、天府兩星。武府易為有家室人相戀，故在此宮位雙方會發生感情困擾，失意、單戀及

和有家室之人所追求，是否發生取決各大運是否有煞及見諸桃花曜。女命婆媳不和、妯娌不和，丈夫易有災病困滯，為不吉利宮位。男命主妻體弱多病易和配偶兄弟之配偶不和，故此星系易有婚變，任何大運之夫妻宮不佳時即離異，一般來說第四個大運廉貞見貪狼或貪狼見廉貞均為亮紅燈之時，看其所會照星曜性質吉或凶，是否見煞及桃花，因此天梁居巳亥，除了妯娌不和，單戀、失戀及有家室之人追求等狀況外，更須注意第四個大運之星系，若第四個大運更會上祿馬交馳，更易發生狀況。

十二、兄弟宮在子午七殺坐守：基本品格方面而言不差，感情彼此較冷淡，但和諧不致相爭，手足品格清高，見三吉化主有才能或可在經濟上給自己一些幫助，即使會煞，只要不多也不主生離死別，只是感情較淡些，如在陷宮則易爭吵。

事業財通論：

一陰一陽，一主名一主利，同度一宮乃有魚與熊掌不可兼得之意。不過皆主個性反覆無常，時積極時消極，或時進取時退縮，財帛宮天機巨門主浮蕩，財氣不穩，時有變動，故稍遇煞忌即走偏財路線。甲年生人，辛勞不可免，在丑宮與陀同度，主心術不正，作風受人爭議，更會火、鈴、空、劫、陰煞、天虛，因偏財而福薄，獲利亦不持久。乙年生人，財帛宮皆有財氣，在丑宮利得偏財。丁年生人，太陰化祿在丑宮，求財過程多是非競爭，未宮走偏財路線，易犯官非。戊年生人丑宮優於未宮，有辦事能力，但得財必損及人際關係。

庚年生人具偏財命格。辛年生人財氣雖多變動，但源源不斷，不會煞忌不主偏財，會火、鈴不會空、劫，可走偏財路線。

橫財方面，天機化祿財氣小但頻繁，賭博可發小橫財，但不主大額彩金，巨門化祿或太陰入廟化祿，財氣較大，得大限流年配合橫財可得。太陰為計劃生財必涉及分析研究，就算中六合彩也必經過分析。

第三節　命宮在寅申宮

一、命宮在寅申廉貞坐守：為囚星、次桃花，具煞氣，具有武職與血光之災，在個性上輕佻幽默、風趣、愛說俏皮話，重男女感情之樂，有進軍娛樂圈之潛質。甲年生人最吉利，可富貴又不好色風流，凡在寅宮守命，辛、乙、戊、丙年生人可借羊、陀、煞氣增加人生艱苦，而不流於好色懶怠，是一清白格。凡申宮守命，己、庚、癸年生人也屬清白格，此星系在申宮即使不得雙祿而見六吉也可「富貴雙全」，以不見四煞、空劫為確，見之多障礙、減等。若會六煞耗刑忌，主客死他鄉，如煞多見須得祿曜才能化解。

廉貞會天月也以得祿為佳，否則主病，若天月在遷移宮主他鄉染病，須見四煞方確。若廉貞會四煞、刑、忌，尤其廉貞化忌主鼻孔朝天，顴骨突出或眉露骨，心硬性狠，氣浮暴躁易紛爭，見桃花曜不拘禮節，男女關係混亂，在寅申宮最宜武職，若煞星多見及見天刑更適合武職。若見六吉、祿馬，或見三吉化亦適經商，或在大機構任管理工作，會昌、曲主好禮儀，更有鸞喜桃花曜主優雅，不主邪淫，女命見六吉主富貴，輔弼主助夫教子貞烈之婦，若會六煞、刑，不利婚姻，甚而因感情受挫，對感情如杯弓蛇影，有莫名恐懼。

二、父母宮在卯酉借天機、巨門坐守：「幼年不利父母」，就是少見煞忌也主爭吵不和，見煞刑忌，主不和、紛爭、衝突，也主父母不能雙全，嚴重者，在孤兒院或由其他親人撫養長大。

三、福德宮在辰戌破軍坐守：得雙祿化權，主行動積極、

勇敢、剛毅，喜好刺激新玩意，見吉曜多創意，見煞曜幼時多問題兒童，成人心性較狠，破壞性強且性格冥頑不靈，意志薄弱。

四、田宅宮在巳亥天同坐守：主白手興家沒祖業繼承，約中晚年後卻可自置，須得吉曜吉化方確，若見雙祿、天馬、魁鉞，主物業買賣發達，若會六煞耗宜從事其他方面投資。

五、事業宮在子午武曲、天府坐守：甲年生人更見六吉，無論從政經商或各行業均發展順遂，基本性質為武職亦可營利工作、推銷商品服務。武曲化權可握經濟大權，化科利財政策劃，化祿利投資及做生意，見祿馬更確，化忌絕不利經商投資，以從事實業工作為宜，亦宜武職。若會火、鈴、羊，多糾紛，會陀多困難，會空、劫、耗多謀少成，會六煞萬事以和為貴，否則人事多波折，天府遇化科主財帛有信用，適信貸、財務、保險工作。

六、交友宮在丑未太陽太陰坐守：主友眾多非常好客，不吝請客宴會，不過不主助力，若見四吉或命宮見四吉始主助力。更見昌、曲，友多益且私交甚篤，有困難時，可得仗義相挺，見雙祿，主友及下屬幫助生財，見羊陀主小人，見空、劫因友破耗。

七、遷移宮在寅申貪狼坐守：主在外多社交應酬外緣佳，見吉得財得助力有享受，見煞，因應酬生災，或沈迷花酒色欲以致破敗招災，更見三吉化在外受人尊重、朋友更多，貪狼化忌與羊、陀同宮，主多好賭投機之損友，會空、劫、華蓋、天巫、化科，多宗教方面之接觸。若會輔弼主友多，但更見

煞忌則多友多是非。若貪狼化祿因慷慨花費而受人歡迎。與六煞耗會「出門有災」或遭盜劫偷失，會羊、陀，主出門有災，見空、劫、耗主失敗。與桃花曜會為好色風流，更見四煞因色遭災，更見陰煞、昌、曲化忌、天姚、天虛乃小人陷害，若化忌更見桃花曜、昌、曲，主被人奪愛。

八、疾厄宮在卯酉天機、巨門坐守：主肝胃不和，腸胃多氣，心悶鬱結，或消化不良、胃痛，以化忌為確。見桃花曜亦主女命經期、經痛或重則子宮癌，若會羊、刑、耗，主開刀或意外損傷。

九、財帛宮在辰戌紫微、天相坐守：因具備管理能力，在沒六煞情況下，主苦中求變化，進財勞心傷神，見煞，反勞而虧蝕，見輔弼主多方財源，見空、劫、耗，主財來財去不能累積，經商易虧蝕。

十、子女宮在巳亥天梁坐守：主子女稀少，如有桃花曜主全女班。見昌、曲、科，聰明多才，得天巫能繼承自身事業財產。若會陰、陽化忌，病災最重，會六煞、刑忌，主孤寂，更見孤辰寡宿尤確。

十一、夫妻宮在子午七殺坐守：一般第二段感情較易適應及穩定，故宜遲婚，也主配偶在年紀、種族、外貌、家世、學歷與己不相稱，但多時自己會設法去適應對方，故關係得以和睦，因本命得府相來朝為君臣相會，主命運穩定發展，故女命主事事稱心，但多是偏房多年得以成正室，尤福德宮破軍化祿更確。男命特別遷就妻子，男命主交際手段甚高，亦主有異性緣，但處事理智，即使在外如何花天酒地，也會

百般遷就妻子，但無論男、女主夫妻志趣不相同，學識不相當，但不主離異或感情有波折，但第一段感情必主失敗，有一特別性質即在房事得不到滿足，即使見齊桃花曜、祿等，主不斷有變化。

十二、兄弟宮在丑未借太陽、太陰坐守：日生人太陽入廟主有情義，見四吉手足中有貴人，見雙祿可得經濟照顧，落陷見煞刑忌，主刑剋或手足意外傷害，夜生人太陰入廟，手足眾多，若落陷，彼此感情有缺點，太陰雙祿主兄弟有財源，化權受兄弟約束，化科主有才學，尤以姊妹克應，若落陷太陰化忌，見煞則刑剋姊妹。

事業財通論：

主得志正行正業可有成就，即使成火、鈴貪格人的才豐也不主偏財，如見煞忌才有求偏財可能。甲年生人正偏財均可發達，丙年生人偏財性重，尤會火、鈴、空、劫更是。

橫財方面，以廉貞化祿，如更得對宮火、鈴貪格則更是理想，若財帛宮成財蔭夾印格也可。

第四節　命宮在卯酉宮

　　一、命宮在卯酉宮天機、巨門坐守：天機主機變多端或見異思遷，多計謀，適以頭腦生財，喜遇、昌、曲、化科、天才、龍鳳，讓才智有發揮空間，此星系也較操心操勞。天機巨門同度，眼神比較閃動，浮而不實，機巨、祿存同度在卯宮，若天機化祿，財氣更旺，主富。天機化忌必多憂慮，神經質，游移多變，且愈變愈壞，若更有昌曲、陰煞、天月天虛，主心術不正，若會四煞，人生起伏甚大，宜一技之長或受薪工作，也主他遷、祀出、虛驚之遭遇，若六煞齊會更有天刑忌，主壽短，若逃死限也必身虛體弱，女命見輔弼主性情剛強，旺夫益子，見昌、曲、桃花曜，感情易生波折，若會齊六吉、祿馬，可在事業出類拔萃，人才精幹，以頭腦生財，或批發零售業，但有一缺失，女命較易犯口舌、辯駁、不服輸，宜見昌、曲、科較能服人，巨門化權主語言權威。適合教師、演講、教學工作，更見昌、曲、科、天才，說服力更大，如與祿存同度，主收入豐厚，更見吉曜化可成富，但有點吝嗇，巨門化祿及化權皆有口舌權威，有雄心魄力及敢開創事業，再有祿存可為富貴，若會四煞必引起口舌紛爭，成就大減，巨門居廟旺且吉曜吉化，且不見煞，主面目清秀，此星系見昌、曲、科、天才，主善口才，見四吉富正義，性情忠厚，見龍、鳳、天才、科，主「專門技能」，但多學少精是機巨之特性。見火鈴無事而忙。與羊刑同度，若巨門化權利「法律」，與空、劫、火、鈴、龍鳳會，宜「機械」，如羊、刑、天月、昌、曲、科會宜醫學，巨門會昌、曲，尤

其昌曲又化忌，更有天巫宜「星相」，若巨門化忌，更見四吉四煞、祿存，則為幫會領袖，遊走法律邊緣，以旁門左道發跡，但因巨門化忌，其有口舌連連、災禍紛紛之克應，性格方面多疑少決，陰陽不定，不利人際關係，若煞重因人事挫折，有各種災厄或自殺傾向。女命尤其長舌婦，若不化忌，能入廟得吉化，也可為相夫教子之命，見天福、天壽，主健康長壽。

二、父母宮在辰戌破軍坐守：即使不見煞、刑、忌也主無緣分，感情不佳或父母不關心命造，多見煞主刑傷，破軍化祿則可解。

三、福德宮在巳亥天同坐守：主知足快樂是生活趣味，心性較隨遇而安，不是積極作為，不主物質發達之福，若更見四吉才主物質豐足，見昌、曲品味高尚，更有龍池、鳳 精手工藝術或演奏樂器。

四、田宅宮在子午武曲、天府坐守：兩顆財星居田宅宮，主「能守能發」，若不見煞，只有祿存僅能守，更有三吉化、四吉曜，主能發。武曲會化忌，主「因產業發生糾紛」，見昌、曲化忌，主因樓房而受騙，若與火星同度，更見空、劫、耗、劫耗，更有流年羊、陀、忌，主克應，若會昌、曲而流年昌、曲，也會入主家中成員考試名列前茅或得考核晉升。

五、事業宮在丑未太陽、太陰坐守：見吉不見煞較適合財務經濟策劃，太陽入廟旺事業遠大，更有六吉不見煞，平步青雲可位居高層，奴僕部屬眾多，得輔弼主助力、門徒多，見魁鉞機遇貴人，昌、曲利成名及專業證照考試，不見煞方

確，見之減等，若太陽會化祿適商業，化權適管理，化科適專業、學術研究，若太陽落陷均主辛勞奔波，見吉勞而有成，會空、劫更見吉曜吉化，主技藝上成名，若會四煞宜一技在身，否則人生多波折。太陰喜財務、金融、地產、投資行業，和祿曜會尤佳，與昌曲會宜「文化業」，教學或學術研究，會四吉宜「政界發展」，與空、劫、耗會不利財運，經商破敗，如從事「工廠方面」轉化創意，可發明些東西，雖有起落，但能有作為。

六、交友宮在寅申貪狼坐守：主相交滿天下，友眾多，不見煞刑忌，則無損，僅為交際應酬之友，見六吉主友多應酬更多仍不主助力，若見桃花曜，更見陀、陰煞、耗，不單多酒肉之友，且受其所累，若會六煞更有天月、劫煞、耗等因友破財，乃為被逼的損失。

七、遷移宮在卯酉天機、巨門坐守：不見煞忌均利海外發展，會空、劫主破財，會火、鈴主意外虛驚，會羊主口舌是非，會陀主暗爭，最喜巨門化祿或化權，利國外發展事業工作，若從商必須見雙祿、天馬、鉞魁為佳，若巨門化忌更有四煞，橫生枝節糾紛，更見天刑，防在外官司訴訟，嚴重橫死他鄉。

八、疾厄宮在辰戌紫微、天相坐守：一般主「胸悶氣脹」，消化不良引致胃病，煞重主潰瘍或皮膚濕瘡，若會空、劫或夾宮更有天虛，主「身體虛弱虧損」，女命主月經毛病，若會羊、陀、刑為外傷、骨折，會火鈴主感冒、皮膚病，會地劫主胃，會地空主頭昏或低血壓。

九、財帛宮在巳亥天梁坐守：主貴不主富，財來財去之象，除會雙祿主有財氣可以發達致富，見天巫則可以承繼遺產，若見祿存和三吉化，社會地位高但財富不多，若太陽化忌，主因財多口舌、糾紛、是非，和太陰化忌主因財而生精神上的痛苦。

十、子女宮在子午七殺坐守：主子女稀少，見煞忌主刑剋災病，會空、劫、耗、破耗重。

十一、夫妻宮在丑未借太陽、太陰坐守：在丑宮太陰入廟太陽陷，主丈夫不顧家，自己可負起責任，在未宮太陰陷太陽入廟代表丈夫有一定地位，而對家庭沒責任，女命夫妻宮太陽太陰如有台輔封誥會，最為要緊，能助夫且自身地位也相對提高，不論男女皆主配偶自私，處處為自己打算。女命宜作繼室，在未宮很多為地下夫人（小三），配偶不太負起家庭責任，不論丑、未主配偶疑忌心大，以借宮為甚，亦主婚前婚後感情有明顯差距，此星系有一特性與親家不和，日月居夫妻宮而太陰落陷與羊陀會，主人離財散，往往是受外來引誘，導致破裂，以甲、丁、己生人影響最烈。

十二、兄弟宮在寅申廉貞坐守：重感情且和諧，即便會四煞忌不主受侵吞或攻擊仍有情義，但廉貞化忌再遇煞，手足有人夭折。若會吉主有助力，互相提攜，但六煞刑並見，主刑剋災病，輕則多人事不和。

事業財通論：此命格性情浮盪精計算取巧之象，天生帶有賭的劣性，即使會上吉曜，無煞亦有求偏財之性。天機化

祿會上太陰化忌，適營利買賣，求偏財宜貨品買賣為佳，不過帶有欺騙性質，偷斤減兩作風不老實。在卯宮正偏財均獲利厚潤。天機化權酉宮優於卯宮，財氣佳。丁年生人易招是非，走偏財易起爭執也多競爭，不過天機化權利用頭腦生財。戊年生人天機化忌，酉宮比卯宮佳，利進財。辛年生人正偏財皆利，並以口舌生財酉宮為佳，事業宮太陽太陰主多反覆大起大落，正財謀生運滯，但福澤平穩，若行偏財風波自然不少，也應了太陽太陰之起落波動性，尤其化忌時，更是如此。太陽化忌雖可進財，但免官非，樹敵多。

橫財方面，命宮機巨以得祿曜為佳，只要大限流年更有祿疊皆主利橫財，以巨門化祿為佳，太陰化祿次之。

第五節　命宮在辰戌宮

一、命宮在辰戌破軍坐守：化氣為耗，其變化和剛烈的程度更為激烈，七殺在財帛宮，故主一生最少一次大破敗。最喜自身化祿也可減剛剋之氣，見祿存亦佳，也最畏化忌，此星守命只要見煞忌，外型一定有缺失，如「產月不足」以致體型矮小，若煞重則傷殘，以得祿為佳，若命宮無祿，福德宮與祿曜同宮也吉，或有化權更見四吉，主「國家棟樑，軍事領導」，此星系為人較冷漠無情且人緣不足，或有在關鍵時刻即流露出心狠手辣之一面，且因精神壓力造成腦神經、心、腎臟或腸胃病，除非改造自己心境平和才能獲致精神上、健康上、人事上之問題。另此星即使不見昌、曲、科，亦主文藝氣質，不過絕不會從事此方面工作，見昌曲反而在事業決斷有誤，見煞刑忌則人生起伏、刑剋妻子，女命不利婚姻，可在事業上與男人一爭長短，「有丈夫志，性情剛毅」。

二、父母宮在巳亥天同坐守：性質溫和，父母雙全無刑剋，見昌、曲，兩代有情，見四吉可得良好提攜照顧，若會四煞主刑剋，但也並不為全兇。

三、福德宮在子午武曲、天府坐守：品味較庸俗，以吃喝玩樂為主，不必煩憂經濟物質可得富足，見桃花曜用金錢買男女調情之樂，女命花金錢於男女感情方面，若武曲化忌，主費精神，只為錢財享受及重物慾，若會輔弼、昌、曲主心境安寧，遇魁鉞更受人照顧少遇風險，與火同度，心思運用過度，不得安閒，杞人憂天，與陀同度主器小易盈，生妒忌心，易記恨，與羊同度欠安全感、坐立不安，見天刑尤確，

會空、劫、耗主為財忙，賺多少錢都缺乏安全感，若天府逢化科主有信用是君子，與祿存同度主小器，吝嗇、自私，若見昌、曲、化忌、天姚、陰煞，是偽君子，心術不正。

四、田宅宮在丑未太陽、太陰坐守：太陽落陷主因產業生明爭暗鬥，太陽主變化變動，有得而復失。太陰入廟居所環境怡人，更見四吉曜雙祿則樓房具商業價值，宜投資房地產增值致富，不喜會空、劫、耗，主房產破耗，若與火同度三方見鈴、羊、陀，更有流羊、陀會入主火災，太陰化忌主家宅不寧，口舌是非。

五、事業宮在寅申貪狼坐守：利交際及處理人際關係，如外交、營業、娛樂，會四吉曜、三吉化，宜外交政界，見雙祿、天馬不會空、劫、耗宜營利事業，會昌、曲、桃花曜宜娛樂，會火、鈴成格，利經商或推銷、金融投資，以不見羊、陀、忌才是。若見羊、陀、忌也未必全凶，僅增加事業之競爭對手，會空、劫，宜創造工廠實業，如格局不高宜一技之長。

六、交友宮在卯酉天機、巨門坐守：主一、口舌是非而分離。二、太唯利是圖精於計較而少人緣，多誤會而失去朋友，尤以化忌性質更明顯。若會四吉可獲友吉助，與羊同度多爭，與陀同度遇上背叛自己的下屬。小人陷害中性質最強的，以天機化忌或與落陷太陰化忌，更遇、陰煞、天虛、天姚，或見昌、曲化忌。與友爭鬥最強的是巨門化忌同度，更有羊須防他人，若遇空、劫、耗，更有陰煞或再遇陀、忌則為「下人所偷盜竊占」或暗中侵吞自己所得利益。

七、遷移宮在辰戌紫微、天相坐守：主國外能發展，但須得魁鉞夾宮或更有雙祿天馬，不過過程並不平順，肯定忙碌，若與祿存同度有旁人垂涎自己財富，受人排擠，與陀同度出門多糾紛，與羊同度人緣不足，有口角不和，會火、鈴多是非，若得六吉曜或紫微化權、化科主地位崇高，受人敬慕，見四煞，主孤，友不多，見孤辰寡宿尤是。

八、疾厄宮在巳亥天梁坐守：主胃，另有逢凶化吉之意，以流年克應。多為飲食不節制引起消化不良，與火同度腸胃炎，與羊、刑同度，主盲腸炎，與羊陀會手足肢體、筋骨受傷，另與火、鈴同度也主胃癌、腸癌，但必須見太陽、太陰、天同化忌才是，與空、劫會，主關節、肌肉、風濕痲痺，酸痛之症。

九、財帛宮子午七殺坐守：得雙祿主財豐，得化權，利管理生財，得化科因名得財，稍見煞主意外之財，但不耐久，會空、劫、耗不利財運，不喜更見化忌，此星系一生中必經歷一次重大破敗，會造成經濟困難，傾家破產，如有祿存則減輕傷害，或有東山再起之機。

十、子女宮在丑未借太陽、太陰坐守：主子女眾多，如有桃花曜則女多子少，太陽入廟，主子女優秀，品格良好，事業心重，獨立有成，如更有四吉、三吉化，可得貴子，若有火、羊同度也會受子女氣，太陽落陷，不利長子，尤以太陽化忌輕則感情不和，重則長子早產或傷殘、早夭或一生體弱多病，早年有意外，更見煞尤確。若煞重，恐有白髮送黑髮人之事，或感情成冰炭。太陰入廟，主先花後果，其六吉

曜祿馬，主子女富裕，落陷宜注意與子女之親情關係，見煞刑剋極重。

十一、夫妻宮在寅申廉貞坐守：男主妻清白，女命嫌丈夫沒情趣，廉貞主精神、貪狼主物欲，在寅宮廉貞入廟，貪狼陷宮，故輕精神重物質，申宮同論生活物質的不滿，不會是感情上之變化之因。命宮為破軍對紫相，有背叛、反叛、挫折之性，一般姻緣有變是感情上出問題，若以理智來制約，多數不會產生多大挫折，起碼不會有紅杏出牆之事，但如果是為物質生活，多少人會甘心做舞女養家，所以其清白是不重視物質，而重視精神，即便精神有挫亦有理智之星來約束其命宮。

十二、兄弟宮在卯酉借天機、巨門坐守：其一主分離，其二主口舌，其三主算計，故感情冷淡不和，更見煞曜、天馬同度主分離尤確，會空、劫，主「剝削」，不宜合夥，在手足公司工作也不宜。若會諸煞，再見孤辰、寡宿主孤，甚至自身為獨生子女。若見四煞，更見輔弼、桃花曜，可能有異胞手足。

事業財通論：
破軍化權戌宮可會祿存，以求正財較安穩。破軍化祿會貪狼化忌，偏財風浪大，但性質上仍傾向偏財。

橫財方面，破軍化祿易橫發橫破，化權則較穩定，以得祿存為佳，對宮成財蔭夾印格或會貪狼化祿皆吉，如貪狼成

火、鈴貪格皆有橫發運程。

第六節　命宮在巳亥宮

一、命宮在巳亥天同坐守：為福星，但居命宮較無積極的衝勁，主辛勞過後，晚年較舒適度日，故主精神高尚，並不太重物欲。此星較主肥滿，無論男女體型較豐滿，性格溫良但比較柔弱怕事，較難承擔精神壓力，始得昌、曲、科，主能學能成，但有些不務實，此星系主悠閒清福，見六吉主「福厚壽長」，天壽同度尤是，見四煞反不務正業，人生起伏。會祿存則「財福雙美」悠閒又富足，若天同化忌主孤單，事業無成，六親緣不足，女命更見桃花曜，則淪落風塵，見六煞宜有一技之長，女命天同易感到精神空虛，內心卻感情豐富，對現實多不滿，對感情多幻想，易經不起誘惑，會昌、曲更是，不過如會四吉曜則可相夫教子，得雙祿可嫁賢夫或經濟獨立。天同化祿主感性溫柔，化權利事業，性格也剛強。若會六煞刑人生多苦，婚姻多不幸，事業不濟，坎坷潦倒，見桃花曜易入風塵。

二、父母宮在子午武曲、天府坐守：更有天壽主父母長壽，少災病，若會六煞、天刑，主刑剋，輕者遠離父母，見天巫同度主繼承遺產，若祿存同度，主父母控制財源不信任，並控制所有財務，與羊同度男命父子不合，女命母女不合，與陀火、鈴、空劫、刑相會，主父母災病刑傷。不同居可免刑剋。

三、福德宮在丑未太陽、太陰坐守：主能適應各種環境動靜皆宜，其生活也較日夜顛倒或不懼熬夜喜夜生活，若見昌、曲傾向靜態，見輔弼魁鉞四吉傾向動態，在丑宮不見煞

也主忙碌有熬夜之象，若得吉曜勞而有成。女命見六吉能房事滿足快樂，但與桃花曜會，主性欲過強，恐有婚外情，太陰落陷，主心情起伏大，見煞尤確。在東宮外向善交際人緣佳，但心情也較起伏，有時候外表風光快樂而內心憂鬱。

四、田宅宮在寅申貪狼坐守：主房產不利，由美好向損壞方面變化，如大變小屋，新變舊樓，即便不搬家，樓房漸見損壞。與火、鈴成格，主有突然置業機會，但也主火燒星系，如更有流羊、陀沖會原局大限羊陀才是，且流年耗也入田宅宮。若與祿存同度或見三吉化，主產業豐厚，但須自置，如見天巫主繼承，若更有鸞、喜，主樓房美觀或有裝飾家居心得，更見鳳閣尤確，此星系主多散少聚，見煞忌主家業凋零，人口漸稀，貪狼化忌主競爭，有是非性質，與鄰里關係不睦，再見煞曜，嚴重可引起官司。

五、事業宮在卯酉天機、巨門坐守：因有賭之性質主事業變動多端，難在一行業穩打根基，故成就受限，見吉化也是如此。唯天機化權，在經過一連串變化後，可穩定下來，見昌、曲、科、天才，可用頭腦生財。見空、劫，幻想多能轉化為創意，創立嶄新事業，做獨門生意。巨門與諸煞刑耗會，旁門左道生財，觸犯官非刑法，一生大起大落，若見四吉曜祿馬，及三吉化可創業。

六、交友宮在辰戌紫微、天相坐守：主奴僕強過己，見四吉曜、主三吉化則友強於己，合作易受牽制，下屬也比自身強，不易駕馭。若見四煞，主受下屬所欺或朋友剝削，與陀同度，主為朋友出頭招惹麻煩，不再見煞影響不大，如有

陰煞、天月、天虛為友受騙，如當保人朋友跑了，自己要承擔責任。若更有桃花曜，主捲入友人感情、桃色糾紛中或受異性朋友所累，或交上好色友，流連風月。遇昌、曲化忌受友欺騙，會廉貞化忌主傷了感情或因故動干戈，會武曲化忌，因友損財或會干戈。

七、遷移宮在巳亥天梁坐守：主在外遇貴人鼎助，見魁鉞更確，吉曜祿曜會反適海外經商，不見天馬反不適海外，或勞而少成，如更有六煞、耗忌，則辛勞破敗一事無成，天梁化祿利海外謀生，化權在外受人敬重，化科利海外升學，若會火、鈴出外有災，會羊，主爭奪不和，會陀，主遭小人陰謀陷害。

八、疾厄宮在子午七殺坐守：剛剋之氣很重，與羊同度主幼年多災病，性情急躁，故主肝病，也主呼吸系統、肺結核毛病，與羊同度主腸胃出血、腸胃炎，與火同度為肺病。

九、財帛宮在丑未借太陽、太陰坐守：陽主放射，陰主收藏，故「先散後聚」，和煞忌會則財來財去，經商虧本破敗，以太陰陷尤確。太陽居廟旺，可以名氣生財，三吉化尤確。太陰入廟則財氣旺，利儲存，若太陽化忌更有羊、刑、火、鈴，恐因財官非破財。不喜空、劫、耗會，主生意不景盈利減少，甚至倒閉、失業，見昌、曲、化忌，並有陰煞、天姚、劫、煞，主受蒙騙。太陽入廟旺，以從事文教、政務、專業傳媒生意為佳。

十、子女宮在寅申廉貞坐守：如不見煞刑忌，兩代情深，「一子獨秀」，但須見四吉曜、三吉化，若化忌主多病災破相，

如見空、刧、耗，則有敗家子或受子女所累破財。

　　十一、夫妻宮在卯酉借天機、巨門坐守：此星系機巨主破蕩，卯比酉宮佳，主配偶在外地漂泊，見煞忌則配偶壽短，也主配偶有嗜賭或好色等不良嗜好，其有四種情形：①不論男女皆主自尊心強遇事內斂，不輕易向人吐心事，故彼此溝通與協調不足所致。②夫妻宮居酉主自己浪蕩不安本分，自己任由配偶關係惡化，而不去挽回補救③借卯宮去酉宮安坐，即天同亥宮守命，其人過分天真、浪漫、無知，其破蕩性是由於配偶有更高理想，而自己永不進步所致，造成夫妻之間有落差所致；④借酉宮去卯宮安坐，其夫妻宮之機巨破蕩往往是自己易吸引異性，引起夫妻不和而來。

　　十二、兄弟宮在辰戌破軍坐守：主彼此不和、口舌紛爭，以分居為宜，更有四煞化忌則手足刑剋災病。此星系自身可能非長兄、姊，但也必須擔當照顧手足之角色，與吉曜會，主手足可依靠，只是感情部分仍不可合作。

　　事業財通論：

　　此命格為「機月同梁」之偏格，難承壓力，浮蕩性重，遇事不積極，好吃玩樂，事業心不重，只有短視沒有長遠眼光，更會煞忌人生坎坷，為環境所逼才走上偏財。丙年生人若不會火、鈴、空劫，宜走正行。丁年生人為三奇嘉會格，事業宮有巨門化忌，求偏財強，見吉也是如此。庚年生人，天同化忌，在巳宮事業招是非，亥宮進財多阻滯，也主財源有問題，更會火、鈴、空劫，主偏財。

橫財方面，此命格無橫財運，但有求橫財傾向，須得太陰、巨門化祿為佳。

第十一章　紫微在巳、亥宮（論天同太陰在子午）

七殺紫微　巳	午	未	申
天梁天機　辰		紫微在巳亥表	廉貞破軍　酉
天相　卯			戌
巨門太陽　寅	貪狼武曲　丑	天同太陰　子	天府　亥

天府　巳	天同太陰　午	貪狼武曲　未	巨門太陽　申
辰		紫微在巳亥表	天相　酉
廉貞破軍　卯			天梁天機　戌
寅	丑	子	七殺紫微　亥

第一節　命宮在子午宮

　　一、命宮在子午太陰、天同坐守：此星系太陰入廟則肥滿，落陷則相反，受太陰影響故喜「修飾美容」，若入廟，女命更是容顏甚美、體態迷人，稍見一顆煞星更是動人，不過多福薄，婚姻不穩定，見雙祿則富足。女命天同化祿感性溫柔，衣食無缺非大富，天同化權利事業且個性堅強，若會六煞刑，女命事業動盪，情字這條路多不幸，見桃花曜易淪落風塵。太陰在子名天姬，有人緣、深思慮，善計謀。在午宮名天衣，為人感情豐富多幻想、自作多情，不利元配的婚姻關係，在子宮太陰入廟，男女榮華富貴，事業有成，外緣好，對異性體貼，也易招惹感情煩惱，女命美艷，更有異性緣。得昌、曲、科、天才，更是深藏不露，深思慮，善計謀攻心計之人，在午宮欠缺事業心，為愛情胡思亂想，感情占據心思，無論男女易受情所困，見昌、曲更甚。更有空、劫、天空、旬空、截空，更喜男歡女愛不願面對現實，多苦戀、暗戀，較不利男命婚姻，首婚受挫如夫妻宮亦凶者，可能因妻子不忠而大受刺激，若太陰化忌主妻早逝，女命也不利婚姻，最喜自身化祿或會天機化祿，宜零售批發生意，會天同化祿僅富足，太陰化權、科，主「剛柔並濟」，若太陰化權會天機化忌，主多心計，更見空、劫、陰煞、天姚，主心術不正，會昌、曲，主「文創藝能」、「博學多能」，更見煞忌，感情有挫，女命更甚，會龍鳳、天才，主有藝術技巧，在午宮見煞忌，「隨娘過繼、離祖外出」，在身宮亦同（遷移宮），見六煞、刑、耗、天月、天姚，人生走偏誤入歧途，女人易

入風塵，要主富裕，太陰化祿更見祿馬，若入廟見吉為大富貴，適商業。

二、父母宮在丑未貪狼、武曲坐守：見六吉不主刑剋，會桃花曜，上一代感情關係複雜，會六煞、刑忌，輕者有遠離父母，嚴重者感情不睦或成孤兒，不同住也是刑剋之一，過繼亦算。少年時祖產也可能破耗，見雙祿則免刑剋。

三、福德宮在寅申太陽、巨門坐守：主外向感情熱烈，喜熱鬧和參與群體活動，偏好社交活動，且見四煞才多勞心勞神，太陽、巨門化忌更甚。若桃花曜天鸞喜、天姚、沐浴、耗同度，女命慾強。如夫妻宮不利者，多外遇或婚姻不利。此星系見吉，勞而有成，見煞，精神壓力大，若巨門化忌，主憂慮，更見煞、天月，主長期失眠，太陽入廟，主性格光明磊落，與火同度脾氣暴躁。

四、田宅宮在卯酉天相坐守：性質平平，以得祿為佳，天巫同度可繼承祖業，不喜空、劫、耗，有祖業也消耗，自置亦難。會化忌或成刑忌夾印，多是非災禍。

五、事業宮在辰戌天機、天梁坐守：主內務、內勤人才，有身兼數職及變化變動之意，愈是變動則事業根基愈不穩，成就也小，天機化權較穩定工作事業，心也較定。此星系服公職，多晉升機會，與昌、曲、科、天刑會，利司法或執法者，見輔弼有多門生意或兼職，不見煞忌主發展良好，會昌、曲、科有文學術養，適文化、出版、傳播業，與天月同宮與醫學有關，天機化科有天巫、華蓋、空、劫，利風水行業，會四煞，主職業變化流動無根，如小販、船員，會空、劫、耗，以受

薪為宜或一技之長。

六、交友宮在巳亥紫微、七殺坐守：主朋友及下屬易欺壓自己，凌駕自己之上，見煞多，多交損友，誤入歧途。與陀同度為友出頭而招麻煩，更有忌、陰煞、天月、天虛，空劫如為朋友作保，友人跑路，自己要承擔債務之過。有桃花曜，捲入友人桃色糾紛中，或受異性友人所累，或流連風月惹禍上身。與羊同度，主友不和，更有火、鈴，傷害損失更大，與空、劫、耗會，則遭友侵吞竊取自己利益。遇昌、曲、化忌，受詐騙上當。貪狼化忌，主友人、奴僕反成為自身最強競爭對手，武曲化忌為朋友損財或動干戈。

七、遷移宮在子午借太陰、天同坐守：太陰入廟，始主外地發展，若太陰化忌，即使入廟也不主外地發展反破耗。見六吉曜三吉化可在外創業致富，若命在子宮，丙年生人更有羊同宮為「馬頭帶箭」格，早年辛苦打拼，但中年之後有發展。太陰化忌不利財運不利投資，更有陰煞、天虛、天姚，主在外不法謀生，太陰落陷見四煞，輕則忙而無成，重則牢災。

八、疾厄宮在丑未借武曲、貪狼坐守：武曲主呼吸系統，煞重主意外損傷，煞多見有傷殘之性，與火同主肺病，若化忌會六煞刑，主「一生多災或因病手術」，貪狼主肝膽，見桃花曜，主性機能毛病，與煞會主痔病。

九、財帛宮在寅申借太陽、巨門坐守：太陽入廟旺，主創業艱辛得財，在陷宮更是「競爭費神得財」，唯收入不及太陽入廟，若太陽巨門化忌競爭更烈，遇羊、刑，主因財興

訟，如經商以文教、專業、政務、傳媒為佳，若太陽入廟旺，適賺外國人之財，經營進出口生意或國外機構任職或外商公司服務，若非上述工作，宜專業工作，如醫生、會計師之類，反正巨門宜口才、腦力求財為宜，如有六吉曜主三吉化宜創業且有成，但得財之後宜保守，不可一世，否則人事不和削弱財氣，後運不佳。若子女宮不吉，尤見空、劫、耗為子女所破耗，與羊同度，求財多爭，適商業活動，陀同度，財遲進，會羊、陀，更有火、鈴刑耗，因財興訟。

十、子女宮在卯酉廉貞、破軍坐守：主刑傷、兩代不和有紛爭，見煞忌尤確，或子女不孝，利用父母，傷父母之心，若見空、劫、耗有敗家子損及家產。此星系不利長子，稍見煞，主生產長子不利，如流產、小產、不足月、破相，遇桃花曜，先花後果。

十一、夫妻宮在辰戌借天機、天梁坐守：此乃別離之星，最好婚前與人解除婚約，如有多次戀愛甚至同居分離，都可減輕婚後之刑剋，總之有一次離別較利婚姻，或其婚姻有嚴重阻力及反對，或其配偶有不良嗜好，最壞情形下可發展成吸毒，若婚前一帆風順，便要留心配偶可能吸毒（必見天月）、販毒（不見天月），恩光天貴亦主藥物毒品。

十二、兄弟宮在巳亥天府坐守：主手足多，見輔弼助力大，魁鉞可依賴，昌、曲有才藝，會六煞刑、耗、忌「刑剋不和」或手足少，見空、劫為助手足，自己失財。

事業財通論：

子宮比午宮佳，正偏財皆同，唯一例外即丙年生人，命宮在午有羊同度成「馬頭帶劍」格，不過若命在午宮無正曜，僅羊獨守，此局又比前局更佳，「馬頭帶劍」格局煞氣重，求正財利商及武職或有危險性之工作。求偏財也適上述工作，不過風險較高。乙年生人更有空、劫、天空、旬空、截空、陰煞、天虛，則傾向偏財帶有巧取的性質。丁年生人子宮安命為正財，午宮傾向偏財，若見火、鈴、空、劫、陰煞、天虛、耗皆有利求偏財，但財帛巨門化忌，故財源受人爭議，但進財豐厚。戊年生人，求正偏財皆能獨當一面。壬年生人多會煞曜，主偏財。癸年生人不見煞，不主偏財。

　　橫財方面，宜子宮太陰化祿，利賭博賽馬，德州撲克涉及分析之賭為宜，天同化祿、巨門化祿亦佳，天梁化祿則作風有問題也可得財

第二節　命宮在丑未宮

一、命宮在丑未武曲貪狼坐守：得雙祿為佳，更有天馬會主富裕，若化忌則不利錢財，但可利用金屬利器，如屠夫、工業實業、武職謀生，事業則不主失敗。喜武曲或貪狼化祿，可交際生財或投資生財。此星系主三十五歲後可發，但少壯不努力就未定論，遇六煞宜一技之長或武職，此星系有意外血光之災，故武曲化忌更見六煞、刑，尤主「壽元夭短」，女命不利婚姻，得輔弼性格更剛強，婚姻更不利，以遲婚為宜，武曲會吉化及天刑為社會名人，因軍事、刑警而聞名，若陷地逢四煞，幼年離開雙親或與父母感情不佳，不利婚姻，晚年欠子女緣，武曲逢祿馬為經商之命造。此星系為入廟以遇火星為上格，主暴發、突發，做生意投資有突來之良機，可躍登富商巨賈，若更有羊、陀、空、劫忌，則恐橫發橫破。祿存同度，性格不善，致損人利己致富，女命愈吉也愈有事業，對婚姻愈不利，若武曲化忌會昌、曲、桃花曜，人緣佳，但行為也稍見浮蕩，男命見昌、曲、忌桃花曜，須防中年因色招災。貪狼化祿或見昌、曲、魁鉞，主好動圓滑、八面玲瓏。見羊、陀主好酒菸賭，見華蓋、空、劫，好養身長生之術，此星系形小聲高，骨格粗壯，若七殺在身宮或命宮見羊、陀、天姚、咸池，則男女在情感上較浮蕩，當貪狼與空曜天刑同度，主清白格。此星系坐命見四吉，具領導才能，有人緣可為武職，也可從政或娛樂、公關行業，若身宮是破軍的命格較低下，更見羊、陀、忌，男命狂醉、豪賭、視色如命，物欲及肉欲甚深，更見咸池、天姚、沐浴更是如此；女命浮蕩，

欠缺家庭責任，行為淫蕩不羈，遇昌、曲也變風流多情，性格浮蕩，更有天虛、陰煞，心術不正，虛而不實以致旁門左道，更見昌、曲、化忌，更善「巧騙」。女命見昌、曲、桃花曜，特別愛打扮。巳、酉、丑年人命宮在丑宮者，主為人喜占小便宜，品行不正，或有偷盜行為，且不明是非，黑百顛倒，如見吉曜狀況減輕，但更見羊、陀、忌、陰煞、天虛、劫煞、天姚情況則更糟。

二、父母宮在寅申太陽、巨門坐守：在寅宮主吉利日生人更吉，在申宮主父子有爭，多生閒氣，見煞刑忌主不和，有衝突，也主父母不能雙全，嚴重者在孤兒院成長或由其他親人撫養成人，若太陽入廟旺，日生人會六吉則受父親愛護，更有祿馬主父親貴且富，若太陽化忌更有四煞，則刑剋父親或父事業不順或多病、病痛又以夜生人更劇烈。

三、福德宮在卯酉天相坐守：受廉破拱照，性剛躁動，心直無毒，見煞私心較重，與雙祿會物質豐足，見輔弼知足常樂。與化忌同度或刑忌夾印，主思緒不寧，更見煞尤甚。以見巨門化忌及羊夾宮最嚴重，會空、劫或夾宮，主天馬行空不切實際，大大影響事業，若命不佳者，生活坎坷自我設限。會四煞更有空、劫，則欠缺恆心、欠毅力，無法成就事業。

四、田宅宮在辰戌天機、天梁坐守：主多變化，祖業多變動，自身常搬遷，有祖業也不能繼承，如見雙祿可自置，遇流年天機、天梁吉化，主房屋翻新、重建，會四煞，置業多糾紛，或鄰里多是非，除非從事房地產買賣，否則盡量不要多變，若天機化權遇輔弼情況較佳，天機化忌變愈壞，與

祿存同度，更見火、鈴、化忌，主與鄰紛爭不和。此星系是晚年得產，但見煞不見吉曜則不是。天機落陷吉曜不多，必和吵噪居住環境有緣，如機場、工廠周遭。

五、事業宮在巳亥紫微、七殺坐守：化剎為權，主有管理能力，若財帛、廉貞化祿或祿存同度，則可名利雙收，大富貴，見輔弼有領導力，下屬支持。會魁鉞得機遇，事事順心，會雙祿不見天馬，宜受薪，但在財務上有出色表現，可任財政長官、會計、精算師。會天馬有經商之命，若命宮與羊同更有天刑，煞氣重宜軍警，可為高階領導。紫微化科利成名，以名氣發展事業，成為公眾人物。化權增加管理能力，更會四煞尤忌弄權反成拙。與空、劫、耗會以工廠實業為佳，不利一般商業投資。見祿曜可發，若會四煞刑也是宜武職。

六、交友宮在子午借太陰、天同坐守：主四海之內皆兄弟，可得益友，且有濃郁私人感情，見太陰入廟更在財力方面多助力。會鸞、喜，可得異性友人支助，若羊、陀同度，受友拖累或遭友陷害，侵吞利益。與火、鈴同度，受悶氣，太陰如落陷則多交損友，以見化忌、陀、陰煞、天虛、天姚更確。會空、劫、耗，因友破耗。

七、遷移宮在丑未借武曲、貪狼坐守：見雙祿、天馬、天魁鉞，主「海外開拓，他邦得祿」，此星系以國外謀生營利，若武曲化忌，更見空、劫，以原居地為佳，再見四煞，流落他鄉，重則客死他鄉。此星系見吉多外面應酬，且有成有享受。受見煞，因社交生災或沈迷酒色招致破敗，若貪狼化忌，與羊、陀同陀同宮，主多好賭、好投機、不切實際之

友，貪狼化祿主大方慷慨受人歡迎。與桃花曜會，好色風流，又見煞忌，因色招災，若更見昌、曲化忌、陰煞、天姚、天虛，即遭小人陷害，若會桃花曜，更有六吉不見煞，主享樂，貪狼化忌見桃花曜及昌、曲，被人奪愛，會空、劫、耗主財、業失敗。

八、疾厄宮在寅申借太陽、巨門坐守：主「高血壓、目疾、頭昏、頭痛、虛火上升」，太陽化忌尤確。巨門指消化系統，腸胃毛病，見羊、陀、忌、天刑為骨癌之星系，若巨門化忌，陀羅天刑同度，更見天虛大耗，主陰疽，為身體受感染造成腐爛腫脹，若逢流年疾厄宮武曲化忌，與火同度，尤指肺結核，太陽泛指血液循環系統及神經情志毛病，包括：腦功能、情緒等，如高血壓引起疼痛，血栓、中風或腦血管爆裂引起半身不遂，以會諸煞為確。

九、財帛宮在卯酉廉貞、破軍坐守：主事業多變化或財源多方面而來，若見煞忌必經痛苦變化而漸安定，若能得雙祿化權，則較穩定或富貴能發。此星系競爭較凶，逢廉貞化忌則不利商，更有火、鈴，因財起糾紛，羊同度，主競爭，始得財，易有官非，會空、劫、耗，須防偷盜，流年、月克應，也主投資破敗、失業、倒閉。

十、子女宮憂辰戌借天機、天梁坐守：主子女稀少，如見桃花曜主生女，見昌、曲、科，主聰明多才，有天巫同度，主能承繼事業或財產，更有六煞，主小產、早產，或子女年幼、虛弱多病或傷殘，會太陽太陰化忌，病災嚴重，若會六煞、刑忌、耗，主孤單，更見孤辰寡宿尤確。若天機化忌會

太陰，或天機會太陰化忌，則是狡猾，若會六煞、天刑，主無子，有女或子不孝或多災病，遲得子可免刑剋（男命四十歲，女命三十歲）。

十一、夫妻宮在巳亥天府坐守：主遲婚遲發，若天府見煞或命宮武曲化忌，有婚變跡象，因武曲化忌主貧窮，而貪狼又是物欲之星，倘貧窮又追求物欲，易生婚變，如天府，見天馬、天月，主生離死別，此星系之命宮為武貪，為婦奪夫權，男命懼妻，女命欺夫，若吉星照會巳亥，夫妻宮見吉，則婦奪夫權之性質更強。

十二、兄弟宮在子午太陰、天同坐守：主手足多，但太陰落陷則不是，在午宮天同也落陷，若煞忌重時，主孤獨，與六煞刑會輕則不合，重則手足災病或夭折或分離，太陰化祿可得經濟支應，化權受兄弟約束控制，見吉可依靠，太陰化科，有才學，尤主姊妹，陷宮在太陰化忌見六煞，則刑剋姊妹。

事業財通論：

武曲化祿、貪狼與火、鈴同度則成佳構，更有羊、陀、忌，更有求偏財傾向，但須注意大限流年情況，否則易有官司。甲年生人凡貪狼不喜羊、陀，會增加其貪婪之心，喜投機取巧走捷徑賺快錢，因取巧牟利自縛，求偏財當心橫發橫破，而財帛宮有廉貞化祿，更利進財，但變化快，需即時把握，求偏財要即時收手，否則貪勝不知輸。戊年生人丑宮比未宮佳，長袖善舞，但心中是斤斤計較的，但也好施小恩小惠，

故得人緣，是經商格局，更遇火、鈴，正、偏財皆賺大錢，可把握氣勢暴發，會桃花曜適風月、娛樂之行業。己年生人有求偏財性，但會羊、陀，當心暴敗，甚而官司訴訟，更會昌、曲、化忌有以巧詐求財傾向。庚年生人武曲化權，陽剛氣甚重，更有羊、陀更烈，宜武職，求偏財多風雨，且在刀光劍影中發財或觸犯官非刑法，進財在遊走法律邊緣上，更有火鈴則更發，但不耐久。壬年生人武曲化忌比化權更剛烈，更宜武職，經商不適合，未宮比丑宮佳，更會火、鈴、空、煞，傾向偏財但易敗，需步步為營。癸年生人貪狼化忌，有偏財格局，總有偏財機遇，唯易破敗，且競爭激烈，且貪婪心重，難於抽身，貪勝不知輸。

橫財方面，命宮有火、鈴同度或會火、鈴，投機或賭博可發，但見羊、陀忌，恐橫破，如中六合彩巨獎，又續賭投入反全部輸回去。

第三節　命宮在寅申

　　一、命宮在寅申太陽、巨門坐守：在寅宮名「天桑」，是旭日東昇主福厚名顯，在申宮名「天暗」，主多學少成，處事多波折，若日生人可吉上加吉，遇凶可稍減輕。在寅宮有朝氣活力，稍見吉而不見煞，比較易得名聲，在申宮做事欠缺恆心毅力。若太陽化忌，更有四煞，主眼睛不對稱，太陽入廟旺，男命性格硬朗卻有溫柔之心，對人仁慈，志氣高傲，見昌、曲，更有大智慧，利公職從政。在申宮須憑後天努力及毅力、恆心才能有較高成就，若遇四吉曜能增其意志及做事魄力，太陽化忌不利父親　有火同度更主情緒暴躁，會火、鈴，人生多挫，與羊同度易糾紛，與陀同度有暗爭，尤以太陽落陷為確。女命同男命但較陽剛之氣，欠陰柔女人魅力，與火同度主性剛率直，人緣不足，做事不夠圓滑，更有羊、陀、鈴，每因這種性格惹重大波折事故，如太陽落陷又化忌又夜生人，更因感情誤事，因感情挫折，因妒成恨，玉石俱焚、自殺等，女命太陽化忌，對男親刑剋最大，更遇煞曜，早成寡婦或丈夫長期患病，中晚年白髮送黑髮人，以遲婚為吉，女命逢六煞，宜為社會服務或普渡眾生，可能終生獨居。此星系以口舌運用生財，可減口舌是非。巨門化權，主語言權威可為人師表，更見昌、曲、科、天才，則說服力更大，在寅宮主「光明磊落」，更見六吉主以貴，見雙祿天馬主富，此星系適在外國人圈中成名謀利，與祿存同度有點吝嗇，巨門化祿利財運，巨門化權有口舌權威，皆為有魄力，及善創業，此星系女命體毛較長，在寅宮，面目清秀，須見

吉曜吉化及不會煞忌，見四者富正義感，性情忠厚，見龍、鳳、天才、科，有「專門技能」，與羊刑同度，尤以巨門、化權，利法律，與空、劫、火、鈴、龍鳳照會，宜「機械」，與羊、刑、天月、昌、曲、科會宜「醫學」，若巨門化忌更見四吉四煞、祿存為「幫會領袖」，巨門化忌，口舌連連、災禍紛紛，性格多疑少決，舉棋不定，不利人際關係，更見六煞有自殺傾向，女命巨門化忌必為長舌婦。

二、父母宮在卯酉天相坐守：沒煞會或惡曜夾宮，主感情和諧，見昌、曲，則有良好溝通，見吉曜有提攜蔭護之力，以財蔭夾印為佳，見天巫有祖業繼承或家族事業。

三、福德宮辰戌天機、天梁坐守：主精神變化，稍見煞主「勞心費神」，天機化忌無福多煩，神經衰弱多神經質，天梁落陷見煞則懶惰、拖延、事不關己的態度，與陀同度更甚。見四吉福重，見雙祿主祿厚。此星系主在精神世界中尋得樂趣，而不必有物質，不過見陀、忌、天虛、陰煞、天月、天姚、空、煞、天空、旬空、截空，則可能為弱智之人或自閉症，若天機化忌再見六煞，主自尋煩惱，精神壓力大、精神病及不堪壓力自殺者，皆為此星系，若見煞不多，做事不彰、精神不繼、效力不佳，且常服用鎮定劑、安眠藥，與羊、陀同度有此類似性質，情況較輕，若天機化忌又見羊、陀，則需接受心理輔導，若不會羊、陀，只會火、鈴、空、劫、耗，則忙碌產生煩躁。

四、田宅宮在巳亥紫微、七殺坐守：會雙祿宜「購礦產山坡高地」，宜擇半山區作居所或大樓頂層，宜物業投資，

與火同度更有羊、陀、空、劫、耗，再有流羊、陀沖會，主
火災克應。

五、事業宮在子午借天同、太陰坐守：以夜生人及下弦
月生人更吉，主白手起家，在無吉會有煞會情況下，主艱苦
努力才有成就，得四吉主繼承事業，也適購買現成事業經營，
以太陰入廟及化祿為佳，更易生財，再見祿馬可致富，天同
化祿財運平平，仍主有成，見昌、曲可在「文創藝術中求進
取」，更遇桃花曜以服務異性之行業，若見羊、刑，主事業
多官非，與火鈴會，處事多逆境，與空劫會不宜商業活動，
以設計創作帶藝術之工藝為佳，如經營設計、印刷之類。此
星系主事業多變動，宜減少變化，專心一行業，成就可大。
也適海運、航空、運輸，若會四吉亦可往政界發展。

六、交友宮在丑未借武曲、貪狼坐守：主物欲深重喜消
磨享受，更見桃花曜多酒肉應酬之友，武曲化忌更見空、劫、
耗，主利益受侵吞剝削，更不喜羊、忌，主受友人奴僕拖累，
武曲化忌主失敗，廉貞化忌傷感情，貪狼化忌，主奴僕友人
將來成為自己的競爭強手，此星系交友廣多，若天巫會魁鉞
主慷慨施予，恩光主名氣，天福為個人福氣，三曜並見，亦
因對友慷慨仗義疏財而受愛戴，若會六煞更有天月、劫煞、
天耗，因友破財，非自願付出。

七、遷移宮在寅申借太陽、巨門坐守：太陽入廟旺，更
有六吉曜三吉化可視作「出外風光」，見煞僅表面風光，尤
以太陽化祿更是如此。見雙祿主有「意外收獲」，此星系主
動不宜靜，適在外奔波的職業，若巨門化祿或化權，主出外

大發利創業。在海外名利雙收，更有昌、曲科更佳，巨門化權，並有羊、刑、昌、曲、科會主司法人才，以太陽入廟旺，更有昌、曲、科、權、魁、鉞，為外交人才，或派駐異國官員或本土處理外國事務，會昌、曲，必擅外國語言，若有雙祿天馬及魁鉞適商業，可為公司負責人，巨門化忌，多紛爭，更有天刑，防官司訴訟，與陀同度多疑不決，巨門化忌與天馬同度，更有火、鈴，勞碌異常而無成，會四煞刑，出外遭災、少人緣、多是非，嚴重牢獄之災，流煞忌沖會尤甚。

八、疾厄宮在卯酉廉貞、破軍坐守：主結石，廉貞化忌會煞，主外傷或因病手術，廉貞主心、血循環系統，與桃花曜會主生殖、性機能系統，與化忌同度主幼年膿血之災，多意外骨折傷殘，與桃花曜會主陽痿、經期失調、血帶，更有四煞化忌，主性病。

九、財帛宮在辰戌借天機、天梁坐守：主財源不穩，費力勞神，若更有火、鈴、羊多競爭，與陷同度多暗鬥，以天機、巨門化忌尤甚，在辰戌兩宮更有化忌、陀羅、陰煞，主「謀財多詐欺」，行旁門左道，如見吉曜則可為商界幕僚長，善機變應對及危機處理，與祿存同度，主有財而有小人垂涎或財來財去流入小人手中。見雙祿天巫則可承繼遺產。

十、子女宮在巳亥天府坐守：主子女多，且感情深厚，子女孝順，見昌、曲，聰明多才，會六煞刑主刑剋，尤主關係不良，子女「性情倔強」。

十一、夫妻宮在子午天同、太陰坐守：子宮大多數婚前多波折，而婚後順利，午宮則戀愛初期順利，幾乎是一見鍾

情成婚，一般而言，夫宜年長則妻能幹，女命夫年長十歲以上。子宮天同太陰在初時與年長人交往或同居，然第二次婚姻之對象與第一任相比為年紀輕的。若在午宮則反之。查看第二次婚姻以寅宮坐命，走到第三宮位為第一次婚姻，第四宮位便可能為二次婚緣，此時紫殺坐命，天相對廉破為夫妻宮，代表有波折有背叛性，也許對象是再婚的人，另一方向為廉破對天相亦同論。女命可能做人家小三。另一特點，天同太陰乃為感情之星，故有可能突如其來之感情變化，至於何時發生須檢視煞忌，在哪一年流入夫妻宮，女命更易感情變化。

十二、兄弟宮在丑未武曲、貪狼坐守：更有煞忌，自身往往是獨生子、女，見桃花曜及輔弼，主異胞手足，見火、鈴，主兄弟突發，自身未必受惠，見煞，主孤單、刑剋不和，武曲化忌，受手足侵奪不利合夥。

事業財通論：

寅宮格局勝申宮，但皆主偏財路線，差別在寅宮求偏財積極進取，而申宮缺乏恆心。甲年生人太陽化忌具是非色彩，偏行性質強烈，在申宮反佳，作風受爭議，只要改變心志、堅強毅力，即可多進財，反觀寅宮，太陽化忌與祿存同度，形成羊、陀夾忌，是非很大，在不吉之流年易有官非。丁年生人巨門化忌，若不逢火、鈴、空、劫不必求偏財，正財豐厚。戊年生人有名氣有地位，以寅宮為佳，而申宮傾向虛名虛利，但財帛天機化忌，變動大，求偏財之財運變動很強烈、起伏

大。庚年生人財氣茂盛，正偏行皆賺大錢，名氣愈大財就愈大。辛年生人格局最佳，但有羊、陀會風波難免，更會火、鈴、空、劫，挫折更多，於偏財比較順利。癸年生人如更遇火、鈴、空、劫，正行挫折大，適偏財。

橫財方面，橫財在海外易得，或與海外投資市場賭業有關，但須不見六煞忌才佳。

第四節　命宮在卯酉宮

一、命宮在卯酉天相坐守：中等身材稍肥胖，性情寬厚，有正義感，更富有同情心，以見輔弼、魁鉞或夾宮為是。若見空、劫、華蓋、天巫，主信仰修行，與火同度，感情易衝動。此星獨坐命宮即使會六吉、三吉化、祿馬等，無論才華多洋溢超越長官，也只宜退居第二位，不宜居首，否則易受排擠。天相不論是否在陷宮，只要更有羊、陀格局都較低，宜有一技之長，若更有鳳閣、天才，其技藝和藝術有關，若成刑忌夾印之天相，會諸煞，主「自身殘疾」，或刑剋六親，人生孤獨，若見雙祿或成財蔭夾印格，可增田置產，六吉並照不可一世，和四煞天刑會主「牢獄災禍」，羊陀夾印或與陀同度易遇小人，吉凶星交雜乃「吉中藏凶，凶中藏吉」，視大限流年評斷，女命天相獨坐，甘讓夫婿出頭，丈夫當家，故夫妻宮之星相對幸福影響很大，但見四吉或財蔭夾印格，主「丈夫志氣」，見昌、曲，主「聰明持重」，天相祿存同度，主人性格偏執，「偏見、主見、好爭權」。刑忌夾印為太陽或巨門之一化忌即是；財蔭夾印為太陽或巨門之一化祿即是。

二、父母宮在辰戌天機、天梁坐守：機梁主分離，但見吉曜吉化而無煞，主父親為負擔家計在外工作，使家庭富裕而離家，但見煞忌分離乃逼不得已或遭遺棄。

三、福德宮有巳亥紫微、七殺坐守：主性格積極進取，對事業有雄心，卻又有點高傲不易折服人，如事實不符合理想有挫折感，見吉也是如此，宜自我控制，不可心眼過高，此星系主以腦力非體力勞動，帶六煞刑會主費心神勞心力，

若與陀同度主自尋煩惱，如桃花曜會為情欲而煩。若會武曲化忌，為錢財經濟而憂，會廉貞化忌為感情倫常而憂，會貪狼化忌，更見空、劫、耗，為財競爭而憂，若更見桃花曜也是為情欲而憂，若會昌、曲化忌則心術不正而憂。

四、田宅宮憂子午借天同、太陰坐守：喜與入廟之太陰同度主能自置，可購魚塘、果園、花圃、農業地或鄉村地而發達致富，更見吉曜吉化為高尚住宅區。此星系主白手起家，不繼承祖業，若與雙祿會適以購土地保值。不喜與空、劫、耗照會，主破耗，若與火同度三方見鈴、羊、陀更有流羊、陀照入主火災，太陰化忌，主口舌是非、家宅不寧。

五、事業宮在丑未借武曲、貪狼坐守：武曲適武職，也宜經商從事營業、推銷各種服務。武曲化權掌經濟大權，化科利財政策劃，化祿利投資做生意，武曲會六吉曜，武職可居高層，也宜商業財經機構之管理層，與武貪祿吉曜同度，是「經商暴利」。武貪化忌或有羊、陀同度才是「為政貪取」，會吉曜吉化見火、鈴則不是。若武曲化忌不適商業開發反適武職及工業實業，否則事業顛簸，會羊多糾紛，會陀多困難，會空劫、耗多謀少成，貪狼以從事和交際或處理人際關係有關的工作，如營業、外交娛樂，會四吉三吉化宜外交政界，見祿存、化祿、天馬不會空、劫、耗，宜商業，遇昌、曲、桃花曜宜娛樂業。貪狼、武曲、火星可居武職也利經商推銷工作，或金融投資，可暴發，但不宜再見羊、陀忌。若會空、劫，宜「工業實業」與科技、工業、工藝有關行業，若格局不高宜專業技能。

六、交友宮在寅申借太陽、巨門坐守：主口舌之爭，以落陷尤甚，若太陽、巨門之一化忌則更嚴重，更有四煞紛爭極重，若羊刑同度，會涉入與朋友的官司，太陽入廟旺，主畏友，更見吉曜吉化，主仗義善說之好友，也有受外國朋友幫助之兆，若煞重除受拖累或以德報怨外，不宜合作生意，且須防人之心不可無，若遇空、劫、耗，更有陰煞或再遇陀、忌，則為手下人偷盜，或侵吞自身所得利益。

七、遷移宮在卯酉廉貞、破軍坐守：更有天刑、耗忌主「客死他鄉」，一般主意外傷亡，流年逢之以不出門為宜，原局逢之，以在原居地為佳，與六煞忌會必有災厄，更見劫、煞、耗因財生災，更見桃花曜，因酒色生災。

八、疾厄宮在辰戌借天機、天梁坐守：主肝病，嚴重者為肝癌、肝硬化，初生之年見煞忌，主嬰兒時多災病，女命主經血枯少、經期不準、經痛，煞重主子宮癌或子宮頸癌，見桃花曜尤其如此。天機會羊、刑、耗主因病手術或意外之傷，天梁主胃，雖有病災但多轉危為安，有逢凶化吉，尤以流年克應，此星系主飲食不節，引起消化不良，與火同度主腸胃炎，與羊同度，更會天刑主盲腸炎，與羊、陀會主手足肢體、筋骨受傷，若與火同度必須再見太陽、天機化忌，主神情意志毛病、精神衰弱、胃癌、腸癌，與空、劫、耗會，主關節、肌肉、風濕，麻痺酸病。

九、財帛宮在巳亥天府坐守：主「富裕」，因善儲財不會隨便揮霍，得雙祿則財庫豐盈，若天府與祿存同度即成過分吝嗇，與輔弼、雙祿會具有大富潛質，與空、劫、耗會得

財必破耗，更有煞曜則生意破敗經濟危機。

十、子女宮在子午天同、太陰坐守：在午宮不利子女運，更見四煞主刑剋、破相，此星系兩代有親情，性格較柔弱，甚至不能獨立生活。首胎見女為佳，會比兒子孝順，且事業發展，以太陰入廟為確，更見桃花曜，主女多子少，太陰入廟旺見六吉祿馬，子女富裕可發。

十一、夫妻宮在丑未武曲、貪狼坐守：主婦奪夫權，無論男女易帶桃花，女命夫妻宮為武貪，若加上福德宮亦有桃花曜，便是自己奪夫權也有外遇對象，若夫妻宮有桃花曜，則為自己奪夫權而丈夫有外遇對象，男命也同論。女命若自己有桃花嫁夫要年少較佳，若夫妻宮有桃花配夫，宜年長十歲以上。若借星坐夫妻宮者則不然，其命為廉破，福德宮為天府此組合，府相來朝，日月相夾即使不見祿、吉化，也較穩固，但也一樣，主娶惡妻或嫁惡夫，經常爭吵，轉眼又和好如初。

十二、兄弟在寅申太陽、巨門坐守：在寅宮主「手足都是創業者」，如見天馬，則手足有感情但須分離，日生人且太陽入廟旺，主手足有情義、肝膽相照，見雙祿更得經濟照應。太陽化忌或入陷，見煞皆主不和少依靠。見四煞更見輔弼桃花曜，主異胞手足，會空、劫、耗主剝削不宜合作生意，見昌、曲忌反受手足利用作低價勞工，會諸煞且有孤辰寡宿主自身為獨生子女。

事業財通論：

此命格若成刑忌夾印，或煞重或對宮廉貞化忌，皆有走偏財傾向。丁年生人因巨門化忌而成刑忌夾印，作風受人爭議，更會煞即走偏財傾向。甲年生人因太陽化忌而成刑忌夾印也是偏財格局。

　　橫財方面，以成財蔭夾印格才易得。辛年生人巨門化祿成格，且會祿存財旺，庚年生人太陽化祿成格，但利正業而非橫財，另外對宮廉貞化祿也佳，而會上火、鈴貪格，亦有橫財突發機遇。

第五節　命宮在辰戌宮

一、命宮在辰戌天機、天梁坐守：主機變多端、見異思遷，說起道理能舌辯天下，適運用頭腦生財工作，喜科文曜諸星相會，即昌、曲、化科、天才、龍鳳，若見昌、曲必勤學。此星系心思不能靜下來，總是思前想後，思過去、現在、未來，未能定論之事必杞人憂天，因此有「操心操勞」之缺點，此星系在辰戌均為入廟，性急躁，見六吉曜、華蓋仁心宅厚，若會太陰化忌或更有空、劫、陰煞、天月、天虛或會昌、曲化忌，則心術不正，易入偏行，常在人群中打量算計，在福德宮也同論。此星系受天梁影響，更擅長口才，善辯善談，更遇昌、曲、化科、天才尤其如此，遇空、劫、華蓋，有宗教救世精神。此星系喜魁鉞可發展之機遇，才華得發揮，此星系適在仕途公職發展。天機化忌主多憂慮，游移多變，愈變愈壞，若會四煞，人生起伏大，以受薪或一技之長為宜，若吉星多，主多有兼職，尤得魁鉞更佳，天機、天梁同度會吉曜發也不耐久，因天機主變，天梁性格輕浮慵懶，故發而不久，若有雙祿可改善。此星坐命在行運入七殺、破軍運限遇煞，很可能有意外血災之克應。若六煞齊會更有刑忌，在幼年必遇險厄、重病多能避死劫，身體也較一般人弱，女命見輔弼，主性穩剛強，見昌、曲，機巧聰明不宜更見桃花曜，感情易起波瀾，女命會齊，六吉及祿馬精於頭腦生財。天梁主壽，能經歷生死風波，見煞忌有帶病延年，多病又不死，多拖磨，遇天福天壽更主長壽，故此星不宜更見四煞、天刑、忌、耗、陰煞、天月、天虛等凶曜，否則人生多苦難，重則

一生帶痼疾。天機天梁更有昌、曲、化科、天才，善探討內心之心靈哲學，心境必出塵脫俗，為宗教先師，此星系欲創業，以合夥為宜，自己退居幕後為佳，與祿存同度，需防因財帛利益與人起紛爭，或得財而招妒，更有化忌、天虛、陰煞、天姚，尤防小人暗算，多注意人際關係，為趨吉避凶。

二、父母宮在巳亥紫微、七殺坐守：主父母嚴格也較無緣，遠離父母，與火同度或更見天馬尤確，命宮有火同度也有此性質。若多會吉曜，父母雖嚴，能有倫常感情，若更見桃花曜，主上一代感情複雜，若有羊、陀同度更有刑忌，主父母有危症或遭意外及破敗，常見的還是分離為主。

三、福德宮在子午借天同、太陰坐守：以夜生人及上弦月生人較佳，主安逸享樂，精神快樂自在。若太陰入廟，不愁衣食，化祿尤確，更見昌、曲，則有紳士淑女之風，若太陰化忌見齊空、劫、天空、劫煞、天月、天虛、魁鉞，則可能為弱智人士，與火陀同度，主自尋忙碌、煩惱，與羊、鈴同度，主欲望深重不能自制或滿足。見空、劫，主空想或無意義的胡思亂想，見昌、曲主創意、文藝創作，以太陰入廟為佳。

四、田宅宮在丑未借武曲貪狼坐守：主「三十五後能增產」，但以不見羊、陀、忌為確。如見火、鈴，有突然置產之機會。武曲化忌因房價、租金、維修、借貸等金錢起糾紛，貪狼化忌，因業權複雜起糾紛，昌、曲化忌，則房產受蒙騙。此星系若不見煞忌能得祖產。貪狼有由美好往損壞方向變化，見煞忌主家業凋零，人口漸稀，若與火、鈴同度，流年逢之

更有流羊、陀，沖會原局大限之羊陀才是，而流年耗亦會入田宅宮，主火災克應，若與祿存同度或見三吉化，主產業豐厚，但須自置，與天巫同宮主繼承，若有鸞、喜主樓房美觀或有裝潢家居心得，更見鳳閣尤確 · 貪狼化忌主競爭，流年逢之有是非，與鄰里委員會不和，再見煞忌，重則引起官司。

　　五、事業宮在寅申借太陽巨門坐守：適商業活動，亦可從政、運用口才取勝，以見吉為確，在寅宮利口舌商業生財，且特別是賺外國人的錢，如出口貿易、旅遊業，也適合在外國人機構做事，在申宮人生際遇較平平。太陽化祿宜商業活動，太陽化權，適管理工作，太陽化科適專業、學術研究，與昌、曲同度，更見吉曜、三台、八座，具領導力且是個社會改革者，若見昌、曲，宜專業、文化教育，不適管理或從政。此星系得吉曜吉化能受外國人歡迎，為外交官星系，若太陽落陷主辛勞，見吉仍有成，見凶曜徒然辛勞白忙，逢羊、陀勞碌多成多敗，會空、劫以技術成名，以見吉為確，再見煞，宜一技在身。巨門見三吉化、祿馬、四吉曜，主「創業」，若會昌、曲、羊、天月、天刑，可為醫師，巨門化權、化祿或化忌，更有羊、昌、曲、天刑，利法官、司法相關業務，若巨門化權更有六吉，有說服力，可當政治家，巨門化權、化忌吉曜凶曜並見，且會輔、弼、羊、刑並會，主軍事家，巨門化忌其事業受人爭議，更見雙祿、天馬主財旺，更有輔弼主領導力，奴僕眾多，更見四煞，每為幫會領袖，但煞氣重，一生起伏甚大。

　　六、交友宮在卯酉廉貞、破軍坐守：主變動、剛烈，結

交小人沒助力，見四煞施恩遭怨，重則為友遭官災橫禍，羊刑同度尤確，會空、劫、耗，因友破財，更有陰煞、劫煞、天姚、昌、曲、化忌，遭受陰謀侵吞，若得雙祿更有六吉曜，可因友得財，若廉貞化忌遇煞與友不和或受友之累，不宜合作。

七、遷移宮在辰戌借天機、天梁坐守：不會煞忌均利外地或國外發展，主在外有蔭庇之力，見四吉曜尤佳，若會空、劫，破財，會火鈴主意外虛驚，會羊，口舌是非，會陀主暗爭，天梁化祿利海外謀生，化權在外受人敬重，化科利海外升學。此星系更有祿曜及六吉，主在外享受及獲益，若天機化忌更會諸凶則不安定生災、他鄉流浪。

八、疾厄宮在巳亥天府坐守：主胃症，當對宮七殺與刑同度又主意外之傷，若會華蓋、天才，主反胃、虛驚。

九、財帛宮在子午天同、太陰坐守：主財源豐厚，更得雙祿天馬可成大富，以太陰入廟更佳，若會六煞，不利財運，有生意倒閉情況，天同化忌不利財運，必與感情有牽連，太陰化祿成雙祿吉會是財氣大旺，遇空、劫、耗有生意不景倒閉失業，流年、月逢之主盜賊，見昌、曲化忌並有陰煞、天姚、劫煞主受騙，太陰化忌主糾紛中破敗。

十、子女宮在丑未武曲、貪狼坐守：武曲有孤剋之性，主子女遲得，故有四十得子之說，女命見煞忌則注意產前檢查及安胎照顧，若與六吉相會，主子女稍多一點，若武曲煞重，僅得一子或生育難產、早產、夭折，此星系極可能先花後果，會桃花曜尤確。

十一、夫妻宮在寅申太陽、巨門坐守：在寅宮比申宮佳，此星系變化大，常有異國婚緣，或原生家庭風土民情與伴侶差異極大。如遇煞曜、忌、空、劫、耗，此星系常可能因口舌離婚，不過離婚也非為禍，否則主有重大刑剋，重則死別，第三個大運之夫妻宮，順行在機梁，主短暫別離會復合，逆行天同、太陰較差，女命是小三之命，連繼室也不成。一般而言，陽巨居夫妻宮，婚後即生變化，而大多數在此大運中生變。若夫妻宮見三吉化，或祿存，或多見吉曜，才主夫妻和諧。

十二、兄弟宮在卯酉天相坐守：主關係和諧，喜會輔弼或夾宮，若見煞刑，主刑剋六親無靠，刑忌夾印亦同論，與空、劫、耗會主「孤獨」，也為手足所累而破財，與祿存同度主有小人和自私性質。

事業財通論：

「機月同梁」，宜受薪工作，正偏財可獲利，求偏財則屬多用腦之人。乙年生人偏財運以戌宮佳，因較平穩。丙年生人辰宮有風波，且陀羅帶起機梁不利性質，易求偏財，但因天機化權一段時間後會安穩下來，會天同化祿主得財。丁年生人辰比戌宮佳，求財順利，而戌宮多波折也犯小人劫財。己年生人發揮頭腦生財之特點，戌宮比辰宮佳。壬年生人由於天梁化祿，主進財有紛爭或得財同時惹是非，偏財性質受人爭議，因此要當心在不吉的大限流年有官訟。

橫財方面，因天梁不善投機賭博，以丙年生人小橫財，而丁年生人太陰化祿可有大橫財。

第六節　命宮在巳亥宮

一、命宮在巳亥紫微、七殺坐守：此星系「化殺為權」，吉者見百官可成就事業，凶者以見六煞為是，性格如草寇霸道，橫得橫敗。喜遇百官朝拱，遇輔弼有助力及領導力，魁鉞增加機遇，昌、曲有才智，但無四吉易風流多情，祿馬適經商，會火、鈴主人生艱苦、辛勞，會羊、陀，主性格暴烈自私，手段激烈，會空、劫，想法不俗不易為人了解，精神孤獨，此星系之人臉色黃白，紫微化權以權柄及地位改善運勢，化科以才學及名氣改善運勢，不見諸吉也不過度受煞影響，或不見煞為性情孤獨，思想超脫，若更見空、劫、天空、華蓋乃信仰宗教，在精神方面不一定出家，可以是一個精研宗教、哲學的老師。若見四煞更有吉曜吉化，仍主紛爭麻煩中卓然有成，若吉多煞少可從政服公職，如煞多吉少以經商為佳，此星系有耳軟心活、喜聽討好奉承之言，尤在巨門守命之年限在遇流羊，若會桃花曜又主好色。紫殺此星系之人性剛烈強硬、不服輸，人生較孤剋，六親緣較不足，無論成就多大，都會感到心靈空虛，若對宮天府多吉曜，可平衡性格較柔，人生也較安定，若天府性質弱，則過剛則折，人生更空虛。若七殺會六煞、刑、忌，尤其武曲、廉貞化忌，主肢體殘傷，無論見吉煞否人生多艱苦，只管向前衝，男命宜福德宮多見吉，女命夫妻宮多見吉。見雙祿利經商，尤其是工業實業，並可化解性剛或外剛內柔，得祿財源充足發展事業。七殺坐命之人，一生必有一次大破敗，得祿才能在破敗後有餘力東山再起，若見空、劫、耗，以從事實業工業為佳，

或有一技之長，紫微七殺見化科、四吉曜，利政界，見羊刑宜軍警，更有吉曜及化權，能進升管理高層，不過不管如何，人生必有缺陷，須檢視十二宮方知，女命同男命，只是宜多注意夫妻宮之問題。

二、父母宮在子午借天同、太陰坐守：父母雙全，須注意與母親之關係，與昌曲會兩代有情，與四吉會得良好的提攜照顧與栽培就學，若會四煞主刑剋，太陰夜生人及入廟為佳，太陰化忌不利母，更有四煞天月、天虛，主多災病。

三、福德宮在丑未借武曲、貪狼坐守：主逍遙自在快樂享受，此快樂必和金錢帶來的物欲滿足有關，以吃喝玩樂為主，見桃花曜，主花酒淫逸之樂，女命花錢在男女感情上，若武曲化忌，主費精神為了生財或周轉來滿足物欲。此星系較好酒、賭、風月等不良習性，更有昌曲，談吐說笑有品味，見桃花曜，喜開黃腔，更見羊、陀，則是低俗黃腔，粗鄙言語。女命好打扮重外貌，若會羊、陀、空、劫、刑耗，則福薄不安。若與火、鈴同度，主物質生活充足但性急氣躁，若命宮三方不吉，宜收斂脾氣，否則易有官司、打鬥傷害之災厄與苦惱。

四、田宅宮在寅申借太陽、巨門坐守：主「因產業生明爭暗鬥」之兆，此星系主變動變化，經常在換房，由大到小，由小到大，習以為常，有祖業也敗退，見吉可敗退後自置，若巨門化權、化祿更見四吉則不斷變化中可自置，另一特點此星系可在外國置產、投資物業。若太陽、巨門之一化忌會照或有四煞，則有產業明爭暗鬥，流年逢之多生閒氣與鄰里不和，巨門化忌主家宅不寧，若煞多見不宜置業，多糾紛或

難置業，長期租房。

　　五、事業宮在卯酉廉貞、破軍坐守：主命造多兼行兼業，更見四吉祿馬主事業多元化且名成利就，若見六煞刑耗，則不守一業，事業破敗，一生波折顛沛，可適武職，若廉貞武曲之一化忌會照，更見羊刑更適合，若再六吉，主「功名顯赫」，或也適公務員，一般文職工作，見昌、曲尤其適合。

　　六、交友宮在辰戌借天機、天梁坐守：主一階段一階段交友性質不同都不能長久，時常變換，故交情難以深厚，更見陷、陰煞、天姚，則下屬朋友表裡不一，不可靠，且侵吞自身利益，若見四吉曜三吉化，主有正直益友，遇火鈴因友受災，羊同度是非紛爭、困擾，陀同度遇小人謀算。

　　七、遷移宮在巳亥天府坐守：主出外得福，見雙祿可得財，更見魁鉞在外遇貴人，與陀、陰煞同度，主陰謀，受小人侵吞對待，與火同度主遇意外災傷，如交通事故墜傷，羊同度人際關係不良，天月同度，出門易得流感、風寒、海外染病。

　　八、疾厄宮在子午天同、太陰坐守：主胸悶、痛，肝胃疼痛，以見四煞為確，太陰與六煞刑會，主糖尿病、水腫或腎機能之症，與桃花曜會，因縱欲而引起腎虛。

　　九、財帛宮在丑未武曲貪狼坐守：如與火、鈴同度，有橫發機會，得意外之財富，適經商、投資、投機活動。若武曲化忌則不利商及投資活動，反利刀劍利器生財，如工業實業、武曲、會空、劫、耗，多忙少成，有破敗，貪狼化忌主求財多競爭，勞力費神，若有武曲化忌，廉貞化忌，更有羊

陀，主因財生災，貪狼會空、劫、耗，主賭博投機傾家，也宜娛樂業，若天月同度更見羊、陀、忌，主因病損財，但有雙祿、火、鈴，可經營藥業及健康保健有關生意。

十、子女宮在寅申太陽、巨門坐守：主子女有膽識、遠見、辯才，幼年需費心教育，若會吉星，可順其發展，不必過分壓迫影響兩代感情，在寅宮主聰明有創業精神，申宮太陽落陷，則易受挫折，若見四吉三吉化可得貴子，以太陽入廟為確。太陽落陷化忌不利長子，輕則不和，重則早產，或傷殘，早夭或一生體弱多病，或早年有災害意外，更見煞尤確。

十一、夫妻宮在卯酉天相坐守：因天相落陷更加強夫妻反差之性質，所謂反差，意指老婆賢淑但脾氣剛猛，丈夫在外威猛，回家面對太太則軟弱，即是在家丈夫懼內，遲婚可白頭偕老，最怕是丈夫在外不順遂，回家妻子又囉嗦，才會家暴造成家庭破碎。此星系有親上加親之意味，如有親戚關係，或過去為同窗為同僚關係，也許曾經認識，但在當下彼此無互動，分開一段時間再相逢而產生情愫。

十二、兄弟宮在辰戌天機、天梁坐守：易分離，天機化忌最不利，更見天馬多變動，沒兄弟緣，若有鸞、喜則有姊妹無兄弟。

事業財通論：

化殺為權，性質強烈有強勢領導力，性格剛強，無論會吉、煞，皆有可能求偏財，理想願景大，無論正偏財均積極進取，事業有成才會滿足，作風凌厲，人生易經歷破敗及多

災厄，以見祿為佳。能歷經波折仍有財力可東山再起，若無祿曜，破敗後即倒下到此為止。紫微化權，財帛武曲化忌，一般行業人緣不佳，破壞正常合作關係，管理手段多激烈、強壓，若行偏業有時反而可以毒攻毒，更易發財，但過剛則折，必竟不是福澤。紫微化科可將剛烈性質緩和，正偏財均有成。亥宮正偏財均大吉。因必見事業宮廉破得祿存，而七殺宜喜見祿，財帛武貪主求財積極，必以獲大財而後快，武曲化祿與貪狼化權之財最旺最利生財。若武曲化忌而紫微化權，正財只宜實業，經商風浪必大，偏財反適武曲化忌之性質，此外貪狼化忌見破軍化祿亦利偏財，事業宮廉破性質變動大且剛烈，每多兼行兼職，有祿曜同宮從事正行，主多職業或多兼識，或工作多元化，求偏財亦同，人緣廣、財源亦廣，較常見是有一份正職。

橫財方面，命格已具有橫發橫破之性，如何保住而不失去，才是此命之人要注意之處。

第十二章　紫微在亥、巳宮（論天同太陰借宮在子午）

第一節　命宮在子午宮

一、命宮在子午借天同、太陰坐守：此星系太陰入廟則肥滿，落陷則相反，受太陰影響故喜「修飾美容」，若入廟，女命更是容顏甚美、體態迷人，稍見一顆煞星更是動人，不過多福薄，婚姻不穩定，見雙祿則富足。女命天同化祿感性溫柔，衣食無缺非大富，天同化權利事業也個性堅強，若會六煞刑，女命事業動盪，情字這條路多不幸，見桃花曜易淪落風塵。太陰在子名天姬，有人緣深思慮，善計謀。在午宮名天衣，為人感情豐富多幻想、自作多情，不利元配的婚姻關係，在子宮太陰入廟，男女榮華富貴，事業有成，外緣好，對異性體貼，也易招惹感情煩惱，女命美艷，更有異性緣。得昌、曲、科、天才，更是深藏不露，深思慮，善計謀攻心計之人，在午宮欠缺事業心，為愛情胡思亂想，感情占據心思，無論男女易受情所困，見昌、曲更甚。更有空、劫、天空、旬空、截空，更喜男歡女愛不願面對現實，多苦戀、暗戀，較不利男命婚姻，首婚受挫如夫妻宮亦凶者，可能因妻子不忠而大受刺激，若太陰化忌主妻早逝，女命也不利婚姻，最喜自身化祿或會天機化祿宜零售批發生意，會天同化祿僅富足，太陰化權、科，主「剛柔並濟」，若太陰化權會天機化忌，主多心計，更見空、劫、陰煞、天姚，主心術不正，會昌、

曲，主「文創藝能」、「博學多能」，更見煞忌，感情有挫，女命更甚，會龍鳳、天才主有藝術技巧，在午宮見煞忌，「隨娘過繼、離祖外出」，在身宮亦同（遷移宮），見六煞、刑、耗、天月、天姚，人生走偏誤入歧途，女人易入風塵，要主富裕，太陰化祿更見祿馬，若入廟見吉為大富貴，適商業。

二、父母宮在丑未借武曲、貪狼坐守：見六吉不主刑剋，會桃花曜，上一代感情關係複雜，會六煞、刑忌，輕者有遠離父母，嚴重者感情不睦或成孤兒，不同住也是刑剋之一，過繼亦算。少年時祖產也可能破耗，見雙祿則免刑剋。

三、福德宮在寅申借太陽、巨門坐守：主外向感情熱烈，喜熱鬧和參與群體活動，偏好社交活動，且見四煞才多勞心勞神，太陽、巨門化忌更甚。若桃花曜天鸞喜、天姚、沐浴、耗同度，女命慾強。如夫妻宮不利者，多外遇或婚姻不利。此星系見吉，勞而有成，見煞，精神壓力大，若巨門化忌，主憂慮，更見煞、天月，主長期失眠，太陽入廟，主性格光明磊落，與火同度脾氣暴躁。

四、田宅宮在卯酉廉貞、破軍坐守：主破蕩不守祖業，自置也在中晚年之後，若廉貞化忌不宜更見六煞，主「產業而生災」，與羊刑同度，因房地產興訟，此星系指房屋破舊，敗破祖產基業。

五、事業宮在辰戌借天機、天梁坐守：主內務、內勤人才，有身兼數職及變化變動之意，愈是變動則事業根基愈不穩，成就也小，天機化權較穩定工作事業，心也較定。此星系服公職，多晉升機會，與昌、曲、科、天刑會，利司法或執法者，

見輔弼有多門生意或兼職，不見煞忌主發展良好，會昌、曲、科有文學術養，適文化、出版、傳播業，與天月同宮與醫學有關，天機化科有天巫、華蓋、空、劫，利風水行業，會四煞，主職業變化流動無根，如小販、船員，會空、劫、耗，以受薪為宜或一技之長。

六、交友宮在巳亥天府坐守：天府有保守星性，其人必會小心擇友，故益友多損友少，會化祿助生財，改善經濟，化權助事業發展，但不宜紫微化權，反被奪權，受制於人，化科利學習，見雙祿主友忠誠，若見六煞為結交小人侵吞傷害，忌與空、劫、耗會為朋友、奴僕侵吞，會四煞刑遭人以德報怨，即使更見六吉祿馬也無法改變。

七、遷移宮在子午天同、太陰坐守：太陰入廟，始主外地發展，若太陰化忌，即使入廟也不主外地發展反破耗。見六吉曜三吉化可在外創業致富，若命在子宮，丙年生人更有羊同宮為「馬頭帶箭」格，早年辛苦打拼但中年之後有發展。太陰化忌不利財運不利投資，更有陰煞、天虛、天姚，主在外不法謀生，太陰落陷見四煞，輕則忙而無成，重則牢災。

八、疾厄宮在丑未武曲、貪狼坐守：武曲主呼吸系統，煞重主意外損傷，煞多見有傷殘之性，與火同主肺病，若化忌會六煞刑，主「一生多災或因病手術」，貪狼主肝膽，見桃花曜，主性機能毛病，與煞會主痔病。

九、財帛宮在寅申太陰、巨門坐守：太陽入廟旺，主創業艱辛得財，在陷宮更是「競爭費神得財」，唯收入不及太陽入廟，若太陽巨門化忌競爭更烈，遇羊、刑主因財興訟，

如經商以文教、專業、政務、傳媒為佳，若太陽入廟旺，適賺外國人之財，經營進出口生意或在國外機構任職或外商公司服務，若非上述工作，宜專業工作，如醫生、會計師之類，反正巨門宜口才、腦力求財為宜，如有六吉曜主三吉化宜創業且有成，但得財之後宜保守，不可一世，否則人事不和削弱財氣，後運不佳。若子女宮不吉，尤見空、劫、耗為子女所破耗，與羊同度，求財多爭，適商業活動，陀同度，財遲進，會羊、陀，更有火、鈴刑耗，因財興訟。

十、子女宮在卯酉天相坐守：主關係和諧，但見六煞或刑忌夾印主刑剋。

十一、夫妻宮在辰戌天機、天梁坐守：此乃別離之星，最好婚前與人解除婚約，如有多次戀愛甚至同居分離，都可減輕婚後之刑剋，總之有一次離別較利婚姻，或其婚姻有嚴重阻力及反對，或其配偶有不良嗜好，最壞情形下可發展成吸毒，若婚前一帆風順，便要留心配偶可能吸毒（必見天月）、販毒（不見天月），恩光天貴亦主藥物毒品。

十二、兄弟宮在巳亥紫微、七殺坐守：與四煞會主手足關係不良，且有紛爭，尤要注意在巨門宮限。見空、劫、刑主有刑傷，若有命格佳，則主兄弟破敗反要依靠自己，與馬同度對拱主各奔東西，不能合作不能扶持。若見輔弼之一，而父母宮有桃花曜，主異胞手足，一般而言長兄或長姊為貴人，但要依靠即須受其駕馭，處於服從地位，才能維持良好關係，兄弟朋友均比自身強。見魁鉞尤確。

事業財通論：

子宮比午宮佳，正偏財皆是，唯一例外即丙年生人，命宮在午有羊同度成「馬頭帶劍」格，不過若命在午宮無正曜，僅羊獨守，此局又比前局更佳，「馬頭帶劍」格局煞氣重，求正財利商及武職或有危險性之工作。求偏財也適上述工作，不過風險較高。乙年生人更有空、劫、天空、旬空、截空、陰煞、天虛，則傾向偏財帶有巧取的性質。丁年生人子宮安命為正財，午宮傾向偏財，若見火、鈴、空、劫、陰煞、天虛、耗皆有利求偏財，但財帛巨門化忌，故財源受人爭議，但進財豐厚。戊年生人，求正偏財皆能獨當一面。壬年生人多會煞曜，主偏財。癸年生人不見煞，不主偏財。

橫財方面，宜子宮太陰化祿，利賭博賽馬，涉及分析之賭為宜，天同化祿、巨門化祿亦佳，天機化祿小財，天梁化祿則作風有問題也可得財。

第二節　命宮在丑未宮

一、命宮在丑未借武曲、貪狼坐守：得雙祿為佳，更有天馬會主富裕，若化忌則不利錢財，但可利用金屬利器，如屠夫、工業實業、武職謀生，事業則不主失敗。喜武曲或貪狼化祿，可交際生財或投資生財。此星系主三十五歲後可發但少壯不努力就未定論，遇六煞宜一技之長或武職，此星系有意外血光之災，故武曲化忌更見六煞、刑，尤主「壽元夭短」，女命不利婚姻，得輔弼性格更剛強，婚姻更不利，以遲婚為宜，武曲會吉化及天刑為社會名人，因軍事、刑警而聞名，若陷地逢四煞，幼年離開雙親或與父母感情不佳，不利婚姻，晚年欠子女緣，武曲逢祿馬為經商之命造。此星系為入廟以遇火星為上格，主暴發、突發，做生意投資有突來之良機，可躍登富商巨賈，若更有羊、陀、空、劫忌　則恐橫發橫破。祿存同度，性格不善，致損人利己致富，女命愈吉也愈有事業，對婚姻愈不利，若武曲化忌會昌、曲、桃花曜，人緣佳，但行為也稍見浮蕩，男命見昌、曲、忌桃花曜，須防中年因色招災。貪狼化祿或見昌、曲、魁鉞，主好動圓滑、八面玲瓏。見羊、陀主好酒菸賭，見華蓋、空、劫，好養身長生之術，此星系形小聲高，骨格粗壯，若七殺在身宮或命宮見羊、陀、天姚、咸池，則男女在情感上較浮蕩，當貪狼與空曜天刑同度，主清白格。此星系坐命見四吉，具領導才能，有人緣可為武職，也可從政或娛樂、公關行業，若身宮是破軍的命格較低下，更見羊、陀、忌，男命狂醉、豪賭、視色如命，物欲及肉欲甚深，更見咸池、天姚、沐浴則

更是如此；女命浮蕩，欠缺家庭責任，行為淫蕩不羈，遇昌、曲也變風流多情，性格浮蕩，更有天虛、陰煞，心術不正，虛而不實以致旁門左道，更見昌、曲、化忌，則更善「巧騙」。女命見昌、曲、桃花曜，特別愛打扮。己、酉、丑年人命宮在丑宮者，主為人喜占小便宜，品行不正，或有偷盜行為，且不明是非，黑白顛倒，如見吉曜狀況減輕，但更見羊、陀、忌、陰煞、天虛、劫煞、天姚情況更糟。

二、父母宮在寅申借太陽、巨門坐守：在寅宮主吉利日生人更吉，在申宮主父子有爭，多閒氣，見煞刑忌主不和，有衝突，也主父母不能雙全，嚴重者在孤兒院成長或由其他親人撫養成人，若太陽入廟旺，日生人會六吉則受父親愛護，更有祿馬主父親貴且富，若太陽化忌更有四煞，則刑剋父親或父事業不順或多病、病痛，又以夜生人更劇烈。

三、福德宮在卯酉廉貞、破軍坐守：主「勞心勞力」，忙碌見四吉，忙而有成有工作樂趣，若見四煞，主杞人憂天，心事煩悶，若得三吉化可變得更積極，勇敢剛毅，都喜好刺激，見吉曜有創意。

四、田宅宮在辰戌借天機、天梁坐守：主多變化，祖業多變動，自身常搬遷，有祖業也不能繼承，如見雙祿可自置，遇流年天機、天梁吉化，主房屋翻新、重建，會四煞，置業多糾紛，或鄰里多是非，除非從事房地產買賣，否則儘量不要多變，若天機化權遇輔弼情況較佳，天機化忌變愈壞，與祿存同度，更見火、鈴、化忌，主與鄰居紛爭不和。此星系是晚年得產，但見煞不見吉曜則不是。天機落陷吉曜不多，

必和吵噪居住環境有緣，如機場、工廠周遭。

　　五、事業宮在巳亥天府坐守：此星保守，欲有大作為要見三吉化、六吉曜、祿馬，也不適開創事業，應在現成事業上發展，若會空、劫，儘管魄力大，但不利財運，宜往「工廠實業方面發展」，但不見祿曜，生意多困境，若會四煞，避免與人在生意工作上結怨，以和為貴，否則多糾紛波折，若天府化科，宜信貸、財務保險之工作，受人信任。

　　六、交友宮在子午天同、太陰坐守：主四海之內皆兄弟可得益友，且有濃郁私人感情，見太陰入廟更在財力方面多助力。會鸞、喜，可得異性友人援助，若羊、陀同度，受友拖累或遭友陷害，侵吞利益。與火、鈴同度，受悶氣，太陰如落陷則多交損友，以見化忌、陀、陰煞、天虛、天姚更確。會空、劫、耗，因友破耗。

　　七、遷移宮在丑未武曲、貪狼坐守：見雙祿、天馬、天魁鉞，主「海外開拓，他邦得祿」，此星系主國外謀生營利，若武曲化忌，更見空、劫，以原居地為佳，再見四煞，流落他鄉，重則客死他鄉。此星系見吉多外面應酬，且有成有享受。見煞因社交生災或沈迷酒色招致破敗，若貪狼化忌，與羊、陀同陀同宮，主多好賭、好投機的不切實際之友，貪狼化祿主大方慷慨受人歡迎。與桃花曜會，好色風流，又見煞忌，因色招災，若更見昌、曲化忌、陰煞、天姚、天虛，即遭小人陷害，若會桃花曜，更有六吉不見煞，主享樂，貪狼化忌見桃花曜及昌、曲，被人奪愛，會空、劫、耗主財、業失敗。

八、疾厄宮在寅申太陽、巨門坐守：主「高血壓、目疾、頭昏、頭痛、虛火上升」，太陽化忌尤確。巨門指消化系統，腸胃毛病，見羊、陀、忌、天刑為骨癌之星系，若巨門化忌，陀羅天刑同度，更見天虛大耗，主陰疽，為身體受感染造成腐爛腫脹，若逢流年疾厄宮武曲化忌，與火同度，尤指肺結核，太陽泛指血液循環系統及神經情志毛病，包括：腦功能、情緒等，如高血壓引起疼痛，血栓、中風或腦血管爆裂引起的半身不遂，以會諸煞為確。

九、財帛宮在卯酉天相坐守：以得祿或成財蔭夾印格，主財源富足，見輔弼財源穩定，見魁鉞生財多機會，見昌、曲，利文才謀生或名氣得財，刑忌夾印或煞曜並見，則財不積借貸度日，須以一技之長謀生為上。

十、十女宮在辰戌天機、天梁坐守：主子女稀少，如見桃花曜主生女，見昌、曲、科，主聰明多才，有天巫同度，主能承繼事業或財產，更有六煞，主小產、早產，或子女年幼虛弱多病或傷殘，會太陽太陰化忌，病災嚴重，若會六煞、刑忌、耗，主孤單，更見孤辰寡宿尤確。若天機化忌會太陰，或天機會太陰化忌，則是狡猾，若會六煞、天刑，主無子，有女或子不孝或多災病，遲得子可免刑剋（男命四十歲，女命三十歲）。

十一、夫妻宮在巳亥紫微、七殺坐守：命格得「府相朝垣」是穩定之星，但命為借宮之武貪，便有考慮不足之性，因而產生不達目的決不甘休，強行佔有，得到又不珍惜，再加上夫妻宮為紫微七殺，更有佔有慾強烈之味性。並非從紫微看

出而是命宮武貪顯示來的，反之配偶不服支配、反彈，則是從夫妻宮星曜而來的，故無論大小事，都勾心鬥角、爭權爭利，此為特點。命宮武貪會合「府相朝垣」，更喜斂財或支配其配偶，但配偶不易駕馭有所反彈，福德宮為廉破對天相為反叛星系，故第二次婚姻才好，無論男女多主再婚，且與曾離過婚之異性結合較好。此星系主配偶有開創力，做事執著認真，且一定健談，若夫妻宮遇煞，主配偶之占有欲及支配最深重，若廉貞化祿相會，即能趨吉避凶。

十二、兄弟宮在子午借天同、太陰坐守：主手足多，但太陰落陷則不是，在午宮天同也落陷，若煞忌重時，主孤獨，與六煞刑會輕則不合，重則手足災病或夭折或分離，太陰化祿可得經濟支應，化權受兄弟約束控制，見吉可依靠，太陰化科，有才學，尤主姊妹，陷宮在太陰化忌見六煞，則刑剋姊妹。

事業財通論：

武曲化祿、貪狼與火、鈴同度則成佳構，更有羊、陀、忌，更有求偏財傾向，但須注意大限流年情況，否則易有官司。甲年生人貪狼不喜羊、陀，會增加其貪婪之心，喜投機走捷徑賺快錢，因取巧牟利自縛，求偏財當心橫發橫破，而財帛宮有廉貞化祿，更利進財，但變化快，需即時把握，求偏財要即時收手，否則貪勝不知輸。戊年生人丑宮比未宮佳，長袖善舞，但心中是斤斤計較，卻也好施小恩小惠，故得人緣，是經商格局，更遇火、鈴，正、偏財皆賺大錢，可把握氣勢

暴發，會桃花曜適風月、娛樂之行業。己年生人有求偏財性，但會羊、陀，當心暴敗，甚而官司訴訟，更會昌、曲、化忌有以巧詐求財傾向。庚年生人武曲化權，陽剛氣甚重，更有羊、陀更烈，宜武職，求偏財多風雨，且在刀光劍影中發財或觸犯官非刑法，進財在遊走法律邊緣上，更有火鈴則更發，但不耐久。壬年生人武曲化忌比化權更剛烈，更宜武職，經商不適合，未宮比丑宮佳，更會火、鈴、空、煞，傾向偏財但易敗，須步步為營。癸年生人貪狼化忌，有偏財格局，總有偏財機遇，唯易破敗，且競爭激烈，且貪婪心重，難於抽身，貪勝不知輸。

橫財方面，命宮有火、鈴同度或會火、鈴，投機或賭博可發，但見羊、陀忌，恐橫破，如中六合彩巨獎，又續賭投入反而全部輸回去，貪勝不知輸。

第三節　命宮在寅申宮

一、命宮在寅申借太陽、巨門坐守：在寅宮名「天桑」旭日東昇主福厚名顯，在申宮名「天暗」主多學少成，處事多波折，若日生人可吉上加吉遇凶可稍減輕。在寅宮有朝氣活力，稍見吉而不見煞，比較易得名聲，在申宮做事欠缺恆心毅力。若太陽化忌，更有四煞主眼睛不對稱，太陽入廟旺，男命性格硬朗卻有溫柔之心，對人仁慈，志氣高傲，見昌、曲，更有大智慧，利公職從政。在申宮須憑後天努力及毅力、恆心才能有較高成就，若遇四吉曜能增其意志及做事魄力，太陽化忌不利父親，有火同度更主情緒暴躁，會火、鈴，人生多挫，與羊同度易糾紛，與陀同度有暗爭，以太陽落陷尤其如此。女命同男命但較陽剛之氣，欠陰柔女人魅力，與火同度主性剛率直，人緣不足，做事不夠圓滑，更有羊、陀、鈴，每因這種性格惹重大波折事故，如太陽落陷又化忌又夜生人，更因感情誤事，因感情挫折，因妒成恨，玉石俱焚、自殺等，女命太陽化忌，對男親刑剋最大，更遇煞曜，早成寡婦或丈夫長期患病，中晚年白髮送黑髮人，以遲婚為吉，女命逢六煞，宜為社會服務或普渡眾生，可能終生獨居。此星系以口舌運用生財，可減口舌是非。巨門化權，主語言權威可為人師表，更見昌、曲、科、天才，則說服力更大，在寅宮主「光明磊落」，更見六吉主以貴，見雙祿天馬主富，此星系適在外國人圈中成名謀利，與祿存同度有點吝嗇，巨門化祿利財運，巨門化權有口舌權威，皆為有魄力，及善創業，此星系女命體毛較長，在寅宮，面目清秀，須見吉曜吉化及不會煞

忌，見四吉富正義感，性情忠厚，見龍、鳳、天才、科，有「專門技能」，與羊刑同度，尤以巨門、化權，利法律，與空、劫、火、鈴、龍鳳會，宜「機械」，與羊、刑、天月、昌、曲、科會宜「醫學」，若巨門化忌更見四吉四煞、祿存為「幫會領袖」，巨門化忌，口舌連連、災禍紛紛，性格多疑少決，舉棋不定，不利人際關係，更見六煞有自殺傾向，女命巨門化忌必為長舌婦。

二、父母宮在卯酉廉貞、破軍坐守：主有刑傷，見化忌尤確，若會六煞，傷剋更重，若與桃花曜會，主上一代感情複雜，即使見吉曜也只對是命造有撫養好的照顧，但感情未必熱絡。

三、福德宮在辰戌借天機、天梁坐守：主精神變化，稍見煞主「勞心費神」，天機化忌無福多煩，神經衰弱多神經質，天梁落陷見煞則懶惰、拖延、事不關己的態度，與陀同度更甚。見四吉福重，見雙祿主祿厚。此星系主在精神世界中尋得樂趣，而不必有物質，不過見陀、忌、天虛、陰煞、天月、天姚、空、煞、天空、旬空、截空，則可能為弱智之人或自閉症，若天機化忌再見六煞，主自尋煩惱，精神壓力大、精神病及不堪壓力自殺者，皆為此星系，若見煞不多，做事不彰、精神不繼、效力不佳，且常服用鎮定劑、安眠藥，與羊、陀同度有此類似性質，情況較輕，若天機化忌又見羊、陀，則需接受心理輔導，若不會羊、陀，只會火、鈴、空、劫、耗，則忙碌產生煩躁。

四、田宅宮在巳亥天府坐守：田宅穩定能守祖業，能長

久。得祿逐漸豐厚或有收租，忌見空、劫、耗，不利置產，與羊、陀會主糾紛或鄰里不和，與火同度，更見空、劫、耗、劫煞，且有流忌、羊、陀沖之主克應，若會昌、曲、流昌曲也會入，主家中成員考試名列前茅或考核晉升。

五、事業宮在子午天同、太陰坐守：以夜生人及上弦月生人更吉，主白手起家，在無吉會有煞會情況下，主艱苦努力才有成就，得四吉主承繼事業，也適購買現成事業經營，以太陰入廟及化祿為佳，更易生財，再見祿馬可致富，天同化祿財運平平，仍主有成，見昌、曲可在「文創藝術中求進取」，更遇桃花曜以服務異性之行業，若見羊、刑，主事業多官非，與火鈴會，處事多逆境，與空劫會不宜商業活動，以設計創作帶藝術之工藝為佳，如經營設計、印刷之類。此星系主事業多變動，宜減少變化，專心一行業，成就可大。也適海運、航空、運輸，若會四吉亦可往政界發展。

六、交友宮在丑未武曲、貪狼坐守：主物欲深重喜消磨享受，更見桃花曜多酒肉應酬之友，武曲化忌更見空、劫、耗，主利益受侵吞剝削，更不喜羊、忌，主受友人奴僕拖累，武曲化忌主失敗，廉貞化忌傷感情，貪狼化忌，主奴僕友人將來成為自己的競爭強手，此星系交友廣多，若天巫會魁鉞主慷慨施予，恩光主名氣，天福為個人福氣，三曜並見，亦因對友慷慨仗義疏財而受愛載，若會六煞更有天月、劫煞、天耗，因友破財，非自願付出。

七、遷移宮在寅申太陽、巨門坐守：太陽入廟旺，更有六吉曜三吉化主「出外風光」，見煞僅表面風光，尤以太陽

化祿更是如此。見雙祿主有「意外收獲」，此星系主動不宜靜，適在外奔波的職業，若巨門化祿或化權，主出外大發，利創業。在海外名利雙收，更有昌、曲科更佳，巨門化權，並有羊、刑、昌、曲、科會主司法人才，以太陽入廟旺，更有昌、曲、科、權、魁、鉞，為外交人才，或派駐異國官員或本土處理外國事務，會昌、曲，必擅外國語言，若有雙祿天馬及魁鉞適商業，可為公司負責人，巨門化忌，多紛爭，更有天刑，防官司訴訟，與陀同度多疑不決，巨門化忌與天馬同度，更有火、鈴，勞碌異常而無成，會四煞刑，出外遭災、少人緣、多是非，嚴重牢獄之災，流煞忌沖會尤甚。

八、疾厄宮在卯酉天相坐守：主膀胱、泌尿系統，也主性機能、生殖系統及造骨生髓能力，更會桃花曜主性病。會空、劫或空、劫夾宮，更有天虛，主「身體虛弱虧損」，女命主月經毛病、經痛等，會羊、陀、刑為外傷、胃病。

九、財帛宮在辰戌天機、天梁坐守：主財源不穩，費力勞神，若更有火、鈴、羊多競爭，與陷同度多暗鬥，以天機、巨門化忌尤甚，在辰戌兩宮更有化忌、陀羅、陰煞，主「謀財多詐欺」，行旁門左道，如見吉曜則可為商界幕僚長，善機變應對與危機處理，與祿存同度主有財而有小人垂涎或財來財去，流入小人手中。見雙祿天巫則可承繼遺產。

十、子女宮在巳亥紫微、七殺坐守：見六煞常主一生無子女，即使有生育，也常小產、早產等，稍見吉曜可遲而得子。主子女秀出，但性情倔強，志高氣傲，不易屈服父母，若見六吉曜、三吉化而不會煞，子女有才，品格高尚，照顧

父母，且有成就，相反會六煞忌，則子女薄待父母、剝削父母，敗耗家業，走險路、觸犯官司。若有桃花曜，主先得女，會天馬，子女遠離父母。

十一、夫妻宮在子午借天同、太陰坐守：子宮大多數婚前多波折，而婚後順利，午宮則戀愛初期順利，幾乎是一見鍾情成婚，一般而言夫宜年長則妻能幹，女命夫年長十歲以上。子宮天同太陰在初時與年長人交往或同居，然第二次婚姻之對象與第一任相比為年紀輕的。若在午宮則反之。查看第二次婚姻以寅宮坐命，走到第三宮位為第一次婚姻，第四宮位便可能為二次婚緣，此時紫殺坐命，天相對廉破為夫妻宮，代表有波折有背叛性，也許對象是再婚的人，另一方向為廉破對天相亦同論。女命可能做人家小三。另一特點，天同太陰乃為感情之星，故有可能突如其來之感情變化，至於何時發生須檢視煞忌，在哪一年流入夫妻宮，女命更易感情變化。

十二、兄弟宮在丑未借武曲、貪狼坐守：更有煞忌自身往往是獨生子、女，見桃花曜及輔弼主異胞手足，見火、鈴，主兄弟突發，自身未必受惠，見煞，主孤單、刑剋不和，武曲化忌，受手足侵奪不利合夥。

事業財通論：

寅宮格局勝申宮，但皆主偏財路線，差別在寅宮求偏財積極進取，而申宮缺乏恆心。甲年生人太陽化忌具是非色彩，偏行性質強烈，在申宮反佳，作風受爭議，只要改變心志、

有堅強毅力，即可多進財，反觀寅宮，太陽化忌與祿存同度，形成羊、陀夾忌，多是非，在不吉之流年易有官非。丁年生人巨門化忌，若不逢火、鈴、空、劫不必求偏財，正財豐厚。戊年生人有名氣有地位，以寅宮為佳，而申宮傾向虛名虛利，但財帛天機化忌，變動大，求偏財之財運變動很強烈，起伏大。庚年生人財氣茂盛，正偏行皆賺大錢，名氣愈大財就愈大。辛年生人格局最佳，但有羊、陀會風波難免，更會火、鈴、空、劫，挫折更多，於偏財比較順利。癸年生人如更遇火、鈴、空、劫，正行挫折大，適偏財。

　　橫財方面，橫財在海外易得，或與海外投資市場、賭業有關，但須不見六煞忌才佳。

第四節　命宮在卯酉宮

　　一、命宮在卯酉廉貞、破軍坐守：廉貞化氣為囚，為次桃花星，具煞氣，有武職及血光之性質，為人輕佻幽默，愛說俏皮話，重男女情趣。在卯宮破軍居旺，主命造事業心重，事業多元化，不專注於一種職業或工作，得六吉曜、祿馬仍有大成就，富貴雙全，若會六煞、刑耗忌，主客死他鄉，須得祿曜才能化解，若會天月，主病，若在遷移宮，主染病他鄉，須更見四煞，也是得祿才能化解。此星系會四煞刑忌，主鼻孔朝天，顴骨突出或眉露骨，且心硬性狠，浮蕩暴躁，易起紛爭，見桃花曜，不拘禮節，感情越軌，在外流連，若會昌、曲，則好禮義，主優雅不猥褻邪淫，在酉宮天刑同度，主有太多是非不同意外，以見諸煞忌為確，以廉貞化忌為確，若廉貞化忌且落陷，主膿血之災，以見羊陀為確，此星系與火、刑同度，主重大人生挫折、打擊，是否自殺須兼視福德宮而定，女命見三吉化或六吉曜，主富貴雙全，見雙祿主勤奮、明智、有魄力，不屈不撓，得昌、曲、科聰明機巧，遇輔弼，旺夫教子、貞烈之婦，若會六煞、刑不利情感。此命七殺在財帛宮，一生最少一次大破敗。命宮若見煞忌，主外型有一定缺點，如「產時不足月」或體型矮小，重則傷殘。破軍會昌、曲唯有志不能伸，伯樂難遇，心中多怨言，對事業有影響。

　　二、父母周在辰戌借天機、天梁坐守：機梁主分離但見吉曜吉化而無煞，主父親為負擔家計在外工作，使家庭富裕而離家，但見煞忌分離乃逼不得已或遭遺棄。

三、福德宮在巳亥天府坐守：性格保守不衝動，不喜刺激冒險，重視安全感，喜會輔弼、昌曲，主心境「安寧」，和魁鉞會受人照顧，人生風險更少，與火同度，主心思運用過度不能安閒，多無謂的愁苦，與陀同度主器小易盈，容易生妒心，記仇恨，找機會報復，與羊同度，欠缺安全感，見天刑尤是。會空、劫、耗主「忙碌」，為財忙，賺多少錢都缺乏安全感。天府化科主有信用，是真君子，見祿曜，主生活富足，不喜與祿存同度，主吝嗇、自私自利，若見昌、曲化忌，天姚、陰煞是偽君子，心術不正。

四、田宅宮在子午天同、太陰坐守：喜與入廟之太陰同度主能自置，可購魚塘、果園、花圃、農業地或鄉村地而發達致富，更見吉曜吉化為高尚住宅區。此星系主白手起家，不繼承祖業，若與雙祿會適以購土地保值。不喜與空、劫、耗會，主破耗，若與火同度三方見鈴、羊、陀更有流羊、陀照入主火災，太陰化忌，主口舌是非、家宅不寧。

五、事業宮在丑未武曲、貪狼坐守：武曲適武職，也宜經商從事營業、推銷各種服務。武曲化權掌經濟大權，化科利財政策劃，化祿利投資做生意，武曲會六吉曜，武職可居高層，也宜商業財經機構之管理層，與武貪祿吉曜同度，是「經商暴利」。武貪化忌或有羊、陀同度才是「為政貪取」，會吉曜吉化見火、鈴則不是。若武曲化忌不適商業開發，反適武職及工業實業，否則事業顛簸，會羊多糾紛，會陀多困難，會空劫、耗多謀少成，貪狼以交際或處理人際有關的工作，如營業、外交娛樂，會四吉三吉化宜外交政界，見祿存、

化祿、天馬不會空、劫、耗，宜商業，遇昌、曲、桃花曜宜娛樂業。貪狼、武曲、火星可居武職也利經商推銷工作，或金融投資，可暴發，但不宜再見羊、陀忌。若會空、劫，宜「工業實業」與科技、工業、工藝有關行業，若格局不高宜專業技能。

六、交友宮在寅申太陽、巨門坐守：主口舌之爭，以落陷尤甚，若太陽、巨門之一化忌則更嚴重，更有四煞紛爭極重，若羊刑同度，會涉入與朋友的官司，太陽入廟旺，主畏友，更見吉曜吉化，主仗義善說之好友，也有受外國朋友幫助之兆，若煞重除受拖累或以德報怨外，不宜合作生意，且須防人之心不可無，若遇空、劫、耗，更有陰煞或再遇陀、忌，則為手下人偷盜，或侵吞自身所得利益。

七、遷移宮在卯酉天相坐守：性質較弱，命宮不吉不宜外出，與吉曜、吉化會照，主在外有人提攜，尤見魁鉞為確，且主特殊機遇，得輔弼主受擁護，諸吉並見主有地位，見祿主發財，若會空、劫、耗主「外出破耗」，與四煞會主孤，朋友不多，見孤辰寡宿尤確。更見天刑、虛、耗，主小人災禍，廉貞化忌主災禍。

八、疾厄宮在辰戌天機、天梁坐守：主肝病，嚴重者為肝癌、肝硬化，初生之年見煞忌，主嬰兒時多災病。女命主經血枯少、經期不準、經痛，煞重主子宮癌或子宮頸癌，見桃花曜尤其如此。天機會羊、刑、耗主因病手術或意外之傷，天梁主胃，但雖有病災多轉危為安，有逢凶化吉，尤以流年克應，此星系主飲食不節，引起消化不良，與火同度主腸胃

炎，與羊同度，更會天刑主盲腸炎，與羊、陀會主手足肢體、筋骨受傷，若與火同度必須再見太陽、天機化忌，主神情意志毛病、精神衰弱、胃癌、腸癌，與空、劫、耗會，主關節、肌肉、風濕，麻痺等病。

九、財帛宮在巳亥紫微、七殺坐守：有橫發性質，無吉曜，橫發橫破，發不耐久，得吉曜可發較安穩，主有多方面財源。會雙祿主能積儲，若會空、劫、耗不能積儲，生意易虧損，得化權、利管理生財，得化科可因名得財，稍見煞曜有意外財富但不耐久。

十、子女宮在子午借天同、太陰坐守：在午宮不利子女運，更見四煞主刑剋、破相，此星系兩代有親情，性格較柔弱，甚至不能獨立生活。首胎見女為佳，會比兒子孝順，且事業有發展，以太陰入廟為確，更見桃花曜，主女多子少，太陰入廟旺見六吉祿馬，子女富裕可發。

十一、夫妻宮在丑未借武曲、貪狼坐守：主婦奪夫權，無論男女易帶桃花，女命夫妻宮為武貪，若加上福德宮亦有桃花曜，便是自己奪夫權也有外遇對象，若夫妻宮有桃花曜，則為自己奪夫權而丈夫有外遇對象，男命也同論。女命若自己有桃花嫁夫要年少較佳，若夫妻宮有桃花配，夫宜年長十歲以上。若借星坐夫妻宮者則不然，其命為廉破福德宮為天府此組合，府相來朝，日月相夾即使不見祿、吉化，也較穩固，但也一樣，主娶惡妻或嫁惡夫，經常爭吵，轉眼又和好如初。

十二、兄弟宮在寅申借太陽、巨門坐守：在寅宮主「手

足都是創業者」，如見天馬則手足有感情但須分離，日生人且太陽入廟旺，主手足有情義、肝膽相照，見雙祿更得經濟照應。太陽化忌或入陷，見煞皆主不和、少依靠。見四煞更見輔弼桃花曜，主異胞手足，會空、劫、耗主剝削不宜合作生意，見昌、曲忌反受手足利用作低價勞工，會諸煞且有孤辰寡宿　主自身為獨生子女。

事業財通論：

此命格遷移宮若成刑忌夾印，或煞重命宮廉貞化忌，皆有走偏財傾向。丁年生人因巨門化忌而成刑忌夾印，作風受人爭議，更會煞即走偏財傾向。甲年生人因太陽化忌而成刑忌夾印也是偏財格局。

橫財方面以成財蔭夾印格佳。辛年生人巨門化祿成格，且會祿存財旺，另外命宮廉貞化祿也佳，而會上火、鈴貪格亦有橫財突發機遇。

第五節　命宮在辰戌宮

一、命宮在辰戌借天機、天梁坐守：主機變多端、見異思遷，說起道理能舌辯天下，適運用頭腦生財工作，喜科文曜諸星相會，即昌、曲、化科、天才、龍鳳，若見昌、曲必勤學。此星系心思不能靜下來，總是思前想後，思過去、現在、未來，未能定論之事必杞人憂天，因此有「操心操勞」之缺點，此星系在辰戌均為入廟，性急躁，見六吉曜、華蓋仁心宅厚，若會太陰化忌或更有空、劫、陰煞、天月、天虛或會昌、曲化忌，則心術不正，易入偏行，常在人群中打量算計，在福德宮也同論。此星系受天梁影響，更擅長口才，善辯善談，更遇昌、曲、化科、天才尤其如此，遇空、劫、華蓋，有宗教救世精神。此星系喜魁鉞有可發展之機遇，才華得發揮，此星系適在仕途公職發展。天機化忌主多憂慮，游移多變，愈變愈壞，若會四煞，人生起伏大，以受薪或一技之長為宜，若吉星多，主多有兼職，尤得魁鉞更佳，天機、天梁同度會吉曜，發也不耐久，因天機主變，天梁性格輕浮慵懶，故發而不久，若有雙祿可改善。此星坐命在行運入七殺、破軍運限遇煞，很可能有意外血災之克應。若六煞齊會更有刑忌，在幼年必遇險厄、重病，多能避死劫，身體也較一般人弱，女命見輔弼，主性穩剛強，見昌、曲，機巧聰明不宜更見桃花曜，感情易起波瀾，女命會齊，六吉及祿馬精於頭腦生財。天梁主壽，能經歷生死風波，見煞忌有帶病延年，多病又不死，多拖磨，遇天福，天壽更主長壽，故此星不宜更見四煞、天刑、忌、耗、陰煞、天月、天虛等凶曜，

否則人生多苦難，重則一生帶痼疾。天機天梁更有昌、曲、化科、天才，善探討內心之心靈哲學，心境必出塵脫俗，為宗教先師，此星系欲創業，以合夥為宜，自己退居幕後為佳，與祿存同度，須防因財帛利益與人起紛爭，或得財而招妒，更有化忌、天虛、陰煞、天姚，尤防小人暗算，多注意人際關係，為趨吉避凶。

二、父母宮在巳亥天府坐守：只要不見六煞、忌，主「父母雙全」、「無刑剋」，更有四吉曜可得提攜，見祿星主父母在經濟上能給予照顧，如有天巫同度，主能承繼，但與祿存同度，主父母控制所有財務，與羊同度主兩代不和，若為男命主父子不和，女命主母女不和，若與陀、火、鈴、空劫、刑會，主父母災病刑傷，不同居則可免，以生離取代災病、死別。

三、福德宮在子午天同、太陰坐守：以夜生人及上弦月生人較佳，主安逸享樂，精神快樂自在。若太陰入廟，不愁衣食，化祿尤確，更見昌、曲，則有紳士淑女之風，若太陰化忌見齊空、劫、天空、劫煞、天月、天虛、魁鉞，則可能為弱智人士，與火陀同度，主自尋忙碌、煩惱，與羊、鈴同度，主欲望深重不能自制或滿足。見空、劫，主空想、無意義的胡思亂想，見昌、曲主創意、文藝創作，以太陰入廟為佳。

四、田宅宮在丑未武曲、貪狼坐守：主「三十五後能增產」，但以不見羊、陀、忌為確。如見火、鈴，可突然有置產機會。武曲化忌因房價、租金、維修、借貸等金錢起糾紛，貪狼化忌，因業權複雜起糾紛，昌、曲化忌，則房產受蒙騙。

此星系若不見煞忌能得祖產。貪狼有由美好往損壞方向變化，見煞忌主家業凋零，人口漸稀，若與火、鈴同度，流年逢之更有流羊、陀，沖會原局大限之羊陀才是，而流年耗亦會入田宅宮，主火災克應，若與祿存同度或見三吉化，主產業豐厚，但須自置，與天巫同宮主繼承，若有鸞、喜主樓房美觀或有裝潢家居心得，更見鳳閣尤確　貪狼化忌主競爭，流年逢之有是非，與鄰里委員會不和，再見煞忌，重則引起官司。

五、事業宮在寅申太陽、巨門坐守：適商業活動，亦可從政、運用口才取勝，以見吉為確，在寅宮利口舌商業生財，且特別是外國人的錢，如出口貿易、旅遊業，也適合在外國人機構做事，在申宮人生際遇較平平。太陽化祿宜商業活動，太陽化權，適管理工作，太陽化科適專業、學術研究，與昌、曲同度，更見吉曜、三台、八座，具領導力且是個社會改革者，若見昌、曲，宜專業、文化教育，不適管理或從政。此星系得吉曜吉化能受外國人歡迎，為外交官星系，若太陽落陷主辛勞，見吉仍有成，見凶曜徒然辛勞白忙，逢羊、陀勞碌多成多敗，會空、劫以技術成名，以見吉為確，再見煞，宜一技在身。巨門見三吉化、祿馬、四吉曜，主「創業」，若會昌、曲、羊、天月、天刑，可為醫師，巨門化權、化祿或化忌，更有羊、昌、曲、天刑，利法官、司法相關業務，若巨門化權更有六吉，有說服力，可當政治家，巨門化權、化忌吉曜凶曜並見，且會輔、弼、羊、刑並會主軍事家，巨門化忌其事業受人爭議，更見雙祿、天馬主財旺，更有輔弼主領導力，奴僕眾多，更見四煞，每為幫會領袖，但煞氣重，

一生起伏甚大。

六、交友宮在卯酉天相坐守：不見煞忌，主朋友友善，關係和諧，但不見輔弼，助力不足，與三吉化會，主交多才之友，見祿存，主朋友忠誠，更見輔弼友眾多。若見空、劫、耗，主常為朋友花費破小財，更有煞，主為友受過，若刑忌夾印在交友宮，一生多注意朋友奴僕，會因此顛覆人生。

七、遷移宮在辰戌天機、天梁坐守：不會煞忌，均利外地或國外發展，主在外有蔭庇之力，見四吉曜尤佳，若會空、劫，破財，會火鈴主意外虛驚，會羊，口舌是非，會陀主暗爭，天梁化祿利海外謀生，化權在外受人敬重，化科利海外升學。此星系更有祿曜及六吉，主在外享受及獲益，若天機化忌更會諸凶則不安定生災、他鄉流浪。

八、疾厄宮在巳亥紫微、七殺坐守：剛剋之氣重，與羊同度主幼年多災，性情急躁，易怒主肝病，也主腸胃出血症或腸胃炎，煞重主瘤，紫微主脾臟、消化系統，與火同度，主皮膚病，與地劫同度主胃疼，與地空同度，主頭昏或低血壓。

九、財帛宮在子午借天同、太陰坐守：主財源豐厚，更得雙祿天馬可成大富，以太陰入廟更佳，若會六煞，不利財運，有生意倒閉情況，天同化忌不利財運，必與感情有牽連，太陰化祿成雙祿吉會財氣大旺，遇空、劫、耗有生意不景、倒閉失業，流年、月逢之主盜賊，見昌、曲化忌並有陰煞、天姚、劫煞主受騙，太陰化忌主糾紛中破敗。

十、子女宮在丑未借武曲、貪狼坐守：武曲有孤剋之性，

主子女遲得，故有四十得子之說，女命見煞忌則注意產前檢查及安胎照顧，若與六吉相會，主子女稍多一點，若武曲煞重僅有一子或生育難產、早產、夭折，此星系極可能先花後果，會桃花曜尤確。

十一、夫妻宮在寅申借太陽、巨門坐守：在寅宮比申宮佳，此星系變化大，常有異國婚緣，或原生家庭的風土民情與伴侶差異極大。如遇煞曜、忌、空、劫、耗，此星系常可能因口舌離婚，不過離婚也非為禍，否則主有重大刑剋，重則死別，第三個大運之夫妻宮順行為機梁，主短暫別離會復合，逆行天同、太陰較差，女命是小三之命，連繼室也不成。一般而言，陽巨居夫妻宮，婚後即生變化，而大多數在此大運中生變。若夫妻宮見三吉化，或祿存，或多見吉曜，才主夫妻和諧。

十二、兄弟宮在卯酉廉貞、破軍坐守：稍見煞曜便不主和，煞多見則反目成仇，互相攻擊怨憎，另有一特點，不一定為長子、女，但有如長子、女照顧弟妹兄姊。

事業財通論：

「機月同梁」，宜受薪工作，正偏財可獲利，求偏財則屬多用腦之人。乙年生人偏財運以戌宮佳，因較平穩。丙年生人辰宮有風波，且陀羅帶起機梁不利性質，易求偏財，但因天機化權一段時間後會安穩下來，會天同化祿主得財。丁年生人辰比戌宮佳，求財順利，而戌宮多波折也犯小人劫財。己年生人發揮頭腦生財之特點，戌宮比辰宮佳。壬年生人由

於天梁化祿，主進財有紛爭或得財同時惹是非，偏財性質受人爭議，因此要當心在不吉的大限流年有官訟。

橫財方面，因天梁不善投機賭博，橫財較無。

第六節　命宮在巳亥宮

一、命宮在巳亥天府坐守：乃財帛財庫有保守穩定本質，若與祿存同度，便會形成自私自利及吝嗇，此星系亦喜百官朝拱，可增強命格，在巳亥宮，主多得貴人多機遇，可得提拔，與天壽同宮，主「長壽」，若見空、劫反增天府創意，女命臉上長個豬膽鼻，屬純情之美。此星系性情忠厚，見輔弼尤確，見昌、曲、科，聰明有毅力，善為人排解糾紛，以見魁鉞尤確，能得百官朝拱，更有三吉化事業成就極大，得雙祿多財，會空、劫在命主孤獨，女命主六親緣不足，天府女性一旦有了家庭就會以家為重，若得六吉曜三吉化則也可在事業上大展身手，又可護持家庭，女命即便煞曜多見也非大奸惡，受人尊重，但因保守及過分祈求安全感，得不到滿足而不利婚姻，不利六親，晚年孤獨。

二、父母宮在子午天同、太陰坐守：父母雙全，須注意與母親之關係，與昌曲會兩代有情，與四吉會得良好的提攜照顧與栽培就學，若會四煞主刑剋，太陰夜生人及入廟為佳，太陰化忌不利母，更有四煞天月、天虛，主多災病。

三、福德宮在丑未武曲、貪狼坐守：主逍遙自在、快樂享受，此快樂必和金錢帶來的物欲滿足有關，以吃喝玩樂為主，見桃花曜，主花酒淫逸之樂，女命花錢在男女感情上，若武曲化忌，主費精神為了生財或周轉來滿足物欲。此星系較好酒、賭、風月等不良習性，更有昌曲，談吐說笑有品味，見桃花曜，喜開黃腔，更見羊、陀，則低俗黃腔，粗鄙語言。女命好打扮重外貌，若會羊、陀、空、劫、刑耗，則福薄不安。

若與火、鈴同度，主物質生活充足但性急氣躁，若命宮三方不吉，宜收斂脾氣，否則易有官司、打鬥傷害之災厄與苦惱。

四、田宅宮在寅申太陽、巨門坐守：主「因產業生明爭暗鬥」之兆，此星系主變動變化，經常在換房，由大到小，由小到大，習以為常，有祖業也敗退，見吉可敗退後自置，若巨門化權、化祿更見四吉，則不斷變化中可自置，另一特點此星系可在外國置產、投資物業。若太陽、巨門之一化忌或有四煞，則有產業明爭暗鬥，流年逢之多生閒氣與鄰里不和，巨門化忌主家宅不寧，若煞多見不宜置業，多糾紛或難置業，長期租房。

五、事業宮在卯酉天相坐守：即使見盡六吉曜三吉化也宜居第二位，由於人際關係佳，再見四吉曜，適政界。會空、劫不適投資、經商，更見大耗則更不吉，宜一技之長，若再見吉曜祿曜，可「創辦工廠實業」，有龍鳳者，宜藝術技能，會諸煞事業起伏大，糾紛紛擾多，宜一技在身。

六、交友宮在辰戌天機、天梁坐守：主一階段一階段交友性質不同都不能長久，時常變換，故交情難以深厚，更見陷、陰煞、天姚，則下屬朋友表裡不一，不可靠，且侵吞自身利益，若見四吉曜三吉化，主有正直益友，遇火鈴因友受災，羊同度是非、紛爭、困擾，陀同度遇小人謀算。

七、遷移宮在巳亥紫微、七殺坐守：主受人敬重，得遇貴人提拔，更有魁鉞尤確，若有煞曜，則為在外霸道，使人敬畏，見輔弼在外有助力，與祿馬會主商格局，更見化祿，財氣更旺，如只見化祿未必出門有財，會貪狼化祿，在外風

花雪月，與祿存同度，受小人排擠，與陀同度出外多麻煩糾紛，與羊同度人緣不足，口角紛爭，在外會照較經，會火鈴多是非，會空、劫財破不寧。

八、疾厄宮在子午借天同、太陰坐守：主胸悶、痛，肝胃疼痛，以見四煞為確，太陰與六煞刑會，主糖尿病、水腫或腎機能之症，與桃花曜會，因縱慾而引起腎虛。

九、財帛宮在丑未借武曲、貪狼坐守：如與火、鈴同度，有橫發機會，得意外之財富，適經商投資、投機活動。若武曲化忌則不利商及投資活動，反利刀劍利器生財，如工業實業。武曲會照空、劫、耗，多忙少成，有破敗，貪狼化忌主求財多競爭，勞力費神，若有武曲化忌，廉貞化忌會照，更有羊陀，主因財生災，貪狼會空、劫、耗，主賭博投機傾家，也宜娛樂業，若天月同度更見羊、陀、忌，主因病損財，但有雙祿、火、鈴，可經營藥業及健康保健有關生意。

十、子女宮在寅申借太陽、巨門坐守：主子女有膽識、遠見、辯才，幼年需費心教育，若會吉星，可順其發展，不必過分壓迫影響兩代感情，在寅宮主聰明有創業精神，申宮太陽落陷，則易受挫折，若見四吉三吉化可得貴子，以太陽入廟為確。太陽落陷化忌不利長子，輕則不和，重則早產，或傷殘，早夭或一生體弱多病，或早年有災害意外，更見煞尤確。

十一、夫妻宮在卯酉廉貞、破軍坐守：廉貞為囚，破軍為耗，這是一對失去理智星性的組合，即感情重於理智，故在命、福德宮則發展為短慮自殺，若在夫妻宮，則因意氣之

爭而不和，見煞更不和，只有不見煞之情形才無事，但不見煞即易見吉曜，若見吉曜之單星，主配偶易有外遇。然而命宮為天府、福德宮為武貪，基本上有矛盾之性，天府乃用錢小心謹慎之星，而武貪為搏殺、執著、物欲重，是愛財之星系，便形成了性格物欲深，爭取物欲強，但運用財帛能力弱（因太小心），在此情形下，會因錢財之處理，形成心理不平衡而向配偶發洩。此星系一般而言，配偶會不能忍受窮困而背叛自己，事業上因本人失意，處理金錢進退失據，向配偶出氣至發生感情變化。

十二、兄弟宮在辰戌借天機、天梁坐守：易分離，天機化忌最不利，更見天馬多變動，沒兄弟緣，若有鸞、喜則有姊妹無兄弟。

事業財通論：

天府為財庫之星有潛藏保守之星性，除了在財務上如此，在做人處事及事業上抑是如此，故較無偏財發展可能，其星曜配置稍吉無須去冒風險只要穩當發展也可中富。

橫財方面，戊年生人財帛宮借星貪狼化祿，在遇火鈴有橫發機運。

結語

　　各位讀者讀完此書，您有何感觸呢？或許有很多想法，筆者認為學習任何算命術，除了在專業上能為人解盤、解惑，最大的功能還是在教化人心，學習用善心、善念、善行來改運。人沒有十全十美，樣樣都美好的。即使善曜、六吉曜都有惡或不良性質，即使惡曜、六煞星曜也有善與好的一面，即便命、福、財、官宮都美，那也必定六親宮（父母、兄弟、夫妻、子女、奴僕）不佳，或身體健康卻身心靈不平衡，命盤一定是好壞參雜其中，好的與優良的就是要您珍惜、惜福、感恩而別浪費濫用。而不好的、破壞方面的，就是要您用意志力克服或轉念來改變您的人生，這就是老天要您來這一世所學習的功課。一般人都是富燒香窮算命的觀念，所以會來求助算命的人，必定是十字路口失去了方向，已生困惑與困頓，在工作事業、金錢財務、婚姻感情、父母子女方面出了問題。即使您身為命理大師，為人解盤也千萬要注意對方的心理層面，別雪上加霜、傷口灑鹽，導致求教者心靈崩潰，對美好的人生失去信念，應多用鼓勵人生正面能量幫助求教者度過難關。所以算命業者可以做功德，也能製造業障，不可不慎。

作者簡介

　　張立忠，1962 年出生於台北，空軍官校 73 年班戰鬥飛行兵科畢業，半生戎馬軍職服務，四十歲軍退從商，目前從事女裝服飾業及紫微斗數命理服務工作，並在社群網站 8 字會天機任命理指導老師。

命理服務：0985-952826
Line：jackie510613

國家圖書館出版品預行編目資料

紫微判決書：一看就學會紫微斗數解盤／張立忠作.
－－第一版－－臺北市：知青頻道出版；
紅螞蟻圖書發行，2016.08
面　；　公分－－（Easy Quick；150）
ISBN 978-986-5699-77-2（平裝）

1.紫微斗數

293.11　　　　　　　　　　　　　　　105011761

Easy Quick 150

紫微判決書：一看就學會紫微斗數解盤

作　　　者／張立忠
發 行 人／賴秀珍
總 編 輯／何南輝
校　　　對／朱美琪、謝容之
美術構成／上承文化
出　　　版／知青頻道出版有限公司
發　　　行／紅螞蟻圖書有限公司
地　　　址／台北市內湖區舊宗路二段121巷19號（紅螞蟻資訊大樓）
網　　　站／www.e-redant.com
郵撥帳號／1604621-1　紅螞蟻圖書有限公司
電　　　話／(02)2795-3656（代表號）
傳　　　真／(02)2795-4100
登 記 證／局版北市業字第796號
法律顧問／許晏賓律師
印 刷 廠／卡樂彩色製版印刷有限公司
出版日期／2016年08月　第一版第一刷

定價 420 元　港幣 140 元

ISBN　978-986-5699-77-2　　　　　　　　Printed in Taiwan